日本国憲法の継承と発展

全国憲法研究会【編】

三省堂

はしがき

日本国憲法施行から約一八年を経た一九六五（昭和四〇）年四月二五日、全国憲法研究会（略称、「全国憲」）が創立された。前年に憲法調査会最終報告書が出されて明文改憲論が強まっていたことに呼応して、小林直樹・長谷川正安・芦部信喜教授ら二五名が世話人となり、五五大学に所属する会員一一二名でスタートした。

現在は、約五〇〇名の会員を擁する憲法学研究者の学会（日本学術会議協力学術研究団体）として、春・秋の研究集会や五月三日憲法記念講演会等を開催して活動している。創立当初の研究テーマ（憲法第九条・教科書検定・小選挙区制問題等）には、現実の政治課題に真摯に組んできた経緯が示されるが、その後も、奥平康弘・杉原泰雄・樋口陽一教授らを中心に多くの研究者が参加して研鑽を続け、憲法学理論を牽引してきた（歴代の世話人・代表等、規約、研究総会のテーマ、学会誌『憲法問題』のバックナンバー等については学会ホームページ http://zenkokuken.org/ を参照されたい）。

このたび、二〇一五年に創立五〇周年を迎えたことを記念して本書を上梓し、全国憲法研究会の歩みと憲法の諸問題を明らかにしておくことにした。その背景には、近年の憲法改正論議や「立憲主義の危機」状況があり、それが一九六〇年代の創立期を想起させるためでもある。そこで、第一章では、日本国憲法制定後、「憲法問題研究会」を経て、「憲法理論研究会」や「全国憲法研究会」が発足することになる歴史的背景と「全国憲」創立の意義を、当時の憲法状況のなかに位置付けて論じている。また、第二章では、第二次安倍政権下での集団的自衛権容認閣議決定等による平和主義・立憲主義の危機、「壊憲」とまで言われるような憲法状況と日本憲法学の課題を明らかにしている。第一・二章の執筆者の大半は「全国憲」を担ってきた代表・事務局長経験者であり、年齢も六〇歳代後半から九〇歳に至る先導的な憲法研究者たちである。

　これに対して、第三章・第四章では、憲法理論の現状と展望を、概ね統治機構と人権問題に分けて、三〇歳代から六〇歳代までの現会員が論じている。グローバル化、民主主義、違憲審査、自己決定権、経済格差と少数者差別、特定秘密保護法など、現代の憲法学が抱える多くの課題について、比較憲法的視点や学際的視点を踏まえて理論的な問題提起を試みている。

　全国憲法研究会は、今では大きな「学会」に成長し、大学院博士課程学生や若手研究者も含め多数の論客が在籍しているが、本書では編集の都合で執筆者を限定せざるを得なかった（元代表・事務局長を中心に、現運営委員中の編集委員や若干の会員を加えたメンバーに執筆を依頼するにとどめた）。本学会の紀要である『憲法問題』（三省堂）や他の編著書等で、現会員が世界の理論動向を踏まえた重要な研究成果を公表しているため、参照していただきたい。また、「あとがき」でも、本学会の現況や喫緊の課題について論じている。

――世界で初の平和的生存権規定や戦争放棄、国民主権、基本的人権保障を高く掲げた日本国憲法を、絶対得票率二五％に過ぎない政権が意のままに変更することは、勿論許されることではない。最終決定権が主権者国民にあることは言うまでもないが、その前提として、多くの主権者国民が憲法問題や戦後の憲法史に関心を持ち、主権者に相応しい判断を下すことができるように、本書や全国憲法研究会が貢献しうることを願っている。

二〇一五年四月、全国憲法研究会五〇周年を記念して

全国憲法研究会五〇周年記念論集編集委員会
辻村みよ子委員長（前代表・文責）、水島朝穂（現代表）＝長谷部恭男＝
江島晶子＝小山剛＝只野雅人＝石川健治＝内藤光博委員

目　次

第二章　日本の憲法学と平和主義

第四章　尊厳・自由・平等――日本社会と憲法理論のゆくえ

装丁＝萩原睦（志岐デザイン事務所）
組版＝木精舎

第一章

憲法状況のなかの全国憲法研究会

「自ら好んで戦いにくい戦場を選ぶような議論」をすることについて

東京大学・東北大学名誉教授　日本学士院会員
樋口陽一

一　全国憲法研究会が発足（一九六五年四月）したのは、その前年、岸政権時代に設けられていた内閣憲法調査会が厖大な量に及ぶ附属文書を伴った報告書を提出し、改憲機運の高まる気配が強くなるのを受けてのことだった。それより先、内閣憲法調査会への招請をことわった法学界の長老たちを含めた各分野の知識人による「憲法問題研究会」が結成され、東京と関西での継続的な研究会と、五月三日の講演会活動をおこなっていた。全国憲法研究会は、ほぼ五〇歳以下のその次の世代の研究者たちによって、日本国憲法の精神、言い換えれば立憲主義の原則を擁護する立場に立つ憲法研究者の集合として組織されたのである。会名に付された「全国」という形容語は、当初は、文字どおり全国各地域での日常的な研究活動を目ざすものとして使われていた。

ところで、一九五七年に設けられた内閣憲法調査会が作業を続けていた間、実は戦後日本政治はひとつの転換をとげ始めていた。日米安全保障条約改定の強行をめぐる一九六〇年危機から教訓を得た池田内閣は政治課題について「低姿勢」を演出するとともに「所得倍増」政策を掲げ、経済成長の果実を国民に分配することを通して、一九五五年保守合同をひきつぐ長期政権を維持する路線を選択したからである。それとは対照的に、六八－七〇年を頂点に噴出する「新左翼」運動と一部の論壇で「憲法ナンセンス！」という弾劾の声があがるようになる。高度成長をつき進んで「経済大国」化する体制を「国家独占資本主義」(「国独資」＝ドイツ語の頭文字を組み入れて Stamokap-theorie) と呼んで批判する議論をする人びとの一部が、体制をトータルに批判して「憲法ナンセンス」に傾く向きがあった。

もうひとつ、それとは別の脈絡があった。五〇年代以来の復古型改憲論、そして六〇年代に入ってからの福祉国家論型改憲論の双方に対抗する立場をとりながらも、来るべき体制変革を視野に入れる主張が、美濃部都政（一九六七年初当選）をシンボルとする「革新自治体」の全国的ひろがりを支えとして登場してきたからである。ヨーロッパでの東西緊張の緩和と「ユーロコミュニズム」(フランス、イタリア) の可能性への期待も、背景にあった。

一九七二年の全国憲法研究会大会で私の報告（『ジュリスト』五一五号）に「日本国憲法再評価の視点として」(傍点は本稿での強調) という副題をつけたのは、このように、「ブルジョア憲法」の一方では拒否、他方では少なくとも相対化、という空気があった中でのことだったのである。

一九六〇年代から七〇年代にかけてのそのように交錯した憲法状況の中で、また、「護憲」という標語と「憲法改悪阻止」という表現がそれぞれ含意していた微妙に相違する憲法観が並立する中で、全国憲がそのあと半世紀にわたる活動の基礎を固めることができたのは、創設時に中心となっていた戦争体験世代に属する先輩たちの、責任意識と知慧に負うところが大きかったと思う。

初代の代表をつとめた高柳信一さんは、その象徴とも言うべき存在だった。研究者として憲法、およそ法というものについての醒めた立場からの接近を基本としながらも、戦後日本で日本国憲法の基本を擁護する意義の認識において揺がず、その上で見解の相違を自由な討論の中で各自にとって何ほどか実りのあるものとしてゆく、という代表の姿勢のもとで、会の目ざす理念が、そのあとへと引き継がれるものとなったのである。そのころ高柳さんは学生に向けての講演で、「立派な憲法だから護りましょう」式の安易な護憲論でなく、「自ら好んで戦いにくい戦場を選ぶような」議論をあえてすることの意味を語り、「そうしなければ、本当に生きた自由にはならない」、と強調していた（「護憲論について」『（東大）駒場祭講演集』一九六六年）。そのメッセージは、より困難な「戦場」に当面している今の憲法研究者にも向けられているはずである。

二　「自ら好んで戦いにくい戦場を選ぶこと」の意味について、最近あらためて考える機会を与えられた。山室信一さん（日本政治思想史）と蟻川恒正さんの報告に続く討論に接してのことである（「日本法学、その成果と可能性」『明治学院大学法律科学研究所年報』第三〇号（二〇一四年度）二三一五二頁）。そこでは、蟻川報告に対して、「非常に腑に落ちる一方で、ご自分が一番ご承知だとは存じますが、危ういことをおっしゃってますね」という指摘が「私は法学者ではない立場から」向けられ、「危うい」とされるような言説が「文脈を切り離されて独り歩きすると」生ずるであろう「困った」事態への警告が述べられている（四六－四七頁、稲葉振一郎発言）。

これは、真剣に受けとめなければならない、法学の外からの問いかけと言わなければならない。戦後憲法学はしばしば「護教の学」と批判され、「憲法神社の神主」などという悪意に満ちた誹謗にさらされることがあったが、それは、国外の観察者から見れば「対抗権力としての憲法の役割を知った日本の世論は、専門家たちの憲法学説に、フランスでは想像するのがむずかしいほどの反応を示してきた」（Simon Serverin, La légitimité de la Constitution dans la doctrine constitutionnelle japonaise, in *Droit et culture*, 58, 2009/2, p. 193）と言えるような状況の、反映でもあった。そのような役割をあえて放棄することにつながる危険をどう考えるか、という憂慮の問いなのである。

危うさを危ぶまれたのは、直接には蟻川報告が「個人の尊厳」の「個人」よりむしろ「尊厳」を問いつめることによって「権利論一辺倒の日本の憲法論」を批判した点であった。その論点と直接に関連してではないが私の言説についても、それを適切な仕方で紹介した上で、「それがある程度普及して、俗流化」され「希釈された」ときの危うさが指摘されている（四七頁）。ここでその中身に立ち入ることは複雑な議論を必要とするので断念するほかないが、三〇年前に私自身が「批判的峻別論」というかたちで問題を出しておいた論点に、立ち返ることになる。

憲法学史を遡れば、大日本帝国憲法を可能な限度まで立憲主義的に解釈運用しようとしたのが美濃部憲法学だった。あるべき法を語っていたそのような「実践的な学説」に対し、現にある法の認識に徹しようとする次元で現実を蔽うイデオロギーの仮面を剥ぐ「理論学説」の意義を強調したのが、美濃部の後を襲った宮沢学説だった。美濃部憲法学から宮沢憲法学への展開は、一段と豊饒な学説の蓄積を意味するはずであったが、一九三五年という転回点（天皇機関説事件）はその可能性を学説の世界の外側から一挙に押しつぶしてしまった。ここでの問題は、そのような外力がかりに、直接に破壊力を発揮しなかったとしても、美濃部学説のいわば健康で抵抗力の大きな枠組を相対化した宮沢学説の「危うさ」がどういう効果に結びついただろうか、ということである。

「自ら好んで戦いにくい戦場をえら」び、あえて「危うい」議論をぶつけ合って憲法学の基礎体力を強固なものとすること。しかし同時にその「危うさ」に十分に自覚的であることによって学説の説き手としての社会と歴史に対する責任に応えること。——全国憲に結集する第一線の研究者世代にお願いしたいことを一言で云えば、そうなる。

「憲法問題研究会」の〝遺言〟

立教大学名誉教授
池田政章

一　表題の「憲法問題研究会」について、今では、研究者を含めても、知っている人は少なくなっているのではないかと筆者は推測している。例えば、近年、〝解釈改憲〟が政治問題化した折りに、論壇・時評でこの研究会にふれたものは、東京新聞社会部のみという状況であった（その折りの記事は『憲法と、生きる』（岩波書店、二〇一二年一二月）に詳しい）。

というわけで、研究会の説明から入ることにする。会設立のきっかけは、一九五六年に岸内閣によって設置された「憲法調査会」が翌年から活動を始めたことにある。調査会の目的について、政府は「日本国憲法に検討を加え、関係諸問題を調査審議する……」（憲法調査会法二条）ためとしていたが、朝鮮戦争を契機として始まった改憲運動の高揚を受けて発足した事情を考えれば、会の狙いは改憲であり、それは委員の選択によくあらわれていた（岸が我妻栄に会長委嘱を直に頼んで断られたと聞いている)。

この調査会の活動が「現在の憲法問題に対する広汎な民意と正しい良識とを……代表していない」(「憲法問題研究会設立についての勧誘状」より。同研究会編『憲法を生かすもの』(岩波新書、一九六一年)四頁)と考えた研究者たちは、彼らの意思を代表して、大内兵衛・茅誠司・清宮四郎・恒藤恭・宮沢俊義・矢内原忠雄・湯川秀樹・我妻栄が発起人となり、四六名の学者に研究会設立についての前記勧誘状(五八年五月二八日付)を送った(「勧誘状」の全文は前記新書三〜五頁に掲載)。

勧誘状をうけとった研究者の大多数は承諾し、なお、その後の増員もあって(関東三〇名・関西二五名。その名簿は前記新書八頁に掲載)、同年六月八日の創立総会には、学士会館に三〇余名が出席した(関西側の会員は別途に会合を開くことになっており、総会には二、三名の研究者が代表として出席した)。

二　勧誘状発送が公になると、新聞はそれを大きくとりあげて、憲法調査会とは対抗的な憲法擁護のための反政府団体の旗揚げと宣伝した。加えて、創立総会では、改憲推進団体が会議室前廊下で鐘や太鼓を鳴らし議事妨害をするという有様で、会の存在とその活動はジャーナリズムの耳目を引き、また世間からも注目されるようになった。
創立総会では、代表が決められ(大内兵衛)、研究会は毎月一回第二土曜に開くこと、関西に支部をおき、恒藤恭・末川博を代表とすること、純粋に学問的に研究し啓蒙活動は別として政治活動はしないことなどが決められ、第一回研究会は翌月から始まった。

研究会は、それから一七年弱に渉って一一〇回という長期間続き、毎年の憲法記念日には、その研究成果を発表するという名目で「憲法記念講演会」を文京公会堂で開く（安保問題などをめぐって臨時講演会の開催があったが、講演会の記録は雑誌「世界」にすべて掲載）などして、一九七五年四月に解散した。

各新聞は、この間、「憲法記念講演会」について、その演題、講師、講演内容の概略を報道したことはいうまでもない。

三　宮沢俊義会員からの依頼をうけ、関東部会の書記役として、各回研究会・講演会に出席した筆者からみて、会員各位がいかに各学界の第一人者に目されている人々とはいえ、社会科学系の専門家ならともかく、人文系の各会員がどう講じ何を質すのかについて興味津々であった。

しかし、憲法問題は憲法研究者の専売と考えたのは若さの故であったろう。相手は個の自立・自律を長らく体験したリベラルな思想家たちである。筆者にとって、専門外からの発想には新鮮味があり、人文系会員の場合は、その文化史観に基づく発言に裨益されることが多かった。前記した岩波新書の次作表題は、『憲法と私たち』（一九六三年）である。各界の専門家が「私にとって憲法とは何か」という意味合いを含んだ研究書であることを考えても、こちらこそ「専門バカ」なのだろう。久野収会員には、玄人はだしの憲法研究書が二冊、御存知の家永三郎会員においては三冊もの著作がある。

その久野会員にいわれたことがある。「今の憲法学は条文至上主義ではないの？」、「条文の体系的解釈ばかりやっているのをみるとお守りコトバを探すことに夢中になっているようにみえるけれど?」、「憲法の作り手の伝統と受け手の伝統の違いによって憲法の意味が違ってくるのじゃないの?」とも。

条文至上の呪文を唱えて教条主義に陥っている間に、条文とは異なる既成事実が出来上っているのではないかという皮肉である。

確かに、新憲法啓蒙期は西欧の歴史的所産として、その条文解説が研究者の社会的任務であると考えられていただろうが、それから三〇年たった当時において、なお、それでは、条文に錆がついてしまうだろうという警告だと、筆者にはきこえた。受け手の文化的伝統にとって、西欧の憲法諸価値がどう根付くのかという根元的懐疑の提案である。好例は天皇制である。谷川徹三は「天皇制の問題は日本人の精神構造までも問うもので、憲法の枠のなかだけでは十分な説明ができない」と述べていた。

民主主義、基本的人権しかりである。ただ、平和主義は日本史の常識による限り、筆者は、西欧に較べて日本人の優越性を誇れると直感していた。今となれば、久野会員の疑問は、「憲法を文化の一つとして考えよ」ということの提案だったと、筆者には思えるのである。

四　表題の〝遺言〟のことである。

研究会も数年たって、健康上やその他の理由(?)によって出席者もほぼ固定したころ、会員に若手を入れてはどうかが議された。が、「悔恨共同体」(丸山真男)と名づけられた各会員にとっての意見の大勢は、このメンバーの寿命のあるうちはこのままいこうということであった（辻清明・丸山真男・佐藤功が最若年）。ただし若手研究者の意見も聞きたいということで、小林直樹、芦部信喜が報告者としてよばれた。

そして、会の総意は、若手研究者による後継団体ができるようにとの要望でまとまった。それを伝えてほしいと筆者に依頼されたのである。

一九六五年の春早々であったと思う。筆者の記憶によると、和田英夫、芦部信喜、小林孝輔、星野安三郎と筆者が、東大正門前の料理屋二階に集まって、若手研究者による憲法問題研究会の後継団体をつくろうという話を議した。筆者は、それが研究会の〝遺言〟であると、上記の人々に伝えたのである。これが全国憲創立の、いわば裏話ということになろうか。

しかし、全国憲創立を伝えたときの先輩研究会の雰囲気は、筆者の勘違いかも知れないが、やや物足りぬ空気であったという記憶が今もある。そのわけは、若手団体のメンバーは全員憲法学者ですかと聞かれたときに、ふと思いだしたのが、前記の久野会員の評言だったからである。これでは〝文化としての憲法〟を議するなど、〝夢のなかのまた夢〟と思われたのではないかという疑念から生じた空気と、筆者は感じていた。

とにもかくにも、発足した全国憲は先輩研究会と並んで、憲法記念日には、先輩と時間が重ならぬよう配慮して憲法講演会を催し、二〇年経ったころ、先輩研究会をまねて、講演会記録をまとめ、一冊の啓蒙書『五月三日の本』（日本評論社、一九八五年）を刊行した。

五　それはそれとして、最近の「解釈改憲」問題に対して全国憲はどう反応したのか、新聞記事にはない。

「解釈改憲」という用語自体、筆者には不可解。言うまでもなく、非（否でもよい）立憲的標語の意味をもつと考えざるを得ないからである。憲法条文の解釈が改正の意味に変ずる場合、G・イエリネックが「憲法変遷」と名付けたことは憲法研究者にとって常識である。ただ、この観念の認否については両説にわかれるが、肯定説にたつ場合でも、その要件として、国民の法意識がそれを支持していることが求められている。が、憲法九条の改正的解釈について、多くの国民に異論があることは、新聞の報ずる通りである。だとすれば「解釈改憲の閣議決定」は、「（憲）法の支配」無視の、いわば光圀による〝印籠の権威による解決〟と同類である。

光圀の解決法に拍手する日本人の法文化に照らして、閣議決定による解釈改憲がふさわしいというなら、これこそ、〝憲法に関する文化〟を論ずる好材料であり、全国憲に期待すること大である。

「全国憲」の創設と継承・発展と提言について

北海道大学名誉教授
深瀬忠一

一　創設

「全国憲法研究会規約」は、第一条において、次のように制定した。
「本会は、憲法を研究する専門家の集団であって、平和・民主・人権を基本原理とする日本国憲法を護る立場に立って、学術的研究を行い、あわせて会員相互の協力を促進することを目的とする。」一九七一年五月一〇日総会制定。

それは、会の目的（到達目標）、性格、組織（構成）、運営（活動）、責任の大綱を明示し、その主体が、「専門家集団」の共通の合意を形成するためではなく、夫々多様な見解をもつ学問研究・教育・社会的実践の自由をもつ憲法を研究する専門家個人の活動の結集であることを、確認している。

したがって、会員個人の「学問・教育の自由」は、いささかも損なわれることなく、しかも、現実の憲法の実質的変動に対して共通の「日本国憲法を護る立場に立つ」憲法研究の専門家たちが共通の集団的見解ないし提言をもつ場合、バラバラないし沈黙するのでなく、共有の見解（提言）を「専門家の集団」的熟議・討論の結果として「声明」によって広く影響し、これに賛同する憲法研究者個人がひろく賛意を表することは、いささかの矛盾も背理も存するものではない。むしろ、そのような何らかの社会的・政治的・法的影響力あるゆえを口実に、学問・教育・表現の自由を抑圧し萎縮させることこそ、時として権力の暴走を阻止できず、あるいはお先棒をかつぐ結果とならないよう、銘記すべきであろう。

したがって、「全国憲」（ないし「憲理研」）規定制定段階において、ひろく憲法研究者の意見を公募した時点で、上記私見を強調し、結論的に（参加者全員一致となる）第一条に、その主体を「憲法を研究する専門家集団」という草案の文案を改め、「憲法を研究する専門家の集団」としたことは、理論的にも実践的にもただしかったことを確認すべきである。

二　永続・再生

核・地球時代の現代の歴史的・近日的意義について、平和憲法の命運にかかわる事件と裁判の意義を要約し反省・維持・再生を記録しておくことは、必要かつきわめて重要と考え、以下に記述しておきたいと思う。

(1) 恵庭裁判

「憲法改正せず、防衛力漸増」の政策決定と「第二次防衛力整備・増強」期の象徴的事件であり、裁判である。

(a) 一九六四年四月四日、東京新宿の伊勢丹わきのレストランにおいて、憲法理論研究会(実質的全国憲法研究会準備)が行われていた。集まる憲法研究者約三〇名、筆者も参加、発言、討議の機会を与えられた。既に恵庭公判は開始されており、公判に臨む基本的態度に三つがあり、いずれの立場を取るべきかを問うた。その一つは、憲法九条違反の自衛隊法は違憲無効だと正面から争う。その二は、自衛隊法一二一条の「防衛」供用物例示は漠然としており、罪刑法定主義の趣旨から縮小限定すべきところ、敢て重罰規定による自衛隊法を一般市民に強行適用することは憲法三一条にも違反し違憲無効。その三は、その一を強調し、その二の配慮自制により、不適用・無罪とすべきところ、国民の平和に生きる憲法上の基本的人権尊重の配慮が全くみられないことに対してである。討論に参加した全憲法学者は、静かだが熱烈な討議の後、第一の論争を基本とすべしという意見に一致の結論となった。私は、弁護団の要請を受け、特別弁護人を引き受け(今村成和教授、後に久田栄正教授もともに)、同一の結論にしたがい公判が進行中であったが、その一の強調が過度の主張となり、砂川最高裁判決(一九五九年一二月一六日)の特別抗告による拙速な敗訴の轍をふまぬようとくに配慮した。恵庭事件札幌地裁判決(一九六七年三月二九日)は、「被告人両名は無罪」(ただし自衛隊の合違憲性についての判断回避)の判決をえた。この公判過程中、直前に国会において「三矢研究」(実質的国家総動員計画)が暴露されたことがあって、その総括責任者田中義男陸将が証人喚（尋）問を受け、また、裁判所の「求刑禁止」決定が出されるなど、マスコミは（政府も）「自衛隊違憲判決」が出ると予測していたが、この憲法判断回避・「無罪判決」の結果に、最も歓喜したのは、奇妙にも敗訴した検察庁側だった。検察側は、上訴権を放棄し、「恵庭無罪判決」は「確定」し、その後いくたの試練を克服して今日も、実定「司法審査」の判例法上、生きている。

(b)　これを一言に要約すれば、北辺の一刑事小事件の憲法学的本質を見ぬいて全国民の「平和に生きる権利」を守り抜いた憲法訴訟として、国民の下からの弁論・理論・世論の三論の力が一体となって平和憲法の実定法的効力を「憲法の番人」である司法裁判所により保障させた点にある。一例証として、最初約一〇名の弁護団が、一年後に一〇〇人、二年後に二〇〇人、三年後に三〇〇人、四年後の公判時には約四〇〇人の優れた弁護人が全国から集まって大弁護団となり、「全国憲」の平和憲法議論が熱心な討議・研究・表現の自由の展開によって直接法廷の弁論に活用せられ、非党派的無数の市民・勤労者・市民の平和憲法裁判支援の種々の市民・平和活動（傍聴券獲得の徹夜の座り込み、学習・記録・広報、援農、裁判支援のカンパ等）を通じて憲法擁護・支援の輪を広げた、平和憲法支援の国民的力の下からの盛り上りを傾聴・反映する「裁判官の良心」があったからであることを強調したい。とりわけ、「全国憲」のアップ・デートな検討・討議の展開を仲介した、東京では隅野隆徳、京都では上田勝美教授の媒介機能により、集団的機能の向上が継続されたことを記憶しよう。

(2)　長沼裁判　さらに、この平和憲法理論が前進したのは、「第三次防衛力整備計画」の実現の焦点であった「防空力の強化」を強行するため、北海道長沼町馬追山の国有保安林を伐採してナイキ・ハーキュリーズ地対空軍事基地を建設しようと、森林法（二六条二項）適用の「公共の利益のため必要」な「公示」処分が決定された時、その前に立ちはだかったのが平和憲法でした。長沼町議会、町長は「条件付賛成」を決めたが、低湿農業地帯の農民たち反対派が（一夜明けてみると畠の山の上に軍事基地が立つようになっていたので）、民事・行政取消訴訟を起こした。

(a) 提訴を受けた札幌地方裁判所（福島重雄裁判長）は、森林伐採の「差し止め」仮処分決定で、自衛隊の合違憲性審議の可能性に含みをもたせたが、「平賀書簡」の「実質的干渉」問題が起こり、「裁判の独立」（「司法権の独立」の一歩先）原理論争を引き起こした（北海道裁判官会議「厳重注意」、平賀地裁所長更迭、最高裁裁判官会議（激論ありときく）基本見解、福島裁判長忌避地・高裁棄却、国会裁判官弾劾訴追委員会起訴猶予決定、札幌高裁注意（福島辞表提出二日後撤回、裁判長復帰）等）。結局「裁判の独立」（司法権内部においても）の原則が貫徹、慣行となる。

(b) その後、徹底した自衛隊の違憲審査、実態審理が遂行され（自衛隊の最高幹部の召喚、証言あり）、一九七三年九月七日判決が言い渡され、「自衛隊は、憲法九条二項が禁止する戦力に該当し違憲無効」、故に公示処分取消しの判決が出た。司法審査の歴史上、わが国の自衛隊にかんする唯一の実体的違憲判断であった。一小行政（民事）事件が憲法訴訟として、国家の国防・軍事目的の「公益」にはあたらないことを厳正・明確に判断し、国民は「平和に生きる権利」を憲法によって尊重・保障されていることを明示する判決であり、国民は「最高法規」により「平和的生存権」を尊重・保護される法的・政治的規範であることが、確認された。その憲法訴訟の名宛人と判断のモデル判決となったといってよく、立法・行政・司法（権内部）の権力制限、指導的規範として、その重要性ははかり知れない。もっとも、この「自衛隊違憲」判断は、当時の憲法学界（学説）の「通説」が、「憲法の番人の判断（司法判決）」として明示されたものであったが。「全国憲」の討議結果が、六四六人の全国から集まった大弁護団によって、直接理論的に反映された（例えば〝立法の社会的事実〟の審理のため自衛隊の最高幹部の証人喚問等）し、非政治的に党派を超えた公正な報道によって世論の理解・支持をえた。

さらに驚くべき（学界では当時少数説）は、日本国憲法の最高法規性が、核・地球時代の人類（人間・個人）に普遍の「平和的生存権」を尊重・保障しており、「国家の安全保障」に代えて「人間の安全保障」がより重要であって、「国家の自衛権は軍事力のみによって守られるのではなく（核戦争による脅威、核掠奪、共同使用基地核密約可能（特定秘密保護法）、また大量の軽火器による国内的相互殺戮・破壊が現実となり、「人間の安全保障」が重要となる）、他に多くの方法があり、「国民の英知と努力」によって発見・実施されていくべきものである」と判決中で明記したことに、注目すべきである。「全国憲」討議を中心とした、平和憲法論議の一歩前進を、「裁判官の良心」が集約前進せしめたものといえよう。第二審・札幌高裁判決が、森林伐採の代替施設によって「洪水の危険性」はなくなったと取り消した（ていねいに「付加見解」をつけ加え、「統治行為」論によって司法審査を排除しようとした）にもかかわらず、最高裁上告審判決（第一小法廷・団藤重光裁判長・破棄差戻少数意見付）

は、自衛隊の合違憲性判断には一切介入せず、今日まで合憲判断無し、ペンディングな状態にとどめていることを指摘できる。

(3)　名古屋高裁蓑輪事件判決（二〇〇八年四月一七日、青山邦夫裁判長）は、イラク戦争における航空自衛隊機による米軍の兵員・武器・弾薬輸送（クウェートからバグダッド空港への）を憲法九条一項違反の判断を下した。しかし原告の訴えの利益を害するとまでいえず棄却の判決となったが、憲法解釈にふみこんで「平和的生存権の侵害となる裁判規範性があり、基底的法規範として司法救済を判示する場合がある」と判断し、この司法判断が「確定」した。

三　発展と提言

「生命、自由、幸福追求」の人間の奪うことの出来ない尊厳な基本的人権として最大限の尊重を要することを根本規範とする（日本国憲法一三条）最高法規性を、日本国民は第二次大戦後制定し六七年にわたり継続し続けた。明文改憲は一度もなく、国家一〇〇年の大計の立憲平和民主主義体制は国民の理解と支持をえつづけてきた。核・地球時代を見通したこの基本法は、その矛盾・混迷をかかえながらも、制定後一〇〇年の三分の一を余す持続性を示した。この時、国民は歴史的岐路に立つ。東西冷戦体制にくみこまれ核超大国の「庇護」のもと、「軍事大国の破滅」を経た後「経済大国」の幻影とバブル崩壊に直面して、三度び、「積極的平和主義」の美辞麗句のもと新たな「破滅的軍拡主義」（ブッシュ、アーミテイジ、ナイも基本的に変わらぬ）に追随する危惧を払拭できない。

この歴史的岐路に立って、二一世紀の日本国民（世界の市民・人間として）のビジョンが問われている。

「全国憲」は、この間にあって、近代民主主義の原型に学ぶ「自由民権運動」（植木枝盛、鈴木安蔵、高野岩三郎）の流れにそい、「札幌を源流とする非戦・軍備撤廃主義」（W．S．クラーク、内村鑑三、新渡戸稲造、矢内原忠雄）の根幹を堅持して、「正義と秩序を基調とする国際平和の「組織と防衛」のため「主権の制限・移譲」（独・伊・仏・EU）に学びアジア・現代世界に発展させるビジョンの提言によって、「名誉ある地位」を占めるよう「英知と努力」を集中すべきではないか、の選択を迫られている。「全国憲」の「理論」研究は討議・提言をつづけ、憲法訴訟を通じて「弁論」し、「世論」に一定の影響を与え、法的・政治的規範性を護りつづけてきた。残る一〇〇年の三分の一世紀を、日本国憲法のこの大計（「大志」）のため、「全国憲」は「英知と努力」を結集し、発揮すべきものと思う。軽佻浮薄・混濁のポピュリズムのなかに、核・地球時代の普遍・妥当性をもつ（新・現代自然法としての本質をもつ）日本国憲法の「召命（beruf）」ともいうべき「ビジョン」を発展させ提起すべきではないか。「全国憲」ないし「憲理研」、そして「青法協」、「九条の会」等のわれらには「夢」がある。「夏草やつわものどもの夢のあと」は、「新しきつわものどもの夢」を遂には「実現」してくれるに違いないと信じたい。

（注）

拙稿の参照文献として、拙著『恵庭事件における平和憲法の弁証』（日本評論社、一九六八年）、『長沼裁判における憲法の軍縮平和主義：転換期の視点に立って』（日本評論社、一九七五年）、『戦争放棄と平和的生存権』（岩波書店、一九八七年）および「全国憲」中心の編著和田英夫ほか『平和憲法の創造的展開』（学陽書房、一九八七年）、深瀬忠一＝杉原泰雄＝樋口陽一＝浦田賢治編『恒久世界平和のために―日本国憲法からの提言』（勁草書房、一九九八年）、深瀬忠一＝上田勝美＝稲正樹＝水島朝穂編『平和憲法の確保と新生』（北海道大学出版会、二〇〇八年）にとどめることをお許し乞う。

全国憲創立の意義と背景

法政大学名誉教授
永井憲一

一　全国憲創立前史――憲法理論研究会の創立と活動

(1)　憲理研創立の経緯と活動

全国憲法研究会（略称、全国憲）は一九六五年（昭和四〇年）四月二五日に結成・創立した。が、その一年前の一九六四年一月一一日には、先に憲法理論研究会（略称、憲理研）が創設され、活動しており、全国憲の会員は、殆ど全員が、その憲理研の会員でもあった。したがって本稿のこのテーマについては、いわば、その前史として、その背景となった憲理研の生誕と発展について書いておかざるをえない。

憲理研は、一九六三年に京都大学で日本公法学会（略称、公法学会）が開催された夜、当時『政治学叢書』（勁草書房刊）に執筆していた、いわば第一線で活動中の憲法研究者と政治学研究者の集会（合宿）があり、その開会の挨拶の中で鈴木安蔵先生が「いまや近年の日本政府の改憲動向をチェックする憲法学者などの結集・結束が必要となっている」と強調された。それが端緒となった。そこには、黒田了一、一円一億、横越英一、和田英夫、星野安三郎、小林孝輔の諸先生と、石橋雄二氏（勁草書房編集長）と、その前に出版された鈴木安蔵先生の還暦論文集『憲法調査会総批判-憲法改正問題の本質』（日本評論社刊）の中に「鈴木安蔵教授の略歴および著作」(1)を書いた著作者が、その作成のため屡々お宅の書斎に出入りしていたので格別の寵愛を受けており、先生に請われて、この年の公法学会にも同伴、この席にも出席していた。

その時の鈴木先生の発言の背景には、次のような当時の異常な憲法状況が存在していた。すなわち、一九五〇年に朝鮮戦争が勃発したのを契機として、直ぐに翌月には占領軍から日本政府に対して軍隊を持つことが求められ、まず警察予備隊が設置され、その後一九五二年四月二八日にはサンフランシスコ条約と日本国との平和条約（略称、日米安全保障条約）が締結され、ついに一九五四年六月には自衛隊が発足、早くも戦後の平和憲法を改定する準備としての「憲法調査会」が内閣に設置され、活動を開始し一九六四年七月には、その報告書が提出されていた。それらに先立ち、一九四九に団体等規正令（昭和二四年四月四日政令第四号）の他、一九五二年には破壊活動防止法（昭和二七年七月二一日法律二四四号）、また一九五四年には警察官職務執行法（昭和二九年法律百六十二号）などの、いわゆる反動的弾圧体制が整備されていた。

そのような憲法状況を背景としての「合宿」からの帰京後、直ちに憲理研の結成への動きが始まった(2)。

まず鈴木先生――自ら戦中に京都大学の学生時代治安維持法違反の第一号適用を受け、逮捕された体験者だった――のお住い（世田谷区下馬）に近く、以前から親交を保たれていた小林孝輔先生と星野安三郎先生が、鈴木先生を代表とする全国的規模の、そうした憲法状況に対応するような研究集団づくりの補佐役として活動し始めた。ただし両先生とも、当時流行語化していた「戦中派」と呼ばれていた先生方、つまり主には大正や明治生まれで、戦後に第一線で活躍していた人達は、戦後に新しく制定された日本国憲法の啓蒙・普及活動のため、あるいは上述のような当時の改憲状況の批判を広く国民に訴えるなどの目的での活動に多忙であった。小林・星野の両先生とも、その例外ではなかった。

その辺りの事情を良く御存知の鈴木先生は、自ら当時「戦後派」つまり、昭和生れの未だ大学院生などで将来の研究者志向の若者達が、実際上の憲理研を結成・創造する責務を担わざるを得ないと判断され、丁度その頃に東大社会科学研究所（略称、東大社研）に留学中だった鈴木先生の教え子の影山日出弥君（愛知大学助手）を同伴して、わざわざ拙宅に来訪下さり「そうした憲法状況に対応し得るような組織として憲理研を結成・創立するのに必要な会員集め、そのための全国的規模の同志の準備研究会・既成学会との連携・共同シンポジウムの企画・実施・そして同志の合宿などをする初代事務局長の役割を担って欲しい」という要請を受けた。私は即座に快諾した。

しかし、こうした仕事を実際に行うとなると私と影山君の二人だけで責務を全うするのには荷が重過ぎる。誰か手伝いをお願いできる方は居ないかと三人で相談したところ、一人は当時東大社研で影山君が親しくお世話になっていた隅野隆徳君（当時は大学院生だったが間もなく専修大学の専任講師になった）と、もう一人、その頃に丁度東大社研に国内留学中だった鈴木先生とは同郷（宮城県）で以前から親交のあった針生誠吉さんにお願いし、その四人で創立準備の事務局体制を組むことになった。

かくして早速結成の準備を開始し、まずは憲法学研究に興味ある若手研究志望者のための研究会の開催や、すでに同様な趣旨で活動していた「京都政治・憲法学研究会（会長・田畑忍同志社大学教授）との連携を目的として田畑先生や事務局長の上田勝美君や有力会員だった土井多賀子（たか子）さんとは、しばしば私が京都へ出向いて懇談し、同意が得られた。

さらに、その頃の改憲状況に対しては、それに抵抗する研究者や弁護士達が集まる小規模の組織、例えば、青年法律家協会や民主主義科学者連合法律部会、護憲連合などが、それぞれ個別に憲法擁護の活動をしていたが、やがて、それらが結束したのが日本民主法律家協会（略称、日民協）だった。その日民協に、当面していた恵庭事件などの憲法裁判や当時の内容の憲法調査会の動向に対する研究などに強い関心を持つ弁護士や憲法研究者が多く集まっていた。そして日民協の中に憲法委員会（鈴木安蔵委員長）が設置され、主には芦田浩志・松井康浩の両弁護士のどちらかが属していた京橋法律事務所の会議室を借用して何度かの研究会を開催して来た。そこで鈴木先生は、弁護士が日常直面する裁判問題に厳しく対処している姿勢を高く評価され、それに学びつつ、今後は憲法研究者が主体となって、そこに弁護士も参加する憲法学の今日的あり方などを継続的に研究する学会を創設したい、と提唱された。そして一九六四年一月一一日に、まだ当時は国電のお茶の水の駅近くに在った勁草書房に有志が招集された。そこに「戦中派」憲法学者と呼ばれていた小林孝輔、星野安三郎、上野裕久の諸先生のほか、隣接法研究者から小川政亮・渡辺洋三の両先生と、また「戦後派」からは、清水睦、針生誠吉、影山日出弥、隅野隆徳の諸君と私、永井憲一が出席し、かくして「憲法理論研究会」（憲理研）なる研究会（鈴木先生の命名）が創立・発足した(3)。

その憲理研創立当初には、研究会内部で憲法理論の研究を主として、それを継続するとともに、広く社会に眼を向け、主として内閣の憲法調査会から発表された報告書に対する批判を内容とする研究成果として纏めて公表するなどの社会的活動を行った(4)。

(2)　憲理研と教科書裁判

こうした中にあって、一九六三年に、いわゆる教科書裁判が提起された。家永三郎教授（当時東京教育大）が執筆していた高校用社会科教科書『新日本史』の文部省による検定において、その教科書が「戦争を暗く表現し過ぎている。ましてや、かつての戦争を〝無謀な……〟と表現しているのは行き過ぎだ」との理由で、不合格処分とされたことに端を発した。そのような処分を受けた家永先生が、こうした実態を広く国民に知らせ、それを批判する国民の力を喚起することを目的とした訴訟だった。

そこで、憲理研は、そうした国民と協働すべく家永訴訟対策委員会に団体加入した。そこでの共同研究をめざした先鋒を切った私は、この教科書裁判の支援運動に熱心になり、訴訟(弁護団)を支援する国民との共闘の〝要〟となる同委員会の事務局長まで引き受けて務めるようになり、そのために、それまでの憲理研の事務局長的な役割と責任は疎かになった。

丁度その頃、影山君が国内留学を終え、愛知大学専任講師として戻り、憲理研の事務局を担う責任を果たすべく、月に一度は上京していたが、そうした状態では、憲理研の運営に対して責任を果たしにくくなり、まして針生誠吉さんと隅野隆徳氏は後から設置された全国憲の事務局に引き抜かれて、憲理研の事務局は従前通りに機能するのが困難となった。かくして影山君は、平素から親交のあった大須賀明君、吉田善明君らにバトン・タッチせざるを得なくなり、以後、大須賀事務局体制が成立し、再び憲理研は活気を呼び戻し、今日の活力を発揮する土台となった(5)。

なお憲理研は、法律時報の毎年の「憲法記念日、その前後」に、主として私が、その時の「改憲問題の状況」を継続して書き、発表していたことも、当時の憲理研の活動の一つであった(6)。また記憶に留めておきたい一つは、一九六八年の事実上の憲理研と全国憲の合同合宿となった「水上合宿」と呼ばれている合宿において、鈴木安蔵先生が、「これからは、反政府活動が弾圧される時代が来るかも知れない。そうした時代にも家族を含めてお互いに助け合う準備を今からして置く必要もあるだろう」という旨のお話しをされたことである。その趣旨に沿い、同年七月には、学会の草津での合宿としては珍しい家族同伴の合宿が行われた。

そうこうして憲理研は会員全体が〝護憲〟の旗印の下に結束がよく、思い出す一つは、公法学会での研究報告を予定された会員を定例研究会に招いて、その要旨の事前報告をお願いしたり、一つは公法学会の理事会の半数を選挙制によること、また、研究テーマに関する会員からの要望を認め、それを制度化することを求めたりした。それも憲理研の創設以来、事務局を担当し、以後も〝外交官〟的仕事を続けていた私の手を通してであった。その時期には全体が友好的であって、私の親しくしていた小林直樹、芦部信喜会員は、その要望を直ちに認め、実現して下さった。それも憲理研の大きな歴史的仕事として記録に残したい。

二　全国憲の誕生の経緯

(1)　全国憲の創設

全国憲が事実上スタートしたのは、一九六四（昭和三九）年七月であった。内閣の「憲法調査会」からの最終報告書が提出された直後だった。もとより全国憲は、日本学術会議からの〝学術団体〟として指定を受けている研究者団体であり、関連学会としては、日本公法学会や憲理研とも並ぶ位置づけがなされていたが、全国憲は、当面する社会的、政治的諸問題に対して行動的に対応する活動団体であることを使命としていたことを自他ともに認め合っていた。

そして一九六五年四月二五日に結成大会を開催した。その際には芦部信喜、阿部照哉、有倉遼吉、小林直樹、小林孝輔、長谷川正安、和田英光の諸先生ら二五名が〝世話人〟として名を連ね、全国の五五大学に所属する（当時は専任教員に年期契約制はなかった）一一二名を会員としてスタートした(7)。

全国憲創設に当たっての「呼びかけ」には、「憲法改正は、私たちがこれまでおこなってきた学問と教育との基礎を根底から危うくするものであり、」「現行憲法を守り、改憲に反対することは、私たちの学問的生命を維持するうえでの必要最小限の前提である」と宣言していた。

また、全国憲は、一九七一年に制定した全国憲規約では、「本会は、平和・民主・人権を基本原理とする日本国憲法を守る立場に立って学問的研究を行い、合わせて会員相互の協力を促進することを目的」（第一条）とし、その目的を達成する活動のための事業として、定期的に研究会を開催し、その研究成果を公表するとともに、「時宜に応じて意見を発表する」（第二条）ことなどを掲げていた。

(2) 全国憲の社会的使命と活動

ここで、先ず問われる必要があるのは、憲理研の創立の僅か一年後に、何故全国憲が結成されなくてはならなかったのか、という点である。

私は全国憲の結成には直接は携わらなかったのだが、全国憲結成の理由について、結成に関係した先生に伺ったところによれば、憲理研は、一つは、大学院生の身分でも研究会には参加していること、一つは、組織が関西の京都近辺の研究者が集まっている京都政治・憲法学研究会（代表・田端忍先生）と双方が別々の研究行動を行っているので、全国的な規模での研究者が同一目的の憲法問題に対応する組織としたい、ということだった。

そして、最も重要な理由としては、全国憲は、そうした基盤の上に、一九五六年六月に憲法改正を目指して内閣に設置された、前述の「憲法調査会」に対抗し、一九五八年六月、湯川秀樹、我妻栄、宮沢俊義などの代表的知識人が「憲法の基本原理とその条章の意味をできるだけ正確に研究し、関心を抱く国民各層の参考に供」することを目的として発足させ、講演会等憲法の普及活動を行った戦前からの「憲法問題研究会」を引き継ぐ役割を果たす学会でありたい、そうした目的に叶う組織体を憲理研とは別に創設したいという希望が、特に「戦中派」と呼ばれる諸先生方から強かったためと推測される(8)。

そうだとすれば、全国憲は、国政を監視する憲法学者の学術団体としての使命を果たさなくてはならない。その使命を、全国憲は大切に維持する自覚が必要とされた。そのために全国憲は、対外的活動として、「教科書裁判と憲法」と題する公開シンポジウムを開催したり（法律時報一九六九年八月号）、『違憲立法審査権をめぐって』と題する紙上シンポジウムを行ったり（法律時報一九六七年八月号）、また「憲法第九条をめぐる諸問題」と題して小林直樹他で「全国憲法研究会シンポジウム」などの活動を行ったりしてきた。

また、そうした活動を押し進める中で、憲理研との連携は更に強められていった(9)。その一つの現れが編集代表・有倉遼吉・長谷川正安『文献選集・日本国憲法（全一六巻）』（三省堂、一九七七〜七八年）として結実したことに示されている。これは実は私がプロデュースした仕事だった。この辺りの事情と長谷川正安先生のことについては、杉原泰雄、樋口陽一、森英樹編『長谷川正安先生追悼論集・戦後法学と憲法—歴史・現状・展望』（日本評論社、二〇一二年）の「随筆」欄に書いている。

また、その頃、全国憲の会員からは、その創立の趣旨を生かすべく、例えば、星野安三郎先生の「平和的生存権」論や、永井憲一の〝国民各自が、平和で民主的な文化国家の主権者となる国民固有の人権〟としての「主権者教育権」論などが提唱されていった（小林孝輔＝星野安三郎編『日本国憲法史考—戦後の憲法政治』（法律文化社、一九六二年）。

三　おわりに——全国憲の今後の課題

以上述べてきたように、全国憲は、憲理研と両輪をなして戦後における憲法学研究の発展を牽引してきた。しかし、憲理研とは異なる全国憲のもう一つの使命は、護憲を掲げ、戦前からの「憲法問題研究会」を引き継ぐ運動団体として、社会的に「時宜に応じて意見を発表する」ことにある。全国憲は、このような歴史的使命を持って存在している意義を堅持して行かなくてはならない。

全国憲が創立されて五〇周年を迎えるにあたり、再び、全国憲創立の経緯と社会的役割の自覚を認め、堅持し、つねに今後の全国憲の発展のあり方を考えて行く必要がある。

全国憲の創立後の活動については、詳しくは、和田英夫「全国憲のあゆみと憲法状況」（法律時報一九九四年五月号）などを参照されたい。

＊　本稿には、全国憲事務局長であり、本記念論文集の編集委員でもある内藤光博教授（専修大学）に大変にお世話になった。恐らく、教授のご助力なしには、この稿は完成しえなかっただろう。ここに記して感謝の意を表する。

（1）　この業績目録は、工夫して先生の著書や論文が書かれた時代背景を入れ、年表形式を採用、ユニークな型のものに仕上げた。完成させるのには、戦中の論文には〝伏せ字〟が用いられていたので例えば「大山良雄、寺山五郎、水島一雄、田丸鉄二、藤波信一郎」名であり（鈴木先生のご記憶）論文探しにも苦労したが、愉しくもあった。そんな努力や工夫は、渡辺洋三先生からは賞賛された。このことは、戒能通孝ほか編『渡辺洋三先生追悼論集・日本社会と法律学―通史・現状・展望』（日本評論社、二〇〇九年）の「随筆」欄に書いている。

（2）　鈴木安蔵「憲法理論研究会について―理論確立の模索」（同『憲法学断想』、敬文堂、一九七九年）二〇頁以下、および「創刊によせての憲法理論研究会発足の動機」（憲法理論研究ニューズ・創刊号、詳論社、）に詳しく書かれている。また永井憲一「憲法理論研究会の創設の目的―社会科学としての憲法学の研究」法学志林第一一〇巻第二号、二〇一二年一一月、法政大学法学志林協会）と、同『憲法と教育法の研究――主権者教育の提唱』（二〇一四年、勁草書房）一三頁以下などを併せて参照されたい。

（3）　隅野隆徳「憲法理論研究会の設立と恵庭事件裁判」（専修大学法学研究所紀要三八『公法の諸問題Ⅷ』二〇一三年二月）に正確に詳述されている。さらに憲理研の〝あゆみ〟また活動についてはー九八九年一二月に憲理研編として出版した『現代の憲法理論』（敬文堂刊）も併せて必読されたい。

（4）公表された主要な研究成果として、『今日の憲法問題』日本民主法律家協会憲法委員会（労働法律旬報五五号、一九六四年一一月号）『全面特集・憲法調査会報告書批判』法律時報一九六四年一〇月号）などがある。

（5）大須賀明「憲理研三〇周年によせて」（法律時報一九九四年五月号）を参照。なお、憲法理論研究会編「憲理研三〇年の歩み（一九六四年－一九五四年）」（憲法理論研究会事務局責任者・辻村みよ子会員、一九九四年五月三日）を参照されたい。

（6）また他にも、山下健次「一九六七年憲法記念日前後」（法律時報一九六七年六月号）などもあった。

（7）この諸先生は、平素が親密で、一緒に、イエリネック『一般国家学』の翻訳を、合同研究会を屡々行い、三年がかりで、協力して出版している。そのことは、小林孝輔『風の外――本と人と酒と――』（一九八二年一一月、学陽書房）に書き残されている。

（8）星野安三郎先生から伺った。星野安三郎先生は、小林孝輔先生とご一緒に、全国憲を立ち上がらせた有力メンバーであった。先生については、永井憲一編「星野安三郎先生の実践的憲法学の成果を讃える」（『星野安三郎先生の人と学問』、新名学園私学教育部、二〇一一年三月一三日刊）を参照。

（9）なお他に、全国憲事務局編「全国憲法研究会の一〇年――活動と記録」、同「全国憲法研究会一九七五―一九八六―活動の記録」などを参照。

日本国憲法施行五〇年と全国憲

獨協大学教授
右　崎　正　博

一　はじめに

私は、一九九五年一〇月から二年間、浦田賢治代表の下で事務局長を務めた。その時期は、ちょうど日本国憲法施行五〇年に当たっていたため、当然のことながら、全国憲を含む憲法学界全体の取組みもそれを意識したものになった。

例えば、日本国憲法施行五〇年を前後する時期の学界の取組みとしては、「日本国憲法五〇年の軌跡と展望」と題された「ジュリスト」の特集号（一〇八九号、一九九六年五月一－一五日号）のほか、一九九四年五月から日本国憲法の公布・施行五〇周年に向けて「法律時報」により取り組まれ、連載された企画があり、その取組みの成果が樋口陽一・森英樹・高見勝利・辻村みよ子編『憲法理論の五〇年』と題して九六年五月に日本評論社より刊行されている。

上記の特集や連載の担い手の多くは全国憲のメンバーであったが、全国憲においても、春季研究集会および秋季研究総会が、「日本国憲法五〇年の歴史と課題」(九六年)、「岐路に立つ国民国家(ネイション・ステイト)と憲法学」(九七年)というテーマの下に取り組まれただけでなく、恒例の五月三日の憲法記念講演会も九七年には「日本国憲法施行五〇周年記念講演会」と銘打って開催された。

全国憲としての取組みの概要は、「憲法問題」八号および九号に「全国憲法研究会の活動の記録」として掲載されているので、それをご参照いただきたいが、その記録から落ちている事柄もあるので、それを補足する意味で記録にとどめておきたいと思う。

二　憲法記念講演会開催への取組み

全国憲は、一九六五年に「平和・民主・人権を基本原理とする日本国憲法を護る立場に立って、学問研究を行な(う)」(全国憲規約第一条)ことを掲げて発足した。全国憲が「憲法記念講演会」を最初に開催したのは、一九七七年五月三日、読売ホールにおいてであった。この年に全国憲が憲法記念講演会を開催するに至ったのは、一九五八年に湯川秀樹、我妻栄、宮沢俊義氏ら当時の学界のリーダーたちが結集し、日本国憲法についての知見を深めるとともに、講演会の開催などを通して啓蒙的な活動を精力的に担ってきていた「憲法問題研究会」が一九七六年に解散したことをきっかけとしている。

憲法問題研究会の講演の記録は、いずれも岩波新書に、憲法問題研究会編『憲法を生かすもの』（一九六一年）、『憲法と私たち』（一九六三年）、『憲法読本（上下）』（一九六五年）としてまとめられているが、憲法問題研究会の解散によって講演会の開催も中止されることになったため、市民向けの講演会開催を、全国憲が引き継ぐ形になったのだと伝えられてきた。

それ以来、今日まで、憲法を研究する専門家の集団として、研究成果を直接市民に対して還元すべく、毎年五月三日の憲法記念日に「憲法記念講演会」を開催してきている。その開催記録は、全国憲のホームページにも掲載されているが、当初から市民がアクセスしやすい場所での開催が目指され、読売ホールや日本教育会館、杉並公会堂などが会場として使われ、多いときには一〇〇〇名近い有料入場者数を記録したこともあった。

憲法記念講演会の開催は学会活動の一部であるとして、その必要な経費の負担は会員から徴収される会費と講演会当日に入場者から徴収される入場料・資料代によってまかなわれた。入場料・資料代の額は、一九九六年当時、五〇〇円であった。毎年の講演会開催に必要とされる経費は、会場費やチラシ印刷代、講師謝礼、宣伝のための通信費などを合計すると五〇万円近くに昇った。会計処理の上では特別会計方式をとり、入場料収入で足りない分を一般会計から補てんするという形をとったが、それでもこの講演会の開催は全国憲の主要な活動の一環であるから、これを「赤字」とみなすべきではないと受け止められていた。

そして、一九九六年の憲法記念講演会は、大田尭先生(教育学)をゲストに、会員から常岡せつ子(フェリス女学院大学)、北野弘久(日本大学)の両会員に登壇いただいて、改修のため利用ができなくなっていた読売ホールに代えて杉並公会堂で開催され、有料入場者数は四一二名と記録されている。しかし、このときの講演会に、軍服のような服装を身に付けた右翼構成員と思われる者三名に会場に入られた苦い経験がある。

実際、入場料を払って入場するといわれれば、開かれた市民向けの講演会で、外見を理由に特定の者を排除するのは難しい。毎年、不測の事態に備え、会場の観客席の前二列ほどには関係者に座っていただくという配慮をしてきていたし、そのときも同じ扱いをしていたが、客席の中ほどに陣取られた。

事務局担当者としては、混乱を生じさせないようにと考え、北野先生や司会を担当されていた江島晶子(明治大学)、元山健(東邦大学)の両会員に途中でメモを手渡して、うまく収めていただくようにお願いした。質疑応答に移ると質問の要求があり、彼ら自身の見解を宣伝するような発言とその様子を自らビデオ撮影するといった行動があった。しかし、観衆に害が及ぶといった事態はなく、それ以上の混乱は避けられたので、何とか事なきを得たが、講演者の先生方には、舞台の裏の出入口から避難していただいたりした。

そのような経緯があったため、翌九七年の「日本国憲法施行五〇周年記念講演会」は、万一のことを考え、代表とも相談して早稲田大学大隈講堂にて開催することとなった(以来、会場は大学の施設が使われるようになった)。このときは、浦田一郎(一橋大学)、小林直樹(東京大学名誉教授)の両会員と、井上ひさしさん(作家)の三氏に講演をお願いした。このときの入場者数は、八六〇名と記録されているが、大学の施設を学会活動のため無料で借用することになるため、入場者から入場料や資料代をいただくことはできないこととなった。

そこで一計を案じたのが、講演会のチラシの裏面に出版社の協力を得て、新刊情報を掲載するという方法であった。当時、憲法記念講演会のためのチラシが、毎回二万枚印刷されていた。それまでは裏面が白紙のまま配布されてきていたが、上質紙を使っているので、その裏面を有効に活用できないかと考えた結果である。

A4判のスペースを八等分し、その大きさに合わせて、各出版社に「版下」を作成していただき、それをそのまま印刷するという方法であった。各出版社から五万円を広告料としていただき、それを憲法記念講演会開催の費用に充てることとした。全国憲にしてみれば、憲法記念講演会の費用の一部を捻出でき、また、チラシの受け手に憲法関係の新刊情報を伝えられることなど、結果的に大きな成功を収めた。この方式は現在も受け継がれている。

三　憲法施行五〇周年声明への取組み

私が任期中に取り組んだことの一つに、「日本国憲法施行五〇周年に際して――憲法研究者の声明」がある。日本国憲法五〇周年に際して、何らかの声明を準備すべきではないかという会員からの提議を受け、運営委員会で審議していただき、その結果、山内敏弘会員（一橋大学）と事務局長の私が起草委員に指名された。「声明」（案）を練り上げ、運営委員会委員に諮った上で、会員の賛同を募り、日本国憲法施行五〇周年に当たる一九九七年五月三日（前記「日本国憲法施行五〇周年記念講演会」の当日でもある）に発表された。発表当日の時点での署名数は、浦田賢治代表ほか一八三名であった。

この声明については、「憲法問題」九号の「全国憲法研究会の活動の記録――一九九七年」に「（後掲資料参照）」と注記されているが、何かの手違いによりその「資料」部分が採録されないままとなってしまった。それゆえ、当時の私の手控えの記録のなかにある「声明」全文をここに改めて記録させていただきたい。当時の憲法状況と全国憲のスタンスをうかがうことができると思う。以下のとおりである。

「日本国憲法施行五〇周年に際して――憲法研究者の声明」

日本国憲法は、ことし、施行五〇周年を迎えました。憲法の研究を専門とする私たち全国憲法研究会の会員は、この五〇年の憲法の歩みをふり返り、日本国憲法の積極的意義をあらためて確認するとともに、それを二一世紀に伝えていくよう努めたいと思います。

明治以来の近代化のなかで近代憲法の原理はこの国に十分に根づくことなく、広範な人権の侵害、無謀な戦争が繰り返されてきました。それは、自由で平等な人格をもつ人間の存在――

近代憲法がよって立つ基盤そのもの――が脅かされた時代でした。日本国憲法は、そのような歴史の反省のうえに、人権保障と民主主義という近代憲法の原理をこの国にもたらすとともに、平和主義と生存権の保障など、現代的状況が要請する新しい内容を盛り込んで成立しました。それは、世界の憲法の歴史に新しいページを開いたものでした。

こうして出発した日本国憲法の五〇年の歩みは、決して平坦ではありませんでした。成立後ほどなくして復古的な改憲論の荒波にもまれ、その後も政治の風雪にさらされてきました。また、二一世紀を目前にしたいまも世界の各地には、戦争や人権侵害、大規模な環境破壊など、人類の生存を脅かし、憲法原理の定着を妨げるさまざまな要因が残存しています。

しかし、この五〇年は、同時に、国民のたゆまぬ努力に支えられて日本国憲法の基本原理が定着し、発展してきた過程でもありました。そして、私たちは、今後とも、人権と平和と民主主義という日本国憲法の基本原理を護り、定着させる努力を怠ってはならないと考えます。なぜなら、これらの基本原理は護るに値する普遍的価値をもっており、これらを擁護し、発展させていくことは、私たち憲法研究者の歴史に対する責任であると考えるからです。

日本国憲法施行五〇周年にあたり、私たちの憲法の価値をあらためて認識し、ともにそれを擁護し、発展させていくことを、ひろく市民の皆さんに呼びかけるものです。

一九九七年五月三日

全国憲法研究会会員有志
代表　浦田　賢治ほか　一八三名（最終集計）

四　おわりに

全国憲は、一九六五年に芦部信喜・阿部照哉・有倉遼吉・小林直樹・小林孝輔・長谷川正安・和田英夫教授ら二五名を世話人として、全国五五大学に属する一一二名の憲法研究者を会員として創設されている。そして、第一回の研究総会のテーマが「憲法九条をめぐる諸問題」のシンポジウムであり、その記録を含む成果が全国憲法研究会編『憲法第九条の総合的研究』（法律時報一九六六年一月臨時増刊号）として刊行され、その一〇年後、発足一〇周年を期して『憲法と平和主義』（法律時報一九七五年臨時増刊号）が刊行されている。その後、一貫して憲法と平和の問題にコミットしてきている。

日本国憲法施行五〇周年の時期に刊行された樋口・森・高見・辻村編の『憲法理論の五〇年』（前掲）の第一五章に、和田英夫教授が「全国憲のあゆみと憲法状況」と題され、全国憲のあゆみと憲法状況のかかわりを振り返る論稿を寄せておられる。それによれば、「全国憲のレゾン・デートルの根幹をなす〔のが〕憲法と平和の問題」であり、全国憲発足以来の研究活動の記録から知られるのは、「『憲法第九条の総合的研究』が提起した問題が「その後における諸状勢の推移に応じて、一層、具体化され、拡大され、深化されていることである」と述べられている。

同じことは、日本国憲法施行七〇周年に至る、その後の二〇年間についてもいえるのではないかと思う。憲法第九条があるにもかかわらず、集団的自衛権の行使が認められるとする安倍内閣の閣議決定「国の存立を全うし、国民を守るための切れ目のない安全保障法制の整備について」（二〇一四年七月一日）に見られるように、日本国憲法の平和主義をめぐる情勢はいっそう厳しさを増してきている。

そうしたいま、創設以来、一貫して憲法の平和主義を擁護しつづけてきた全国憲の存在意義が、改めて問われているのではないかと思われる。次の一〇年に向けての全国憲の活動のあり方を考えるに際して、これまでの歩みを振り返っていただければ、と思う。

転換期の全国憲

――二〇世紀末期の問題状況とその克服

早稲田大学教授
戸　波　江　二

私は、一九九七年一〇月から一九九九年一〇月の間、大須賀明代表の下で、事務局長を務めた。この間の全国憲の活動を二〇一五年の現在から回顧するとき、従来の全国憲の活動をどのように維持すべきか、あるいは、今後どのように全国憲の活動を展開させていくかという、二つの課題があったように思える。そして、私の事務局長時代のさまざまな活動を通じて、全国憲の活動方向は大きく転換していったように思える。まさに全国憲の転換期であったといっても過言ではない。

全国憲は、一九六五年の創設の時点で、憲法学研究者の研究団体として発足した。しかし、同時に、「平和・民主・人権を基本原理とする日本国憲法を護る立場に立って、学問的研究を行な」う（規約一条）ことを研究会の基本方針としていた。つまり、全国憲は、憲法学を研究する学会であるばかりでなく、護憲の立場に立って社会に日本国憲法の意義をアピールするという活動団体でもあった。全国憲のこの二つの方向をともに追求していくことが、事務局に課せられた任務であると私は認識し、活動を企画し実行していった。

私の事務局時代に行った活動のうち、特記すべきものは、①研究総会の企画のための企画委員会の新設、②五月三日講演会の改革、③周辺事態法の署名問題、④アジア・オセアニア立憲主義シンポジウム開催、である。

一　企画委員会の新設

全国憲法研究会は春秋に二回の研究総会を開催しており、その企画・運営は、現在は企画委員会が担当している。企画委員会の制度は一九九九年に創設された。

企画委員会制度創設以前は、研究総会のテーマおよび報告者の選定は、運営委員会で議論されていた。しかし、運営委員会は年に三、四回ほどしか開催されず、しかも研究総会の昼休み開催の運営委員会は時間が限られている一方で、議論すべき議題も多く、そのため、研究総会のテーマについて十分に検討することができなかった。そこで、新たに企画委員会を設置し、研究テーマの原案について春秋の研究総会を統一的に検討してもらい、また、報告者の選定も委ねることとした。

企画委員会制度は、すでに公法学会において一九九二年一〇月に設けられており、研究総会のテーマの選定に大きく寄与していた。全国憲でも、一九九七年ごろから「準備委員会」が設けられて研究総会の内容について検討することとしていた。企画委員会はこの準備委員会制度を正規の制度としたものである。しかし、いずれにせよ、企画委員会による研究総会の企画運営が充実したものになり、全国憲の研究活動の質的向上をもたらしたことは、周知のとおりである。

二　五月三日憲法記念講演会の改革

憲法記念講演会は、全国憲創立当初から、学会活動が憲法研究者の内輪の研究会になってはならず、広く市民に開かれた護憲をアピールする活動をすべきであるという方針に基づいて、五月三日に開催されてきた。そして、市民が気軽に参加できるようにするために、講演会場には大学施設を利用せず、一般の外部のホールを借りて（当初は有楽町駅前の旧そごう八階の読売ホール、九〇年代になって中野サンプラザホール）、講演会を実施してきた。憲法記念講演会は、全国憲の社会への働きかけの活動として一定の成果を挙げてきたが、他方、講演会会場費、ポスター印刷費、宣伝費、学会外講演者謝礼など、思いのほかに経費がかかり、有料入場者は三〇〇名程度にとどまったこともあって、九〇年代半ばには大幅な赤字が全国憲の会計を圧迫するようになっていた。そこで、憲法記念講演会の実施について中止案も含めて事務局で検討することが重要な課題となった。

そこで、一九九七年の運営委員会に事務局として憲法記念講演会の改革案を提出し、ともかく講演会の経費を削減して収入を増やし、独立採算で運営できるようにすることを提案した。具体的には、①大学内の講堂等を会場として利用して会場費を削減する、②講演会パンフレットの裏に出版社の広告の掲載をお願いして広告収入を得る、③有料参加者を増やして収入増を図る、というものであった。そして、この計画でとにかく赤字の改善を図り、それでもうまくいかない場合には、やむなく憲法記念講演会を中止するというものであった。

幸いにも以上の改革のねらいはほぼ実現した。一九九八年五月三日には東京大学安田講堂にて講演会を開催し、有料入場者五三九名を数え、赤字が二万円にとどまった。その後、二〇〇〇年以降は黒字に転じたが、それは、二〇〇〇年以降の衆参での憲法調査会の活動があり、憲法問題に対する学生・市民の関心が増えて入場者が増加したことに起因している。そして、現在まで憲法記念講演会は全国憲の重要な学会活動の行事として継続して行われている。

ところで、本稿を執筆するにあたって、学会誌『憲法問題』の巻末の学会記事を調べたところ、二〇〇四年から二〇一二年まで、憲法記念講演会の入場料は無料とのことであり、勢い、毎年二〇万円前後の赤字となっていたことが判明した。二〇一三年からは入場料を徴収することとされているようであるが、一九九〇年代の憲法記念講演会の「危機」の時代を反省して、ぜひ独立採算を維持して憲法記念講演会を運営してくださるよう、お願いしたい。

三　「周辺事態法等を憂慮する憲法研究者の声明」の公表

全国憲は、創設以来しばしば声明を出していた。声明は、そのときどきの憲法問題と政治との関わりについて、全国憲法研究会の名で、あるいは全国憲法研究会有志と冠して、全国憲の会員有志の署名とともに公表してきた。

　一九九八年一〇月の運営委員会において、国会での周辺事態法の審議の進展に対して、周辺事態法を批判する声明を全国憲法研究会有志として公表することが決定され、会員から署名を募ったうえで、一九九九年三月に二二三名の賛同者とともに「周辺事態法等を憂慮する憲法研究者の声明」を公表した。この声明に対する署名の呼びかけと声明文の公表は、運営委員会での決定に基づくものであって、それ自体は誤りではない。問題は、声明を出すかどうかの審議の際に、運営委員のなかに強力な反対意見があったことである。

　その強力な反対意見によれば、全国憲法研究会は研究者の集まる学会であり、政治的な声明を発することは学会活動になじまない。政治的な声明はあくまでも個人の立場で行うべきであって、全国憲という学会名で声明を発するのは、研究のための団体の政治利用であり、それは全国憲「有志」という名を冠しても変わらない、というものであった。この反対意見に対して、運営委員会の大勢は、全国憲は「日本国憲法を護る立場に立って」（規約一条）、「時宜に応じて意見を発表する」（規約二条三号）ことを謳っており、憲法に反する政治的動向に対して声明を出すことは全国憲本来の任務でもあるというものであり、結局声明を出すことになった。

　決定にあたって、大須賀明代表は、これが全国憲の運営にかかわる重要な反対意見であることに鑑みて、声明を出すことに相当逡巡されておられた。しかし、私としては、全国憲の従来の活動方針や実績に照らして、声明を出すと運営委員会が決定した以上、それに従って署名をとりまとめていった。声明の公表ののち、この運営委員自身がジュリストに「視点　学術的『学会』による政治的意見表明に思う」（ジュリスト一二一三号二頁（二〇〇一年））とする論文を公表され、全国憲の決定を批判された。

私は個人的には、この反対意見が正論であると考える。学術研究のための学会は、いろいろな政治的立場の人々がそろって研究と討議に参加することが必要であり、特定の政治的意見表明は内部の意思がさまざまである以上行うべきではなく、さらには、そもそも学会の研究活動は政治的意見表明とは相いれないようにも思える。しかし、全国憲の場合には、もともと規約上護憲の立場に立ち、社会に対して護憲をアピールすることを使命として設立されている。ましてや、事務局としては、声明を出すことが運営委員会の多数で決定された以上は、それを実施していくことが事務局の務めとなることはいうまでもないところである。

なお、周辺事態法等を憂慮する声明について決定した運営委員会において、周辺事態法の問題点の検討のためのフォーラムを立ち上げていくことが決定されたが、その運営は全国憲事務局が担当するのではなく、別に実行委員会を設けて運営にあたることとした。この限りで、全国憲の学会活動と政治活動とは一応区別されることとなった。

その後、二〇〇一年に「テロ対策特別措置法・自衛隊法改正を憂慮する憲法研究者の声明」が「全国憲法研究会有志（二三二名）」として出されたが、それ以降は「全国憲有志の声明」は発せられていないようである。ただ、二〇〇七年五月三日の憲法記念講演会の際に、「日本国憲法施行六〇周年にあたって」が「全国憲法研究会運営委員会代表　森英樹」として公表されているが、それはむしろ全国憲有志の声明というかたちをとらなかったものと推測される。

全国憲有志による声明が控えられているようにみえるのは、一九九九年当時の反対意見を尊重し、全国憲の学術団体としての性格を基本的に重視しているからであるようにも思える。学会としての全国憲は、研究活動を中心におくべきであり、対外的な政治活動や声明は、全国憲を基礎としながらも、むしろ別組織をつくって活動していくのがよいのではないかと考えるところである。

四 「アジア・オセアニア立憲主義シンポジウム」の開催

私の事務局長時代のもう一つの特記事項として、一九九九年九月二二日及び二三日、早稲田大学において「アジア・オセアニア立憲主義シンポジウム」を開催したことである。このシンポジウムは、全国憲の春季・秋季研究総会とは別に、独立のシンポジウムとして実施された。このシンポジウムの企画・運営を精力的に担当されたのは、大須賀代表であった。大須賀代表は、アジアとの共同研究・連携に精力的に携わっておられたが、その一環として全国憲がアジア・オセアニアから研究者を招いてシンポジウムを開催することを企図して、運営委員会の了承を得て、実行に移られた。そして、シンポジウム幹事会を特別に組織して、外国人報告者の人選、シンポジウムの報告・運営その他全般を企画し実行された。予算は国際憲法学会日本支部の予算によってまかなわれた。

シンポジウムは、アジア・オセアニアの九カ国・地域から一〇名の憲法研究者を招き、「アジアにおける新秩序と立憲主義」のテーマで二日間にわたり開催された。両日ともに三〇〇名近い参加者を得て、貴重な報告と充実した討論が行われ、豊かな研究交流の実をあげることができた。シンポジウムの成果は、『アジア立憲主義の展望　アジア・オセアニア立憲主義シンポジウム』（信山社、二〇〇三年）として刊行された。

この種の外国研究者を招へいしての共同研究の実施は、全国憲としては初めてのものであり、全国憲の本来の活動からややはずれているのではないかという声が聞かれた。また、運営に携わったシンポジウム幹事会や事務局からは、相当な重労働を強いられたことに対する不満の声もあがった。しかし、私個人としては、外国の憲法研究者との交流は必要であり、全国憲がその一翼を担ってシンポジウムを開催したことは大きな意義があったと考える。外国の憲法研究者との交流としては、一九九五年の国際憲法学会東京大会での交流、一九九二年の憲理研による韓国憲法研究者との交流があったが、全国憲によるアジア・オセアニアシンポはそれまで関係の深くなかったアジアの憲法研究者と交流する機会をつくったものであり、その意義はきわめて大きい。

しかし、その後、全国憲として国際シンポジウムが企画されたこともなければ、アジアとの交流がめざされたこともない。むしろ逆に、二〇〇六年に韓国憲法学会から全国憲に対して研究交流の要請があったが、運営委員会では特定の学会と特別に関係をもつことについて疑義が出され、要請を断っている。私はその当時はまだ運営委員であったが、あいにく在外研究中のため同運営委員会には参加しておらず、事後報告を受けただけであり、非常に残念であった。韓国憲法学会は韓国にいくつかある憲法研究会の一つであるが、近年活発に活動しており、日本と関連の深い研究者が多数所属している学会である。もしも他にも学会があるというのであれば、その学会との共同研究も受け入れればよいだけのことであり、韓国憲法学会との交流を断るには及ばないはずである。

一九九九年のアジア・シンポジウムの経験を踏まえて、私は個人的に、東アジア諸国・地域との共同研究に関与してきている。二〇〇三年から日台共同研究、二〇〇六年から韓国憲法学会との共同研究、二〇〇五年ごろからの日中公法学シンポジウムである。いずれもアジア側の関心は高いが、日本側の関心は高くはなく、また、共同研究運営のための経費も定まらず、実際の運営には苦労が絶えない。この種の外国との共同研究は、やはり日本国内に受け皿となる組織がなければ、なかなかうまくいくものではない。ドイツとの関係ではドイツ憲法判例研究会、フランスとの関係ではフランス憲法研究会が組織として研究交流を図っているが、アジアとの関係でもそのような組織が必要である。全国憲はその任務を引き受けないと決定したが、将来その方針を転換し、外国の憲法研究者との研究交流も研究会の任務にすることを希望したい。

五　全国憲の将来

以上、全国憲はさまざまな任務をもち、さまざまな活動を行ってきた。とくに、研究団体としての活動と、護憲をアピールする政治団体としての活動とがあった。しかし、現在、全国憲の創設期に活躍した方々はもちろん、団塊の世代に属する私たちも定年前後となって全国憲の活動から一歩退いており、若い新しい世代の研究者が多数を占めるようになっている。このような全国憲の成長を考えれば、全国憲はその憲法研究団体としての活動を第一義とし、まずは憲法学とその理論・実務の学問的研究を深め、日本の憲法学の研究レベルを上げていくことを基本とするのがよいのではないかと思われる。そして、世界的に憲法学の研究レベルが高まっているなかで、外国憲法論の吸収と交流によって、日本の憲法学の発展を目指していくべきであると考える。

とはいえ、他方で、自民党・安倍政権の下で、憲法改正のもくろみが着々と進んでおり、護憲団体としての全国憲もそれにどのように対応していくかが問われる。全国憲として憲法改正にしっかりと対処していかなければならないことはもちろんであるが、本稿でこれまで書いてきたように、全国憲は研究団体としての地位を保ちつつ、憲法改正に関する特別委員会を組織して、それが中心となって護憲のための運動を進めるのがよいのではないかと考える。ただ、その際にも、特別委員会に「全国憲法研究会」という名称を冠するかどうか、議論が必要になろう。

過ぎ去らない過去
——全国憲代表時代を想起して

名古屋大学名誉教授・元全国憲代表
森　英　樹

一　全国憲代表だったとき

私が全国憲法研究会（以下、全国憲）の代表に選ばれたのは、二〇〇五年一〇月一〇日、甲南大学での学術総会における運営委員会のときだった。そのことを総会で聞いた関西の友人会員からは「瓢箪から駒やね」と言われたことを思い出す。「瓢箪から駒」とは、瓢箪のような小さな口から、駒、つまり馬のような大きいものが飛び出すたとえで、転じて「通常はあり得ないこと」を意味する。だから「全国憲を小さな瓢箪に例えるのも間違いなら、確かに図体は大きいが大物ではない私を馬に例えるのも不正確だろう」と思ったが、「通常はあり得ないこと」には違いない。当時はやりの、二〇〇五年流行語大賞にもなった言い回しを借りれば、「想定外」のことであった。というのも、歴代の全国憲代表は―「代表」制をとった一九七七年以後はもとより、それ以前の事実上の代表制時代も含めて―在京の研究者が務めるというのが暗黙の前提になっていたはずで、全国憲ホームページ記載通り、現にそれまではそうだったのだが、関係者の仕掛けが不十分だったのか、運営委員会の互選では、幾人かの会員に文字通り散票のような投票があって、関連規定に従って「上位二名」による「決選投票」となり、私が選ばれた、というしだいである。二〇〇四年四月からは法人化直後の名古屋大学の理事に就いていたため、忙殺される日々の中での、在京でない代表職は、正直きついものを想定していた。しかし幸い、長谷部恭男氏（当時・東京大学）に事務局長職を快諾していただき、その抜群の処理能力とリーダーシップに任せておけばよかったし、異例ではあったが事務局次長職を置くことを認めてもらい、名古屋大学の同僚・愛敬浩二氏にその任にあたっていただき、かくして「良きに計らえ」代表でいられたから、ラッキーではあった。

それから二年間、したがって二〇〇七年一〇月まで代表職だったのだが、この時代は、就任早々の二〇〇五年一〇月二八日に自由民主党が「新憲法草案」を公表し、ついで三一日には民主党が「憲法提言」を公表するなど、各方面から多様な「改憲構想」が連打され、その勢いもあってか、二〇〇六年九月には、小泉長期政権の後継者として安倍晋三氏が自民党総裁・首相となり、ちょうど一年後に退陣するまでの間、文字通り「改憲動向」の激動期と対峙することとなった。全国憲はすでに、小泉政権時代の改憲動向を標的にした法律時報増刊『憲法改正問題』を、野中俊彦代表の下二〇〇五年五月に上梓していたが、その後も続々と動きが加速してきたため、わずか一四か月後の二〇〇六年七月に、『続・憲法改正問題』を刊行することとなった。全国憲の研究成果がこのように連打されたのは、前例がない。

あるいはまた、たまたま日本国憲法六〇年（二〇〇七年五月三日）という節目を迎えたこともあって、三度にわたる運営委員会の議を経て、代表名で全国憲声明「日本国憲法施行六〇周年にあたって」を公表し、長谷部事務局長名で各メディアにも発送した。この声明は、単に六〇年という節目だったからというだけではない。末尾で「施行六〇周年を迎えた憲法に対して、これを『改正』してその基本原理に『引退』を迫る政治状況が、急速かつ本格的に展開している。憲法と一体のものとして制定された教育基本法が、昨年末、基本原理において改変されたことは、このような展開の象徴的事態であった。」と記しているように、安倍路線による改憲への異様な熱意が、全国憲のいわばアイデンティティを揺さぶるものだったからである。全国憲創設（一九六五年四月二五日）を衝迫したのが、前年七月の内閣憲法調査会最終報告書の提出によりにわかに高まった明文改憲の動向にあったことは、現代表の水島朝穂氏が全国憲ＨＰで述べているとおりだが、そうした全国憲創設時の危機感がよみがえるように憲法六〇年を襲っていた。

二　「戦後レジームからの脱却」との対峙

ところで、安倍政権が改憲に本腰を入れつつ打ち出してきた路線に、「戦後レジームからの脱却」

なる構想がある。首相就任早々、「美しい国、日本」を掲げ、それに向けた構想を「体系的」に表明した二〇〇七年一月二六日・第一六〇通常国会・施政方針演説において、この構想は打ち出されている（http://www.kantei.go.jp/jp/abespeech/2007/01/26sisei.html）。

この「脱却」論は、政治家・安倍晋三氏のお気に入りのようで、二〇〇七年九月に首相を退陣した後も随所で主張し続けていた。安倍氏個人のホームページに入り、冒頭の「基本政策」をクリックすると「憲法改正」というページがあり、その要点が記載されたページにたどりつく（http://www.s-abe.or.jp/policy/consutitution_policy.）。このページは「最終変更日時二〇〇九年〇六月一二日」とされていて、今も変わっていない。つまり後顧の憂い多く退陣したのちに掲載し、思いもかけず首相に返り咲いた今も、変わらず掲載しているわけである。そのページでは、冒頭「私は平成一九年一月の内閣総理大臣施政方針演説で『戦後レジーム』からの脱却を宣言しました」という一文から始まるが、その言わんとすることは、要するに「憲法を頂点とした行政システム、教育、経済、雇用、国と地方の関係、外交・安全保障などの基本的枠組み」を「戦後レジーム」と呼んで丸ごと非難の対象となし、「戦後レジームからの脱却を成し遂げるためには憲法改正が不可欠です」とする結論に流し込む論である。「美しい国、日本」を叫ぶこの政治家が、「美しい」日本語で「体制」と言わずに、わざわざフランス語「レジーム」で語るのは、おそらく唾棄すべき「アンシャン・レジーム」の響きを込めてのことだろう。その対象が「憲法を頂点とした」戦後体制に他ならない。

三　過ぎ去らない過去

これは全国憲にとっても容易ならざる非難であろう。「憲法を頂点とした」全システムを非難の対象にしている人物が、憲法第九九条で憲法尊重擁護義務を負う筆頭格の内閣総理大臣に居続けているのである。全国憲規約第一条によれば、「本会は、憲法を研究する専門家の集団であって、平和・民主・人権を基本原理とする日本国憲法を護る立場に立って、学問的研究を行ない、あわせて会員相互の協力を促進することを目的とする」とある。ただの学会ではなく「平和・民主・人権を基本原理とする日本国憲法を護る立場に立つ」ことが約されている。だとすれば、「平和・民主・人権」という「憲法を頂点とした」基本原理が、非難と攻撃の矢面に立たされていると言ってよい。二〇〇七年一月のこの「宣戦布告」は、政治家安倍晋三氏のホームページで叫ばれ続け、政権に返り咲いた後も公式発言で続けている（たとえば二〇一四年三月一四日参議院予算委員会）。まことに「過ぎ去らない過去」というべきであろう。

「過ぎ去らない過去」―こう呼んだのは、かつてドイツで、歴史家エルンスト・ノルテがある新聞に寄稿した論稿「過ぎ去ろうとしない過去」（E. Nolte, Vergangenheit, die nicht vergehen will, FAZ, 6. Juni 1986）において、ナチズムの残虐行為を相対化しいわば「過ぎ去ったもの」として扱おうとしたのに対し、ユルゲン・ハーバーマス「一種の損害清算」（J. Harbermas, Eine Art Schadensabwicklung, DIE ZEIT,11.Juli 1986）がこれを正面から批判し、かの歴史家論争が起こったことを念頭に置いてのことである。というのも「戦後レジームからの脱却」論の背後には、かの地の歴史修正主義と呼応する匂いが立ちこめてもいるからであった。しかし、かの国における硬質で高質な論争に比定すれば、この国における「脱却」論そのもの、背後に控える靖国史観の低質ぶりは目を覆う。全国憲が、高質な論題としての「過ぎ去ろうとしない過去」問題と、ではなく、あまりに直截な「過ぎ去らない過去（die nicht vergehende Vergangenheit）」に対峙していることを、嘆息まじりに書き残したかったからに過ぎない。

第二章 日本の憲法学と平和主義

問われる日本の憲法学

――全国憲法研究会の現役のみなさんに期待する

一橋大学名誉教授
杉原泰雄

一

もう四半世紀近い前のことです。一九九一年一一月一八日の朝日新聞朝刊に以下のような「憲法学者アンケート調査」結果が紹介されていました。①「憲法九条と自衛隊」につき、回答者の七八％が「九条に照らして、自衛隊はそもそも違憲」とし、②「憲法と国連平和維持活動（ＰＫＯ）について、憲法論としてどうか」につき、一四％が「軍事的色彩を帯びざるをえないＰＫＯには、いっさい参加できない」と答え、六七％が「ＰＫＯのうち、選挙監視、行政協力など非軍事活動のみに参加できる。平和維持軍（ＰＫＦ）に参加できない」と回答していました。また、③ＰＫＦに参加できないとする者は、計八一％に達していました。

いまの憲法学界の意識は、どのような状況にあるでしょうか。とくに憲法擁護を規約に掲げる全国憲の会員は、これらの質問項目・関連項目をどのように考えているでしょうか。現在の憲法政治においては、集団的自衛権の問題・国連多国籍軍への参加の問題等が、憲法改正問題としてではなく、憲法の解釈運用の問題として、検討・処理されようとしています。全国憲の会員のみなさんはどのように考えているでしょうか。かつてと同様の意識状況ではないのではないかとも側聞しますが、いかがでしょうか。

二　悲惨な第二次世界大戦中の経験や戦後（とくに昭和二〇年代）の情けない空腹の経験をもち欠く現役の憲法研究者たちが、それらの経験をもつ者を多く含む四半世紀近い前の憲法研究者たちと異なる憲法意識をもっているとしても、なにも不思議なことではありません。経験が質的に異なっていれば、憲法現象についての政治的評価が異なってくるのは、当然のことだからです。

しかし、その経験の相違の故に憲法の基本的諸問題につき、憲法解釈論的判断や憲法科学的判断も異なってくるということになると、気になります。経験の差異の故に、憲法の基本的諸問題についてそれらの判断も異なるということになると、憲法解釈論的な諸制約や憲法科学的な諸制約を軽視することになるはずだからです。同一憲法典の下では違憲・合憲の法的判断は同一の基準によるものとして同一でなければならないし、また、憲法現象についての科学的判断はひたすらに合理的論証を手法としなければならないからです。

「権力をもつ者がすべてそれを濫用しがちだということは、永遠の経験の示すところである」（モンテスキュー）、「信頼は、どこでも専制の親である。自由な政治は、信頼ではなく、猜疑にもとづいて建設される。われわれが権力を託さなければならない人びとを制約的な憲法によって拘束するのは、信頼ではなく猜疑に由来する。それ故、人に対する信頼に耳を貸さず、憲法の鎖によって非行をおこなわないように拘束する必要がある」（ジェファーソン）これらの指摘は、立憲主義の体制を世界化する原動力となった、けっして忘れてはならない金言だと思っています。

また、憲法と憲法政治を主内容とする憲法現象についての科学的検討（憲法科学・社会科学としての憲法学）は、憲法と憲法政治の歴史的社会的正当性を確保するうえで、不可欠のものであり、憲法解釈論とともに憲法学に不可欠のものと判断しています。

三　すぐれた能力と意欲をもっている現役のみなさんに説法をするつもりはありません。再現してはならない戦中・戦後の経験をもち、それ故に、一方で反憲法的で反歴的でさえもある憲法政治の横行にいらつきながらも、他方でそれを阻止する効果的なすべをもたない自分の能力・体力・気力の衰えを気にしている、老人のくりごとであり、現役のみなさんへのお願いです。

「戦力」の概念をあいまいにしたうえで、明治憲法下の憲法政治で支配的であった「正統学派」的な立憲主義論（たとえば、憲法で明示的に禁止または制限されていない事項・方法は、憲法上それらを認める規定がなくても、主権者・天皇は統治権の権利主体としてそれらを自由におこなうことができるとする穂積八束や上杉慎吉等の立憲主義論）をとれば、解釈改憲的な軍拡・戦争がほぼ野放しとなり、現在進行中の憲法政治も可能と強弁されることになります。憲法学界がその憲法政治の動向を「解釈改憲的」な違憲の政治と批判すれば、憲法政治は「憲法学界も、かつては違憲としていた個別的自衛権・そのための必要最小限の実力を、いまでは合憲としているのではないか」と反論することにもなりそうです。「九条は、解釈変更の歴史なんですよ。だから、立憲主義だから解釈改憲はだめだという議論には私はくみしません」という発言が与党外の有力な政治家からも強調される状況です（前原誠司『週刊朝日』二〇一四年七月二五日号）。

四 日本国憲法とその下における憲法政治について、当面とくに以下の諸点を立ち入って検討して下さればありがたいと思っています。

① 日本国憲法下の立憲主義が明治憲法下の立憲主義とどのように異なるか。近代立憲主義型市民憲法と外見的立憲主義型市民憲法とでは、立憲主義の概念がどのように異なるか。また、国家法人説は、それらとどのようにかかわるか。これらを本格的に検討してこなかったことが、日本の憲法政治を野放しにする一要因となっているのではないかと、気にしています。

② 近現代の市民憲法は、その種類のいかんを問わず、軍事の基本問題（たとえば、軍の統帥権の担当者とその行使の方法、常備軍の可否とその規模・編成の決定方法、宣戦・講和権の担当者とその行使の方法、国民の兵役の義務の問題、戦時その他の非常事態における国民の権利保障のあり方など）についての原則は国の最高法規としての憲法の決定事項であって、法律・命令等の下位法で決定することはできないとしているようです。軍が警察力をはるかに超える国内最大の武力であるところからすれば、このような軍事立憲主義が人類的普遍的伝統としての意義をもつのは当然のことというべきでしょう。しかし、日本国憲法下の憲法政治においては、憲法が軍事の基本問題について肯定的・

積極的な規定を一箇条も定めていないにもかかわらず、軍事の基本問題の原則をも下位法で定めるという異常な事態が進行しています。現代・現在における人権保障・民主主義・平和の維持にとって、どのような積極的な意義があるというのでしょうか。次の③をもふまえて、人類は、近現代において、どのような理由で軍事の基本問題を憲法事項としてきたのでしょうか、そしていま憲法はどのように軍事の基本問題を扱うことを求められているのでしょうか（日本国憲法は「戦争の放棄」という章を設けています）。憲法政治の現状を比較憲法的にふまえて検討していただけると幸です。

③　ソ連＝東欧型社会主義憲法体制は、総力戦的とも形容できる「東西核軍拡競争」の中で、一九九一年に崩壊しました。「熱い戦争」によってではなく、「総力戦的な」とも形容できる「冷たい戦争」によってその体制自体を消滅させたのです。アメリカ合衆国は、第二次世界大戦後「パックス・ブリタニカ」にかわって「パックス・アメリカーナ」の地位につきました。工業生産高も金・外貨の準備高も世界の過半を占めるまでに到りました。しかし、東西冷戦にふけり続けただけでなく、朝鮮戦争、ベトナム戦争、湾岸戦争、イラク戦争、アフガニスタン戦争等の熱い戦争にもふけり続けるなかで、「パックス・アメリカーナ」・「世界の基軸通貨・ドル」・「世界の憲兵」の地位・機能をも大きく損ねているようです。日本も、軍事小国の段階では、その軍事小国の故に、“Japan as No.1”といわれたこともありましたが、「日米運命共同体」・「日米同盟」をかかげて「平和国家」・「社会国家」の理念を軽視する政治のなかでその評価をすでに遠い過去のものとしているかのような昨今です。

④　日本を含めて世界的な規模で憲法政治が不安定な状況にあります。私は、日本の場合、その要因は、憲法政治の反憲性と反歴史性にあると見ています。主権者国民と権力担当者が、その要因に目を向けて対決することが直接の課題になっています。憲法研究者、とくに全国憲の研究者の出番も来ているようです。その要因と本格的な取り組みをすることによって、「ペンは剣よりも強し」、「巨艦大砲は…借金の敵には敵すべからざるなり」を論証していただきたいもの、と期待しています。

憲法学の方法と日本国憲法
――憲法九条を軸に――

龍谷大学名誉教授
上田勝美

一　問題の所在

「山の動く日来《きた》る」(1)。一九四五年八月一五日は、明治以降、日本の歴史を大転換する最大かつ決定的な変化、刷新の第一歩となった。周知のごとく、第二次世界大戦の敗北と日本の再出発に際しては、ポツダム宣言の受諾とその内容が、日本の進むべき道に決定的な影響を与えたといえるからである。

ポツダム宣言の主旨は、少なくとも日本社会の改革の柱として「民主主義の実現、基本的人権の尊重」を要請していたこと及び日本の最終の統治形態は「『ポツダム』宣言ニ遵ヒ日本国国民ノ自由ニ表明スル意思ニ依リ決定」（八月一一日、バーンズ回答）されるべきものとしていた(2)。

一九四六年一一月三日に、制定・公布された現日本国憲法は、近代立憲主義の流れをくむ「国民主権、基本的人権」を基本原理に採用しただけでなく、国際社会では常識の軍事力による安全保障方式を全面的に放棄した「絶対非戦」の原理を取入れている。本稿で問題提起する「憲法学のあり方、方向性」もこの現憲法を前提として検討するものであり、また、しなければならないものと考えている。

日本国憲法は、明治憲法と条文の数も質も根本的に異なる。憲法の基本原理、基本的人権の保障などは、明治憲法と比較すると「天と地」ほど異なっている。「憲法学の方法」の検討も、当然、日本国憲法を活かし、具体化するす視点から、構築されなければならない、と私は考えてきた。

戦後憲法学の出発時も、そのあとの継続時期においても「社会科学としての憲法学」をいかにして樹立するかが問われ、研究の成果が数多く発表されてきた。本稿では、それらの研究成果が提示した視点、論点の中で、私が「社会科学としての憲法学」の樹立に、重要かつ不可欠であると思われる三点の視座を本稿第三章で提示し、今後の憲法学発展の課題としたい、と願っている。

二　戦後直後の政治情勢と日本憲法学の発足

1　憲法改正問題と二つの異なる憲法観

連合国によるポツダム宣言は、一九四五年七月二七日に日本政府に対して出されたが、ポ宣言受諸の決定が出されたのは八月一四日であった。

この第二次大戦の収束時における日本政府の抵抗、すなわち「国体護持」を連合国に執拗に要求した時の「憲法観」は、一九四五年の敗戦直後においても、四五年秋から始まった、明治憲法の改正案作りにおいても、遺憾なく発揮された。

一九四五年一〇月一一日、ＧＨＱは、幣原内閣に対し「憲法の自由主義化を含む五大改革」を指示した。政府は。憲法改正問題を扱う「憲法問題調査委員会」（松本烝治委員長）を発足させた。

憲法問題調査委員会をはじめとする各種の憲法改正案は、四五年秋から六カ月の間に発表されたが、それらの憲法改正案のうち、主権者を誰にしているかを基準として分類すると、ここに「二つの異なる憲法観」が識別・把握できる。一つの憲法観は、「国体護持」憲法観というか、「国体護持」憲法イデオロギーというものであり、他方は、近代立憲主義の流れを汲む憲法観である。この憲法観の特色は、「国民主権」や「基本的人権」「権力分立制」を内容として持っている。したがって、この憲法観は、「近代立憲主義」の憲法観と定義することができる。

まず、最初の「国体護持」憲法観に属する憲法改正案は、憲法問題調査委員会の改憲案（甲案、乙案）であり、更に近衛案、日本自由党案、日本進歩党案が、天皇の統治権［主権］を正面から認めるもので、明治憲法体制の維持を露骨に示した改正案といえよう。

逆に、国民主権を明確に打ち出した改正案は、政党では、日本共産党、民間案は、憲法研究会、高野岩三郎の改憲案であろう。ただ、日本社会党案は、主権の所有者は、国家（天皇を含む国民共同体）であるとする改正案である(3)。

本稿では、憲法改正に関する最終的な日本政府案ができるまでの間にあったＧＨＱの介在問題およびその是非を論じないが、日本における戦後から今日までの憲法をめぐる大きな動き、とりわけ改憲論の動向を規定する憲法観としては、敗戦時の日本支配層の「国体護持」憲法観が、現在の改憲論の内容の底流をなし、基調となっていることを強く指摘しておきたい(4)。また、その日本の支配層の政治の動向が、近代立憲主義の流れを汲む現日本国憲法を形骸化する違憲の「解釈改憲」と明文改憲の手法で、実質的改憲がなされ、現憲法は戦後最大の危機を迎えているといわなければならない。

2　日本国憲法の実施と教育・研究条件の拡大・保障

第二次大戦後、我が国の教育・研究条件の拡大と保障の課題は、日本国憲法の制定によって、各段に改善され、前進したと考えられる。戦後の日本では、あらゆる学問研究の自由が保障される条件が確保されることになった。それは、国民主権の憲法のもと、思想・良心の自由（憲法一九条）、表現の自由（憲法二一条）及び学問の自由（憲法二三条）が保障されているからである。

さらに、我が国の法学、憲法学を一層発展させる契機となったのは、戦後直後にそれぞれの全国的な専門学会が一斉に設置・開設されたことである。一九四七年に日本法社会学会が、翌年の一九四八年には、日本法哲学会、日本私法学会、日本公法学会が相次いで創立されている。そして、年を経るに従って、研究の目的・対象などを絞り込むとか、逆に研究領域を拡大するとか様々な理由で、戦後、各種学会は増え続けてきたといえる。

憲法関係でも、憲法理論研究会（憲理研）が一九六四年一月に、全国憲法研究会（全国憲）が一九六五年四月に発足している(5)。この二つの研究会は、基本的立場として、日本国憲法の精神を尊重し、憲法九条所定の平和主義を理論面で支え、今日まで憲法の立憲主義の擁護と確立に理論的情熱を燃やし続けてきている、といえる。

三　社会科学としての憲法学と基本的視座

戦後の憲法学の発展については、日本国憲法の内容、すなわち主権論、人権論、権力分立制論等の各論的な研究の進展とともに、「憲法学の方法」自体に関する議論も、個別的にはなされていたが、総じていえば、新しい「憲法学の方法」論争が集中的、精力的になされた時期は、一九五〇年代後半以降と考えられる。

1　憲法学の方法と研究対象拡大の視座

日本公法学会が発足したのは、前述のように、戦後直後の一九四八年であるが、学会が「憲法学の方法」をメインテーマとして扱ったのは、一九五六年である。この時期は、戦前、戦後の憲法学者が競合していることを考慮してか、黒田覚と長谷川正安が報告を行った(6)。

二人は同じテーマで報告したが、話の内容は大きく次元を異にするものであった。黒田覚は、憲法解釈学の方法＝憲法学の方法とする、いわば我が国において伝統的ともいえる「解釈学の方法」

に重点を置いたものであり、何ら戦後憲法学の刷新に繋がる内容のものではなかった。

これに対して、長谷川は、改めて「憲法現象はいかなる社会現象か」を問い、憲法現象をトータルに捉える視点を強調して、憲法現象を四要素に分け、四要素の特質、またその関連を論じている。その四要素とは、「憲法意識、憲法規範、憲法制度および憲法関係」であり、またこの四要素間の関係は、並列的でなく立体的に捉えられ「憲法意識の発生・対抗、憲法規範・憲法制度と進んで、憲法関係が具体的に把握されたとき、憲法現象の全体的な考察が終わるのである」(7)としている。

長谷川の、「憲法現象をトータルに把握」するという「憲法学の方法」の研究射程には、いわゆる「憲法解釈以外の領域」に研究の課題が広がる。たとえば、九条問題に限っても、Ⓐ憲法と政治の関係、Ⓑ憲法九条と司法権の関係、Ⓒ憲法と国民意識の関係及びⒹ一般的な「戦争と平和」の関係など九条関係の研究領域は各段に広がってくるであろう。

当然のことながら、憲法学のすべての研究領域として、①平和原理以外の基本原理や、②多数ある基本的人権（自由権・社会権・国務請求権および政治的権利）、③議会制民主主義の在り方およびその病理現象など無数の研究課題の領域が存在することを教えてくれるはずである。

2　憲法学の方法と歴史発展の視座

(1)「歴史の方向」と「歴史法則」の問題

私は、一九六八年に「憲法学の課題と方法」を書いて以来、「社会科学としての憲法学」の方法論を論じる場合、歴史的視座、換言すれば「歴史的発展の法則」を基本的視座として必ず設定しなければならないと考えてきた(8)。この問題は、戦後間もなく設立された法社会学会における「方法論争」においても、また一九五〇年代以降、多くの論者による「憲法学の方法」に関する著書、論考においても、「歴史の方向」、「歴史法則」もしくは「方法論と歴史的視座」に関する先進的な学説が発表されることが多かったことからも、「歴史の方向」の問題が、「憲法学方法論」と密接な関係にあることを示している。

当時、この「歴史法則」または「歴史の方向」を「社会科学としての憲法学」の方法論に適用しようとする先進的な論者としては、たとえば、鈴木安蔵、長谷川正安、影山日出弥、田畑忍、家永三郎、小林直樹、上野裕久、星野安三郎、和田英夫、深瀬忠一、黒田了一、永井憲一、杉原泰雄、樋口陽一、山内敏弘、森英樹、辻村みよ子、上田勝美などがいる(9)。

「史的唯物論」を方法論の基軸に据える論者としては、鈴木、長谷川、影山らが数えられるが、それ以外の論者は、史的唯物論を「歴史の発展の方向」の基準としては明確には設定してはいない。というよりも、憲法、人権などの発展・展開については、あえて史的唯物論に依拠しなくても、説明可能という立場に立っている、と考えられる。

たとえば主権原理でいえば、「君主制から、共和制へ」、人権なら「自由権から社会権へ」、九条に着目している論者、たとえば星野、和田は「自由権から社会権へ、そして平和的生存権へ」(10)という風に主張、説明する。個別的人権の信教の自由については、「祭政一致から、政教分離へ」という具合である。

(2) 歴史発展の視座と憲法解釈の方法

さて、巨視的な歴史的方向の基準を、いわば微視的な「憲法解釈」に結びつける工夫として、戦後、「社会科学としての憲法学」を強調する論者は、その間に「中間項」もしくは「媒介項」が設定されなければならないという。

山内敏弘は「ちなみに、そのような媒介項として考えられうるのは、憲法典、憲法典の定める基本的枠組、さらにはその枠組の中の具体的な解釈基準等であろう」と具体的、詳細に論じている(11)。

そこで、現実に行われている憲法解釈で、改めて問われるのは、解釈対象である憲法の「枠組」または「枠」という問題である。私は、「法解釈」「憲法解釈」という場合の、「解釈」は、全く恣意的な、主観的政治的価値判断だとは考えない。法解釈には、一定の「限界」があるのである。私が、「憲法解釈における限界」と考えるのは、第一義的には、実定憲法という「枠」内で「客観的かつ論理的な体系的解釈がなされなければならない」ということである(12)。

しかも、憲法解釈の「枠」という場合、私は、更に、二つに分けて対応すべきだと考えている。第一の「枠」は、ⓐ山内が提示する「憲法典、憲法典の定める基本的枠組み」であり、第二の「枠」は、憲法前文と第一章以下の定める各条文の「枠」である。例えば、平和主義に関する解釈の「枠」としては、まず憲法前文と第九条があり、さらに、ⓑ文民規定(六六条二項)、ⓒ憲法一八条など軍国主義を否定していると考えられるすべての条項が入る、と考えられる。

それでは、憲法の平和主義を厳格に解釈すれば、どうなるか? まず憲法前文所定の平和主義の文言と九条一項、二項を厳格に論理的解釈をすれば、戦争をするいかなる戦力も、装備も、当然に違憲無効である（憲法九八条一項）。したがって世界有数の軍隊である自衛隊は、当然に違憲無効の存在である、と言わなければならない。長沼事件の第一審の自衛隊ストレート違憲判決は、まさに憲法九条の「枠」を厳格に守り、客観的、論理的、論理的な解釈がなされたものである(13)。

要するに、私が本稿で強調する「憲法解釈の枠」という問題は、さまざまな九条をめぐる違憲の法解釈が横行する現今の政治環境にあっては、改めてその「憲法解釈の枠」の問題を再確認することが重要であり、政治の場面でも、政府の有権解釈の場面でも、憲法第一主義の立場で「九条解釈の枠」の問題が根本的に、徹底的に議論されるべきだと考えている。現在の政治状況を観察する時、政府の違憲の憲法政治は、「国の形」そのものまで変更しかねない危機的状況にあるからである。

3　憲法と民主主義法学の視座

明治憲法下の「憲法学の方法」論は、一口にいうと、「観念法学、概念法学、注釈法学、官僚主義法学」の傾向が強かった。そこでこれらの点を大反省して、私は、戦後、新しい諸原理を採用した日本国憲法下で、「憲法学の方法」を含めて、憲法学を革新する憲法学の標語として、「社会科学としての憲法学」の樹立が提唱された、と考えている。

この「社会科学としての憲法学」の樹立の課題は、たとえば法社会学会などでは、我が国法制度全般にわたって一般的に見られる封建制や、非民主的性格などの洗い出し、現憲法下での法制度の在り方等に研究の焦点があてられることが多かったが、憲法学の世界では、憲法の基本原理（国民主権、基本的人権、平和主義等）の理論的検討とともに、憲法の基本原理や憲法体制の具体化を阻んでいる様々な立法、施策に対しての批判的研究が盛んになった。

この点では、現憲法の最大の基本原理である「平和主義」の多方面にわたる研究が盛んになるとともに、当然のことながら、平和憲法に矛盾し、対峙している、いわゆる安保軍事体制の批判的研究、九条を形骸化している自衛隊法など軍事立法の検討に大きなエネルギーが注がれてきたといえよう。

戦後生まれの「社会科学としての憲法学」は、もちろん「憲法学を社会科学とするための方法論」に立脚する学問であるが、この学問方法論は、当然のことながら、「憲法の基本原理」など憲法が丸ごと政治の危機に直面する時には、当然のことながら憲法蹂躙の政治と法制度に鋭く対決せざるを得ないのである。「社会科学としての憲法学」の課題も、まさにそこに社会的使命と託されていると考える次第である(14)。

四　憲法と現実の政治の動向

安倍首相は、第一次安倍内閣が発足したとき、安倍政権の政治課題として「戦後レジームからの脱却」を広言した。近時の日本の憲法政治の病理現象は、全て、この時の安倍政権の政治目標に起因して起こっているとみて間違いない。その手法は、「明文改憲、解釈改憲」を織り交ぜたものであるが、第二次安倍政権の発足後は、衆参両議院の改憲派がほぼ三分の二を占めていることを絶好の条件として、違憲の政治に明け暮れている、といってよい。しかも「自主憲法制定を党是」として、「明文改憲、解釈改憲」を繰り返してきた路線を、現在は専ら内閣による「解釈改憲」に堕した政治に踏み込んでいる。

その典型的な事例が、「集団的自衛権の行使」を閣議で決定したことである。しかも与党の歴代の内閣法制局長官が積み上げてきた「有権解釈」（集団的自衛権の行使は九条の禁ずるところ）をいとも簡単に反故にしたこと自体、内閣の無責任な資質と危険性とを白日のもとに曝している(15)。

戦後間もなく、先進的な憲法学者らによって、憲法の民主的運営と実践に役立つ、「社会科学としての憲法学」の樹立が標榜され、活動をしてきたわけであるが、私は、現在の違憲の政治が憲法現象を覆う今こそ、憲法学の在り方として、立憲主義、平和主義を回復し、将来の政治課題の展望に一石を投じうる理論活動を盛んにすることが今ほど期待されていることはないと考えている。

（1）　与謝野晶子の詩「山の動く日来《きた》る」よりヒントを得た。堀場清子編「『青踏』女性解放論集」（岩波文庫、一九九一年版）一二頁。

（2）　杉原泰雄『平和憲法』（岩波新書、一九八七年）一三四頁以下参照。

（3）　一九四五年秋以降から翌年三月までに発表された各明治憲法改正案については、阿部照哉、佐藤幸治、宮田豊編『憲法資料集』（有信堂、一九六六年版）参照。古関彰一『新憲法の誕生』（中公文庫、一九九五年）参照。

（4）　自民党『日本国憲法改正草案』（二〇一二年四月二七日）参照。なおこの自民党改憲案を全面的に批判するものとして、京都憲法会議監修、木藤・倉田・奥野編「憲法「『改正』の論点」（法律文化社、二〇一四年）参照。

（5）大須賀明「憲理研三〇周年によせて」、和田英夫「全国憲のあゆみと憲法状況」法時六六巻六六号（一九九四年）所収。

（6）黒田覚「憲法学の方法」・長谷川正安「憲法学の方法」公法研究一六号（一九五七年）一頁以下参照。

（7）長谷川・前掲注(6)論文二一頁、同『新版　憲法学の方法』（日本評論社、一九六八年）参照。

（8）上田勝美「憲法学の課題と方法」中京法学第三巻第三号（一九六八年）、同「憲法学の方法と歴史的考察の視座」長谷川先生追悼論集『戦後法学と憲法』（日本評論社、二〇一二年）五八三頁。

（9）上田勝美「憲法学方法論の現代的課題」上野裕久教授退官記念『憲法の科学的考察』（法律文化社、一九八五年）所収、参照。

（10）上田勝美「「新しい人権」の憲法的考察」公法研究四〇号（一九七八年）所収。

（11）山内敏弘「戦後における憲法解釈の方法」杉原泰雄編『憲法学の方法』（勁草書房、一九八四年）一二五頁以下参照。

（12）上田勝美　前掲注(9)論文一九頁。

（13）深瀬忠一『戦争放棄と平和的生存権』（岩波書店、一九八七年）参照。

（14）上田勝美『立憲平和主義と人権』（法律文化社、二〇〇五年）。

（15）樋口陽一・奥平康弘・小森陽一『安倍改憲の野望』（かもがわ出版、二〇一三年）参照。

「国家安全保障と二重政府」説を批判する
――二重憲法とは何か

早稲田大学名誉教授
浦田賢治

一　序言――「批判と抵抗」の憲法研究のために

東京大学の芦部信喜教授（一九二三―一九九九）は、戦後の憲法運用に対して「批判と抵抗」の憲法学で対抗したと語った(1)。では今後、誰の、何にたいして、どのような「批判と抵抗」の憲法研究をなすべきか、その目指すものは何か。

現在（二〇一四年末）、日本版国家安全保障会議（ＮＳＣ）の発足や国家安全保障戦略（ＮＳＳ）の策定などで、戦後の憲法運用プロセスはすでに執行権力の力技によって新しい段階にはいっている。秘密法制の強化で憲法の管制高地が主権者から隠蔽される。集団的自衛権論にみられるように、「八百代言」流の憲法解釈でもって憲法破壊をやり恬として恥じない。安倍晋三内閣を支える政府諸省庁とくに内閣官房を中核にした官僚制による国家戦略策定と実行作業がすすめられている。年末の総選挙で衆議院議席の圧倒的多数をえたので、「日米同盟を深化する国家安全保障戦略」を議会と執行権力が批判も抵抗も抑えて強行するだろう。

ちなみに三権分立を重視する近代憲法論に対して「二重憲法」という言語を用いる憲法学がある(2)。それは適切で有効な方法論でありうるのか。それが本稿の問題である。

本稿の手法は、これまで欧米世界の覇権をにぎり日本もまたその圏内におさめた米合衆国の場合をとりあげ、一種の事例研究をおこなうことである。まず米合衆国の「国家安全保障と二重政府」と題する論説の概要をのべ、ついでその批判的考察をおこないたい。

二　グレノンの「国家安全保障と二重政府」説

1　アメリカのマサチューセッツ州ケンブリッジに本部を置くハーバード大学は、アメリカ最古の高等教育機関である。ある調査によると現在、世界のトップに位置する研究大学だそうだ。この大学に関わる『ハーバード国家安全保障ジャーナル』Harvard National Security Journal 誌は今年(二〇一四年)の最近号で、マイケル・グレノン(Michael Glennon)(3)の論稿を掲載した。題して「国家安全保障と二重政府」という(4)。この論稿は書き出しの部分で、米合衆国の国家安全保障政策が、ブッシュ政権からオバマ政権に変わってもほぼ一定であり続けていること、それはどのようなものかということを述べている。(Glennon : 2 ; note 38) この継続性は、一九世紀イギリスのジャーナリストであるウォルター・バジョット (Walter Bagehot : 1826-1877) の「二重政府」理論によって説明できると、グレノンは書いている。イギリス憲法の進化を説明するため一八六七年(5)にバジョットが著書『イギリス憲法』The English Constitution(6)で展開した説である (Glennon : 10 ; note 40)。

2　グレノンによれば、バジョットの観念はつぎのとおりである。英国の権力は本来君主だけがもっていたが、長い年月を経て二重性をもつ要素で構成された制度a dual set of institutionsが出現した。一つの構成要素は君主制と貴族院である。これらをバジョットは、「威厳ある」制度とよんだ――これらは過去との継承性を提供しかつ民衆の想像を刺激するという意味で威厳をもつのである。劇場の出し物、華麗な行列、歴史的な象徴主義を通じて、これらの要素は、過ぎ去った時代の威厳を呼び覚まし、これによって民衆の精神に情緒的な影響力を行使する。これらは偉大さの記憶を体現する。しかも第二の、より新しい制度の構成要素――イギリスの「実効的な」制度――こそは、統治という現実的な作業をおこなうのだ。これらは、衆議院と内閣と首相である (10-11)。

これら諸制度が結集することによって「仮装の共和国」disguised republic (11 ; note 51) を構成し、これが既成事実である権力の巨大な転移を曖昧にする。それは、もし広範囲にわかってしまうと、公的信頼の危機を作り出すだろう。だがこの危機は回避されてきた。そのわけはといえば、「実効的な」制度がどこで始まり、また「威厳ある」制度がどこで終わるのか、このことを「実効的な」

制度が注意深く隠してきたからだ。(11 : note 52) この曖昧化をこれら諸制度がなし得たのは、「威厳ある」制度が少なくとも何がしかの現実統治に関与することを確保すること、また同時に「実効的な」制度が少なくとも何がしかの人を感激させる公式行事と儀式に関与すること、これらを確保することによるのである。このことが、民衆による実効的制度の決定への継続的な服従を促進するのであり、また威厳ある制度が現実権力でありつづけているという信念を持続させたのであった。これらの二重制度が、すなわち一つは見せかけのためのものであり、二つ目は現実のためのものであるが、これらが一方では、専門職の決定を民衆に受容させる実際と異なる外見を提供しつつも、他方では実際上の統治技巧のなかにイギリス的専門性と経験とを与えているのである。バジョットは、これを「イギリスの二重政府」double governmentと名づけた(11 : note 55)。

3　グレノン自身の「二重政府」理論は合衆国の国家安全保障政策に関するものであって、つぎのとおりである。バジョットの理論を合衆国に適用すれば、合衆国の国家安全保障政策は、執行権力の職員たちのネットワークnetworkによって規定されている。その職員たちは、合衆国の国家安全保障政策を守る責任を負った省庁を管理している者たちであり、しかも合衆国の政治システムに根付いている構造的な誘因structural incentives(109)に対応することによって、民衆の見解や憲法上の制約からおおいに乖離して動いている者たちである。合衆国の民衆は、憲法に基いて構築された諸制度が国家安全保障政策を統御すると信じている。けれども、この見解はまちがっている。しかも司法審査は考慮するに値せず、議会による監視は機能しておらず、しかも大統領による統御は名目に過ぎない。いまよりもおおいに情報を提供されかつ政治に関与する有権者団の民衆の美徳 Public Virtue が欠如していれば、国家安全保障政策を形成しかつ執行する説明責任を再興する可能性は、グレノンによれば、ほとんど存在しない（106-9）。たとえ一人の大統領が他の大統領と交代する場合、国家安全保障政策の根本的な変革を後任の大統領が候補者として――バラク・オバマのように――再三再四、力強く、かつ流暢に約束したとしても、である。

4　グレノンによれば、この構造上の二重性は、「高尚な嘘」Noble Lie の近代的具象化であって、それは二〇〇〇年以上も以前に、プラトンが『国家』Republic のなかで神話として述べたものである。この神話は、民主主義の破滅的な行き過ぎから国家を遮断し、かつ上層階級からなる実効的保護者たちへの民衆の服従を確保するために必要だと考えたものである（note 56）。イギリス発祥の時期にその君主制がそうであったように、合衆国も元々は一組の構成要素からなる制度にその権力が存在した、すなわち大統領、議会、裁判所である。これらはアメリカの「威厳ある」制度である。しかしながら、その後、第二の構成要素からなる制度が国家安全保障の安全装置として出現した（12）。

このアメリカの「実効的な」制度は、――実際には、ひとつの制度というよりはより多数のものからなるネットワークであるが――、それは数百の執行部署によって構成されている。その頂点は軍事、情報、外交および法執行の省庁によって構成されており、それらは任務として、アメリカの国際・国内の安全保障を保護することになっている。民衆の大部分は、アメリカの憲法が構築した威厳ある制度が統治権力の存する場所だと信じつづけている。この印象を強めることによって、二つの制度はいずれも民衆から支持され続けている。しかしひとたび国家安全保障を定義しかつ保護する場合には、この民衆の印象は誤っている。アメリカの実効的制度が、国家安全保障に関するほとんどすべての重要決定をおこなうのであって、そのさいアメリカの威厳ある制度を抑制する民衆の目と憲法上の制限を逃れている。米合衆国は、要するに、単なる帝国の大統領をいただくことを超えて、ふたつに分岐したシステム——二重政府の構造——になっている。そこでは米合衆国の国家安全保障政策に対して、大統領でさえもいまではほとんど実質的な統御を行うことができないのだ(12)。

イギリスの二重の制度は秘められた共和国に進化した。これとは対照的に、アメリカの二重の制度は反対方向に進化した。すなわち中央集権の度合いを強化し、説明責任を負うこと少なく、したがって新興の専制政治emergent autocracy(12)の方向に進化した。これらの国家安全保障制度の起源と現在の展開を検討するまえに、これらの歴史的根源をいっそう巧く記述するような、より中立的な学術用語を採用することが必要である。それが「威厳ある」と「実効的な」という学術用語である。この用語は、歳月の経過とともに、いくぶんにもせよ異なった意味合いを持ってきたのであって、しかも婉曲に表現すると、現在のアメリカの諸制度をすべて具現化するのでない資質を意味することになった。ジェームズ・マディスン(James Madison:1751-1836)はおそらく、合衆国憲法の構造を設計した主たる人物だった。憲法制定におけるマディスンの役割に敬意を表して、グレノンは「威厳ある」という文言を「マディスン」という文言に置き換える。そこで国家安全保障制度を抑制する役割を果たすべき合衆国憲法が、公式に樹立する連邦政府の諸部門に言及している。これらの憲法条項は、国家安全保障に関する権力を三つに分割する（17）。

しかし単なる制度設計をこえたものが要請された。すなわちマディスンが心に描いた政府は、自己抑制を行う単なる機械ではなかった。これら抑制の効率性とバランスの維持にとって要諦となるものが存在した。それは人民の美徳だった――いまよりもおおいに情報を提供されかつ政治に関与する有権者団の美徳だった。公職についている人民の美徳は、彼らをその職につけた人民のインテリジェンスthe intelligenceと公的見識に依存するものだ。人民の美徳が欠如すれば、政府の権力均衡は崩壊に瀕するだろう。これが「マディスン・モデル」である（18）。

5　これにたいしてハリー・トルーマン（Harry S. Truman : 1884-1972）は、合衆国の「実効的な」国家安全保障装置を創設した点で、他の大統領に比べていっそうの責任があると、グレノンは主張している。トルーマン政権の時期に、議会は一九四七年国家安全保障法を制定したが、それは新設された国防長官のもとに軍を統合し、ＣＩＡをたちあげ、近代的な統合参謀本部を創設し、国家安全保障会議を設置したものだった。またトルーマンは国家安全保障局をたちあげたが、当時は外電傍受だけの盗聴を意図したものだった。彼の友人ばかりか彼を中傷するひとびともまた、トルーマンの役割は決定的だったとみなした。創設者としてのトルーマンの役割をたたえてグレノンは、「実効的制度」を「トルーマン軍団」に置き換えた。「トルーマン軍団」は、グレノンによれば、国家安全保障の政策形成の責任を負っている執行部門の内部に存在するもので、数百におよぶ軍事、情報、外交および法執行の官職者たちのネットワークである（18）。

グレノンは、このネットワークの起源、展開、脅威の誇張、秘密性、そして体制順応主義について、立ち入った分析を加えている（16-38）。また、国家安全保障局の監視機能の実際を事例としてあげて、マディスン思考の現実を暴露している（75-86）。けれども本稿では諸々の制約のため、これらの検証をしめすことができない。ただ以上のとおりグレノン論文の概要を紹介した。

現在、信頼できる幾人かの学究たちは、この「トルーマン軍団」というネットワークのことを深層国家deep stateあるいは国家のなかの国家state within a stateと表現している(7)。

三　批判的考察

1　バジョット(8)は、雑誌『エコノミスト』The Economist(9)の編集者であり、かつジャーナリストであって、この週刊誌に自分のエッセイを連載した(10)。彼は一九世紀のヴィクトリア期、言ってみれば産業革命で資本主義が急激に発達し海洋覇権で植民地支配が世界展開したイギリス帝国の絶頂期にロンドンで活躍した。バジョットの「二重憲法」説については、見るべきふたつのコメントとハロルド・ラスキによる批判もある(11)。

本稿でわたしは、バジョット著『イギリス憲法』をグレノン教授がどう紹介しているか、わたしの問題意識にひきつけて彼の読み方にあえて疑義を提起することで批判的な考察を始めたい。

グレノンは、「実効的な」制度がどこで始まり、また「威厳ある」制度がどこで終わるのか、このことを「実効的な」制度が注意深く隠してきた点を強調している。他方、下層階級は愚民だという徹底した反民主主義者であるバジョットは、「イギリスの真の政府は、巧みに隠されている」と指摘しているという。これは二重憲法論にとって含蓄の深い強調と指摘ではある。だが『イギリス憲法』を熟読すれば、君主の神秘性（Bagehot : 90）という言葉でもって、「威厳ある」制度はそれ自体に力を蓄えており、「無教養で粗雑な民衆の想像力を吸収する」（207）「秘密の力」（120）を備えていると、バジョットは書いている。この点は「秘密憲法 Secret Constitution」とその源泉を、わたしなら、どこに求めるかという問題と密接にかかわっている。

2　つぎの疑義は、グレノンの「二重政府」説にみられるバジョット説の読み替えに関わる。グレノンはバジョットの「威厳ある」という文言を「マディスン」という文言に置き換えている。では「君主の神秘性という言葉」を含む、イギリス君主の威厳に替わるものとして、マディスンの憲法に威厳をもとめる根拠は何だろうか。二〇〇年余の植民地支配を脱して建国の後憲法制定にいたり、一〇〇年余りたった一九世紀アメリカで、憲法崇拝(12)が生じたといわれる。憲法が威厳をもって雑多な移民を含む民衆に働きかけて、その憲法崇拝を生み出す根拠として認められるものは何だろうか。そしてその根拠は現在でも存在すると言えるのか。

またバジョットの「二重憲法」のアメリカ版では、トルーマン型国家安全保障のネットワークがキーワードである。これがマディスン型構成要素を統御している。グレノンによれば、このネットワークは知能をもった無人機のごとく行動する。それは目的を実現する手段としての技術と政府の本質に根ざしたものだという。だが考えてみると、内閣政治に起源を発するバジョットの執行権力と、グレノンのいうネットワークなるものが、代替可能性をもつだろうか。仮に代替可能性をもつとしても、首相を頂点とする執行権力と比較して、複雑系社会的ネットワークなるものの本質と役割は何だろうか。このネットワークは果たして人間が制御できるものであり続けるか(13)。

3　二〇〇〇年以上も以前にプラトンが『国家』で指摘した「高尚な嘘」の近代的具象化について考察する。ソクラテスは神に関する話として「あるフェニキア人の物語」(ポイニケ風のもの)を語ったが、それは土着民の母国防衛の強化と金・銀・鉄銅の三つに分けられた人種主義(支配者・軍人・残りの国民たち)とからなる「つくり話」だった。これがプラトンの記述した「高尚な嘘」(14)である。だがカール・ポパー(Karl Popper : 1902-1994)は、プラトンの全体主義的傾向を批判するなかで、ギリシャ語gennaiosの適切な訳語を選んで、「高尚な嘘」でなく「堂々たる嘘」と読むべきだと主張しており、またプラトンは「堂々たる嘘」によって宗教を基礎づけようとしたとも述べている(15)。そして二〇〇三年のイラク戦争に眼を転じるなら、レオ・シュトラウス(Leo Straus : 1899-1973)の門下生たちが「堂々たる嘘」によって武力行使を正統化しており、アメリカ軍の勝利を喧伝している事実が告発されている(16)。

国家安全保障の通常戦争と情報戦争で支配層はすでに自衛権論を歪曲して「堂々たる嘘」をついている。もし核抑止論を歪曲して核戦争で「堂々たる嘘」をつくなら、その帰結はどうなるのか。核戦争は地球生態系と人類を滅ぼすに至る危機的事態をもたらす。このことをすでに一九五五年に、ラッセル・アインシュタイン宣言が、軍産複合体のエリートにとどまらず、知識人を含む世界のひとびとに訴えてある。

4　変革の展望：「改革は可能か？　抑制・煙・鏡」と題した第五章（96-109）で、グレノンは改革のための二つの課題を提示している。①憲法体制全体の抑制を強化することである。その手段はマディスン型の諸制度を再生させることであって、――それら諸制度の活力を高める刃にあたる諸制度を手直しすること、あるいはトルーマン型ネットワークの内部に直接に抑制力をうちたてること、この両者によるのである。②有権者団の中に公的道徳を政府が培養することである（96）。しかし彼は詳細な検討の結果、いずれもこれらの課題の達成はきわめて難しいと判断している（96-106, 106-109）[17]。

このように、憲法体制の内部からする改革の展望が見通せないなら、体制そのものを変革せざるをえない。この革命的変革について、たとえばチャルマーズ・ジョンソン（Chalmers Johnson：1931-2010）は、二〇〇〇年代に『ブローバック』Blowback の三部作[18]を発表した。九・一一事件を予告した邦訳『アメリカ帝国への報復』には「隠された帝国主義」の章もある。このあとジョンソンは、『帝国解体：アメリカ最後の選択』[19]を書き残した。

さて「批判と抵抗」の憲法研究は、対象を米大陸の植民地時代にまでひろげ、自然と文明の破壊、それとともに原住民の集団的死滅化と奴隷制をもたらした原罪 original sin を凝視する必要がある。[20]そのうえで一三州独立の革命戦争とそれに伴う憲法構成を確認し、「未完のプロジェクト」を検証して、将来社会を展望し新たな光をもとめて課題を設定せざるをえないだろう。

四　結語：未来構成の憲法学を

グレノンの「国家安全保障と二重政府」説を批判的に考察した結果、「二重憲法とは何か」という問いに対するひとつの答えがえられた。マディスン型憲法諸制度とトルーマン型ネットワークをもって「二重憲法」と構成する思考である。だがこれはひとつの事例研究であって、二重憲法の本質を示したとはいいがたい。バジョット著『イギリス憲法』にてらしても、またグレノンの思考様式と論理構成そのものにしても、批判をまぬがれない問題があることが明らかになった。

将来の憲法研究のために、過去を振り返っておこう。憲法を広く社会構成体の一部と位置づけ、また憲法の歴史を古典古代に立ちかえる視点から捉えるなら、欧州大陸憲法に対する英米憲法の例外性を強調することもあながち誤りではない。日本と日本人の安全保障の道は、古来中国の華夷秩序と欧米の国際秩序の間で動揺してきた。近代日本の同盟選択――日英同盟から日独伊同盟へそして日米同盟へ――は、戦争への関わり方と密接な関係にあった。

いま「パクス・アメリカ」の時代が終わる過程で、熱核戦争と第三次世界大戦にいたる事態が指摘されている(21)。日本国憲法の平和・民主・人権の原理を護る憲法研究は民衆の批判と抵抗の運動に役立つことを通じて、未来社会の構成に寄与しなければならない(22)。対象選択も方法論もさることながら、何を目指す憲法研究なのか、これが学問を志す者にとっての眼目である。

＊　有倉遼吉先生（一九一四－一九七九）は全国憲設立発起人のお一人だった。その生誕一〇〇年を記念して拙いながら本稿を献呈する。

（1）芦部信喜「人権五〇年を回顧して」（公法研究五九号、一九九七年）三頁。自由主義的・立憲主義的憲法学のことである。

（2）Arthur Selwyn Miller, *The Secret Constitution and the Need for Constitutional Change, Prologue : Constitutional Dualism*, Greenwood Press, 1987, pp. 1-28. ミラーは、ジョージ・ワシントン大学の憲法名誉教授。つぎの文献で紹介してある。浦田賢治「核兵器に挑戦する憲法論：アメリカ立憲主義の再構成・再論」、立命館平和研究第一五号二〇一三年三月発行、一－一九頁。なお、ドイツからアメリカに逃れたE・フレンケルは、ドイツ第三帝国の基本原理を「二重国家」という観念で把握し英語で記述した。『二重国家』（中道寿一訳、ミネルヴァ書房、一九九四年）。

（3）Professor of International Law at the Fletcher School of Law and Diplomacy, Tufts University.

（4）Michael Glennon, "National Security and Double Government", 5 Harv. Nat'l Sec. J. 1, 2014. 以下、本文でのページの引用は、Glennon : xxx と表記する。

（5）当時ロンドンで活動していたカール・マルクスの『資本論第一巻』が刊行された年である。

（6）Walter Bagehot, *The English Constitution*, The Fontana Library, 1963. 以下、本文でのページの引用は、Bagehot : xxx と表記する。

（7）Marc Ambinder and D.B. Grady, *Deep State : Inside the Government Secrecy Industry*, Wiley, 2013 ; Peter Dale Scott, *The American Deep State : Wall Street, Big Oil, and the Attack on U.S. Democracy*,

Rowman & Littlefield Publishers, 2014. Eric Wilson (ed), *The Dual State : Parapolitics, Carl Schmitt and the National Security* Complex, Ashgate, 2012.

（8）ウォルター・バジョット（Walter Bagehot）の著作集が刊行されている。*The works and life of Walter Bagehot*, edited by Russell Barrington. Longmans, Green, 1915-1918, Nine Volumes.

（9）カール・マルクスは、一八五一年一二月から翌年三月までに執筆した論説「ルイ・ボナパルトのブリュメール一八日」のなかで、ロンドンの『エコノミスト』は金融貴族の立場Die Stellung der Finanzaristokratieをいちばん的確に描いていると書いていた。マルクス＝エンゲルス全集第八巻一七七頁。*Marx=Engels Werke* 8, Dietz Verlag Berlin, 1960, s.182.

（10）The English Constitutionの初出はThe Fortnightly Review, May 15, 1865 to Jan. 1, 1867. なお邦訳では深瀬基寛訳『英国の国家構造』（清水弘文堂書房、一九六七年）三二六頁。

（11）Introduction by Balfour(1933), Introduction by R.H.S. Crossman(1963), Harold J. Laski, *Reflections on the Constitution*, Manchester U.P., 1952, pp. 104, 108.

（12）Frank Prochaska, *Eminent Victorians on American Democracy : The View from Albion*, Oxford University Press,2012, p. 126.

（13）社会的ネットワークの性質はおもに社会学が研究対象にしてきた。だが複雑ネットワークは、多数の因子が相互に影響しあうことでシステム全体の性質が決まるという点で複雑系の一分野である。トルーマン型国家安全保障ネットワークが、この社会的ネットワークの性質をどのように体現しているのか、わたしには、いまだ定かでないように思われる。しかし人工知能を内蔵して自動化した無人機がこれを操作するはずの人間の制御力をこえた存在になる危険がないという証明はまだなされていないのではないか。わたし自身は、複雑系の科学と技術の基礎と先端を理解するための勉強が必要だと感じている。さしあたり参照、Costa, L.F. et al.,“Dorogovtsev, S.N., and Mendes, J.F.F.," Advances in Physics 51, No.4, pp. 1079-1187(2002), M. E. J. Newman and M. Girvan, "Finding and evaluating community structure in networks," Physical Review E 69, 026113(2004). 増田直紀・今野紀雄『「複雑ネットワーク」とは何か』（講談社、二〇〇六年）。

（14）Ian Harden and Norman Lewis, *The Noble Lie : The British constitution and the rule of law*, Hutchinson, 1986.

（15）カール・ポパー『開かれた社会とその敵：第一部プラトンの呪文』（内田詔夫・小河原誠訳、未来社、一九八〇年、一四二－一四五、二九六－二九八頁。Karl R. Popper, *The Open Society and Its Enemies*, vol.1, Plato, Routledge, 1962(first pub. 1945) pp. 140-2 ; 270-2.

（16）Gary Leupp, "The Victory of the Noble Lie,The Neocons Won", Counterpunch, Weekend Edition March 29-31, 2013.

（17）なおこの戦争国家アメリカの憲法史であるが、わたしの読み方では今後の歴史的展望は暗いことを示す文献として参照。Stephan M. Griffin, *Long War and the Constitution*, Harvard University Press, 2013. なお参照、Reviewed by Kimberley Fletcher, Ohio University (2013)。

（18）『アメリカ帝国への報復』は邦訳。原題は*Blowback : the Costs and Consequences of American Empire*, Metropolitan Books, 2000 ;『アメリカ帝国の悲劇』*The Sorrows of Empire : Militarism, Secrecy, and the End of the Republic*, Metropolitan Books, 2004 ; *Nemesis : the Last Days of the American Republic*, Metropolitan Books, 2006.

（19）『帝国解体：アメリカ最後の選択』（岩波書店、二〇一二年）、初出を参照する場合TomDispach.com.がある。

（20）ハワード・ジン『民衆のアメリカ史（上）1492-1865』猿谷要監修、富田虎男訳、ティビーエス・ブリタニカ、一九八二年。Roxanne Dunbar-Ortiz, An Indigenous Peoples' History of the United

States, Beacon Press, 2014 ; Edward E. Baptist, The Half Has Never Been Told : Slavery and the Making of American Capitalism, Basic Books, 2014.

（21） Michel Chossudovsky, *Towards a World War III Scenario : The Dangers of Nuclear War*, Global Research, 2012. ロシア連邦への武力攻撃を準備する米国下院決議758 : H. Res. 758-113th Congress (2013-2014) www.strategic-culture.org/news/2014/12/05. この戦争政策は地政学上も貿易圏形成でも逆効果だと主張する最近の論稿として参照。Michael Hudson, Backfired! U.S. New Cold War Policy Has Backfired – And Created Its Worst Nightmare, December 11, 2014, http://www.informationclearinghouse.info/article40442.htm

（22） 将来の立憲平和主義について参照、深瀬忠一「戦後五〇年の世界の諸憲法と国際平和の新たな展望」法律時報六八巻九号（一九九六年）五六－六二頁。

安倍政権による改憲策動

専修大学名誉教授
隅野隆徳

安倍政権による憲法改定策動は近年一貫してあるが、とりわけ二〇一四年七月一日の「集団的自衛権の行使を容認する閣議決定」は、その影響するところが広く、その役割は深刻である。そのために日本国憲法の歴史において重大な危険な事態が出現しているといえる。それだけにこの状況に対する国民の反対の取り組みの規模と広がりははげしいものがある。この問題に向けて、歴史的にも若干跡付けをして検討したい。

一　第一次安倍内閣において

安倍晋三氏は二〇〇六年九月小泉純一郎内閣の後を継いで第一次安倍内閣を発足させるに当たり、「政権公約」として「新たな時代を切り開く日本に相応（ふさわ）しい憲法の制定」を冒頭に掲げ、現行憲法を「敗戦国の詫（わ）び証文」「占領時代の残滓（ざんし）」などと攻撃した。また明文改憲の前にも憲法解釈の変更で集団的自衛権の行使に踏み込み、海外を含め米軍と自衛隊との共同作戦を最大限拡大することを主張していた。

第一次安倍内閣の発足後、改憲問題とも関係して第一の課題は、小泉内閣のもとですでに提出されていた教育基本法改定案を引き継ぎ、これを可決・成立させたことである。第二次大戦後日本国憲法の国民への普及・定着は、憲法・教育基本法のもとでの教育の民主化と不可分の関係にあった。しかし一九五五年に結成された自由民主党の政権においては、改憲問題の取り組みと対になって、教育基本法の歪曲と教育の国家統制への執ような攻勢を進めてきた。その一つの結果が教育基本法の改定であり、その延長線上に今日に至るさまざまな「教育改革」（たとえば二〇一四年の学校教育法改定による大学の学長権限の強化と教授会自治の制限など）がある。教育基本法の改定内容についての詳細は別稿(1)に譲り、その中心点として次の三点がある。①教育の自由保障法から教育の権力的統制法への転換、②国定の道徳教育を基本におく公教育制度への変質、③国の教育振興基本計画を始め、新自由主義的教育改革を推し進める学校教育体制づくりである。ただし同教育基本法の改定に当たっては、あまりにも多くの矛盾点を含むだけに、教員組合（日教組、全教等）を中心に、国民の各界各層からの強い反対運動があり、その経験はその後の国民の憲法運動に引き継がれている。

この時期の安倍政権の第二の課題は、憲法九六条に基づいて「憲法改正国民投票法」ないし「改憲手続法」を初めて作成し、明文改憲への手続的準備を進めることであった。

ここで一九九〇年代以降の自民党政権を中心に、改憲問題に対する取り組みを概観しておきたい。かなり長期的な取り組みがみられるが、その出発点となったのは、一九八二年の第二次臨時行政調査会の基本答申であり、それは新自由主義的改革と軍事大国化を柱にしていた。そして一九八七年国有鉄道の分割・民営化を決定し、同時に、それが日本社会党の政治的・社会的基盤を弱小化させていく。さらに一九九四年の細川護熙連立内閣のとき、「政治改革」として、戦後衆議院議員の選挙制度として長期にわたる中選挙区制を「制度疲労」していると攻撃し、小選挙区比例代表並立制を、小選挙区制中心に導入し、政権交替に不可欠であると喧伝した。しかし小選挙区制の導入こそ、国民の意思を国会議席に精確に反映させず、政権の安定をもっぱら図り、憲法改定の政治的土俵となるもので、戦後保守党政権がくり返し挑戦してきた制度である。この小選挙区制は、そのとき制定された政党国庫助成制度とともに、企業や団体による政党献金を温存させ、今日の「政治劣化(2)」現象の根拠となっている。

そして一九九六年、橋本龍太郎首相とクリントン米大統領による「日米安全保障共同宣言」で、日米同盟を地球規模に拡大し、それに基づき、九七年「日米新ガイドライン」を締結した。同時に国内法では九九年に、周辺事態法、国旗国歌法、盗聴法、中央省庁再編関連法、地方分権推進一括法、国会法改定（衆・参院に各憲法調査会設置）と大幅に改造した。

二〇〇一年九月、アメリカで同時多発テロ事件が起き、アメリカのアフガニスタン戦争が始まると、小泉内閣はテロ対策特別措置法を成立させて、インド洋での海上自衛艦による米・英軍等への給油活動を、武力行使と一体ではなく許されるとして強行した。また二〇〇三年三月アメリカのイラク戦争が始まると、小泉政権はイラク特別措置法を成立させ、戦闘地域と区別される「後方地域」において給水や道路整備等に限られるとして、陸上自衛隊をイラクに派兵した。しかしこれらは、NATOの基準等からすれば、前線で戦闘活動をする米軍を一体的に支援する「集団的自衛権の行使」に当たるとして批判された。

またこの間、在日米軍等と一体的な法整備として、二〇〇三年、武力攻撃事態法等の有事関連法が、〇四年に「国民保護法」等の有事関連七法が成立し、それに伴い自衛隊と米軍との共同訓練も展開された。

このような状況の中で二〇〇五年、衆参各議院の憲法調査会が最終報告書を発表した。これと歩調を合わせるように自民党は同年、「新憲法草案」をまとめ、結党五十年の式典で正式発表した。また民主党もそれと前後して、同党憲法調査会総会において、条文化されていないが、改定されるべき重要点を明示した「憲法提言」が承認された。

このような状況において第一次安倍政権は二〇〇七年五月、「憲法改正国民投票法」を成立させた。ただし民主党や共産党等は成立に反対した。その立法過程は性急で、参議院憲法調査特別委員会では一八項目にわたる附帯決議が付され、なお検討されるべき多くの問題点を示した(3)。たとえば「憲法改正国民投票」において最低投票率の規定がなく、日本の近年の国政選挙において投票率が低い状態では、たとえば四〇％の投票率で白票等の無効票のない場合には二一％の国民の承認で、憲法改正という国の基本原則が変更されてしまう異常な事態も想定される。また一八歳以上の国民に憲法改正国民投票権を認めるが、二〇〇七年法では不確定であったが、二〇一四年の法改定で、四年後の二〇一八年から適用されることになった。ただし、一般国政についての選挙権では、今日世界の趨勢となっているレベルには及ばず、現行の公職選挙法上の二〇歳のままにとどまるという状態である。

第一次安倍政権は「自民党の新憲法草案に基づく改憲作業を自分の内閣の下で五年以内に実現させる」と公言し、また解釈改憲を通じても、アメリカと協力して共同の武力行使をする「集団的自衛権の行使」の実現を意図していたが、国民からは強い危機感をもって迎えられ、二〇〇七年の参議院選挙で自民党は大きく後退し、安倍政権は退陣した。

二　第二次安倍政権において

1　安倍政権の基礎の弱さ

二〇〇九年から一二年にわたり、民主党政権として鳩山由紀夫・菅直人・野田佳彦の三首相の率いる内閣が登場したが、沖縄の米軍基地問題、東日本大震災への対応、あるいは国の財政問題処理等をめぐって、国民の期待に応えるものでなく、二〇一二年一二月の衆議院総選挙で民主党は大敗し、代わって第二次安倍政権が成立した。

自民党は衆議院総選挙に大勝し、単独で過半数の議席を占める。ただし、その基礎は弱いといえる。すなわち、比例代表当選人五七名と小選挙区当選人二三七名、合わせて二九四名で、議席占有率は総議席四八〇名中の六一・三%。その中、小選挙区では得票率四三%であるのに、当選人二三七名の議席占有率七九%は、「四割の得票で八割の議席」と言われるように、小選挙区制の「過剰代表」をよく示している。その根拠に、小選挙区での「死票」が、時事通信社の配信記事によると、合計で約三七三〇万票、投票総数の五六%に達している(4)状況がある。また自民党の比例代表得票率二七・六二%は、その前の衆議院総選挙で自民党が惨敗した二〇〇九年よりも二一九万票の減となっている。それらの背景に、自民党や民主党等が分裂して多党化している状況がある。要するに、自民党は小選挙区制により、衆議院での多数支配を維持しているといえる。

また安倍政権の思想的基盤に、戦前を継承する「大日本帝国」的価値観があり、国際的に「歴史修正主義」として批判される。とくに二〇一二年一二月二六日、安倍晋三首相が政権発足一周年に当たり、靖国神社に内閣総理大臣として公式参拝した。これは政教分離原則を厳格に定める憲法二〇条三項に違反して許されない。それは韓国・中国から帝国日本の植民地支配と侵略戦争を容認するものとしてきびしく批判されると同時に、在日アメリカ大使館からも、アジア地域の平和と安全を不安定にさせるとして「失望した」とのコメントがあり、安倍政権の国際的孤立化の危険が顕著になった。その根拠として、靖国神社は戦後、一宗教法人として存在するが、東京裁判でA級戦犯として絞首刑を受けた七名の指導者を「殉難者」として祀り、日本のアジア太平洋戦争を依然として「自存自衛の正義のたたかい」「アジア解放の戦争」と正当化し、戦後の国際秩序に挑戦する特異な存在であることによる。

2　安倍政権による立憲主義否定の政策

第二次安倍政権は発足直後から二〇一三年にかけ、憲法九六条の憲法改正規定を改め、衆参議院の総議員の三分の二以上の賛成による国会の改正発議を、過半数の賛成による国会の議決に緩和し、明文改憲への突破口にしようとしたところ、国民から猛反撃を受け、その後は表立っては主張していない(5)。

安倍首相は一三年一月の所信表明演説では改憲問題へ言及をしなかったが、衆参議院での審議を通じて、四月の参議院予算委員会での審議で、「国民の六〇から七〇％が変えたいと思っていても国会議員の三分の一をちょっと超える人たちが反対すれば、国民は指一本触れることができないのはおかしい」と述べ、憲法九六条の改正に取り組む意図を示した。しかしこれは、憲法規定についてのあまりにも浅薄な理解といわなければならない。

近代憲法では、議会での通常の法律の制定・改廃手続きと区別して、憲法の改正には加重された要件を憲法規定に定め、憲法の最高法規性を保障している。これが「硬性憲法」と呼ばれる。日本国憲法九六条では、前記の衆・参各議院の総議員の三分の二以上の賛成による憲法改正の発議と、第二段階として、国民投票での過半数の賛成による承認となっている。これは一七八八年アメリカ合衆国憲法五条に定める改正手続と比べて、それほど厳格とはいえない。また第二段階の点は、アメリカの独立革命を通じ、アメリカの諸州憲法で、主権者である人民の投票による承認を定めることと共通する。

他方ヨーロッパでは、ルソーの人民主権論を、フランス革命に際しシエイエスが展開して「憲法制定権力」論を明らかにし、一七八九年の「人権宣言」の採択に至る。そこで近代憲法では、国家権力を抑制し、個人の尊厳に基づく基本的人権の保障が根本となる。その後の歴史の進展の中で、とくに第二次大戦後、ナチスの侵略と抑圧の反省の上に、フランスやスイスの公法学では、憲法改正権を「制度化された憲法制定権力」として捉え、憲法規定に規範化された憲法改正権には、議会によっても改正できない限界のあることが論じられる。その限界として国民主権と基本的人権の保障が明らかであり、さらに、それらの原理のために平和の保障が不可分に位置づけられる。それと同時に、議会等の改正機関がその権限と手続きの根拠・原則をみずから自由に改めることを是認するのは、改正権による憲法制定権力の簒奪を容認することであり、理論上許されないとする憲法学説(6)が有力である。

さらに一九八〇年代以降、民主化によって誕生した世界の憲法には、大韓民国憲法（一九八七年）やロシア連邦憲法（一九九三年）のように、憲法改正に際し行われる国民投票において、その成立要件として、「国会議員選挙権者の過半数の投票」（大韓民国憲法一三〇条二項）を憲法的価値として明記する例が見られる。その点で、二〇〇七年に成立した日本の「憲法改正国民投票法」は前述のように最低投票率の規定がなく、国際的にみて時代遅れとなっていることは注目してよいと思われる。

3　日本が海外で戦争する国づくりへ

第二次安倍政権は、二〇一三年七月の参議院通常選挙で自民党が勝利し、公明党とともに安定した連立政権を固めると、一四年四月からの消費税率の五％から八％への引き上げの後、経済政策でも引き続き日銀紙幣を放漫に発行して、デフレ脱却を進め、国民生活でのインフレ負担の増加にもかかわらず、政治面で、沖縄の辺野古での米軍新基地建設、原子力発電所の再稼働等を強行している。その根拠には、日本をめぐる安全保障環境の急激な変化という口実の下に、日米安保体制をいっそう強化し、日本の自衛隊を海外で米軍とともに戦争のできる体制づくりをすることがある。その先陣的役割を担ったのが、二〇一三年一二月の特定秘密保護法の強行成立(7)であった。

(1)　特定秘密保護法

同法は、防衛、外交、スパイ防止、テロリズム防止という広範な領域につき、行政機関の長が指定する特定秘密を、公務員や契約による適合事業者等が漏えいすることがないよう重罰により規制する。国政に関する情報は、本来主権者である国民が知る権利をもつことが基本におかれなければならないのに、同法には、行政権に圧倒的優位がおかれる異常さとその濫用の危険性が示されている。そのため特定秘密につき、国民の代表である国会議員が国政調査権の行使の制限を危惧されたり、裁判では特定秘密の内容が裁判官にさえ明らかにされないまま審理され有罪にされる危険性がある。そして本法の強行成立は、一体的に審議され設置された、戦争遂行の司令塔ともいえる国家安全保障会議において、アメリカの国家安全保障局（NSA）等と連携し、アメリカとの密接な情報の提供・受領を視野に入れて進められるであろう。

本法の危険性については、刑事法研究者が本法案の反対声明で一九四一年の国防保安法制定との類似性を指摘する（8）ように、戦争準備過程で、一方で軍事秘密を拡大し、国民への正確な情報の開示を閉ざし、他方で、国民の間の批判や真相究明を閉じ込めるために、軍や公安警察の権限を強化する役割を本法が果たす可能性が想定される。

(2) 集団的自衛権行使容認の閣議決定

安倍政権は日米同盟をいっそう強化し、軍事大国化へ向けての布石を打ってきた。しかし、それは国民の自覚と怒りを増し、憲法を護り生かすさまざまな闘いを推し進めさせた。

第一次安倍政権は二〇〇七年五月、「安全保障の法的基盤の再構築に関する懇談会」（安保法制懇）を設置し、二〇〇八年六月報告書をまとめたが、その間に安倍内閣は総辞職し、次の福田内閣はそれを採用しなかった。

第二次安倍政権は二〇一三年二月に安保法制懇を再開し、同年一二月六日特定秘密保護法が成立すると、一二月一七日国家安全保障戦略と防衛計画の大綱改定を閣議決定した。

ここで安倍政権をめぐる国際情勢の変化（9）として、二〇〇八年に当選したアメリカのオバマ大統領のもとで、アメリカのアフガニスタン戦争とイラク戦争による財政赤字の増大、国民の反戦・厭戦意識の高まりにより、一方で、日本やNATOの同盟国に軍隊と財政負担を肩代わりさせ、他方、アジア・太平洋におけるアメリカの覇権を再編成し、とくに中国の経済成長に協力関係をとりつつ、政治的に抑え込むという二面的政策をとる。そこで日本に対して、中国に対抗的な明文改憲でなく、解釈改憲による対応を安倍政権に求めることになる。

そして第二次安倍政権は憲法九六条改定政策に失敗し、解釈改憲による集団的自衛権行使容認論を追求し、アメリカとの「切れ目のない」軍事協力、そして軍事大国化を目指すことになる。そのために「防衛計画の大綱」を改定し、自衛隊の編成・装備を海外派兵用に変え、自衛隊に海兵隊的機能と「敵基地攻撃能力」を持たせ、二〇一四年度から予算的裏付けをしている。また安倍政権は「安保法制懇報告書」（二〇一四年五月）から、集団的自衛権行使の包括容認でなく、限定容認にしぼって受容した。ただし、七月一日の閣議決定では、国連関係の集団安全保障への参加と武力行使については不言及にとどまり、否定されないという含みをもたせた。

さて、集団的自衛権行使容認の閣議決定については多くの批判(10)がなされている。その閣議決定の根拠とする一九七二年一〇月一四日に参議院決算委員会に示された政府提出資料は、もともと集団的自衛権の行使は日本国憲法上容認できないとしてきたものに、自衛措置の「新三要件」の第一に、「我が国と密接な関係にある他国に対する武力攻撃が発生し」を追加したもので、自民党政権下六〇年にわたり維持されてきた政府見解を変更するにはあまりに根拠が弱いといわなければならない。一内閣の判断と解釈で、継承されてきた政府見解を変更することは、法的安定性を崩し立憲主義の原則に反する。また第二に、国連憲章五一条により創設された集団的自衛権は、自国に対する現実の武力攻撃がないにもかかわらず、第三の国が攻撃国に暫定的にせよ反撃するという点で、国連憲章二条四項に定める国際関係における武力行使の禁止の原則に反し、同盟的関係を導入するものとなっている。それはアメリカのベトナム戦争やソ連のチェコスロバキア侵攻等の実例からも明らかとなる。

また第三に日本国憲法九条二項の、国の交戦権の否認は無条件であり、ここに集団的自衛権の行使による武力行使の入る余地はない。それを許すことは、第二次世界大戦における日本の侵略戦争と、そこにおける多くの犠牲者への追悼と反省、そして一切の戦争・武力行使の放棄を国際公約とした、戦後日本の出発点の意義を無視することになり、許されない。

4　憲法を護り生かす国民の闘い

第二次大戦後、アメリカとソ連の対立は長く続いたが、一九九一年ソ連が崩壊して、国際秩序がどのように再編されるか注目されたところ、二〇〇一年九月一一日アメリカの同時多発テロ事件をきっかけに、アメリカのアフガニスタン戦争、イラク戦争を通じて、アメリカの覇権にも一定の陰りが見えてきた。その中で日本国憲法九条にとっては本領発揮の機会かと思われた。しかし小泉政権の下での自衛隊の海外派兵の展開により、事態はあらぬ方向に進んでいった。その中で登場したのが、有識者九人による「九条の会」アピールである。二〇〇四年六月一〇日以来一〇年を経て日本全国で「九条の会」の数は七五〇〇を超えるという。地域に根ざし、各界各層に形成され、憲法の学習と経験の貴重な交流の場になっている。

この九条の会の経験に学んで、組織労働者の憲法への取り組みも活発になっている。日本を海外で戦争のできる国にするということは、憲法の全体構造の改変を伴う。たとえば、医療・介護・年金等の生存権や教育を受ける権利等は、軍備と戦争のない憲法九条ともっともよく結びつく。また戦争の加害・被害の経験者が高齢化していく現在、その戦争体験の継承・展開は、教育・文化・地域等の課題となっている。その意味では、憲法前文に定める、貧困・差別・恐怖から解放されて、平和のうちに生存する権利の全世界の国民への保障は、近代憲法の貴重な原則の継承であり、発展といえる。そこには当然核兵器廃絶の課題も含まれる。またベトナム戦争後のＡＳＥＡＮ（東南アジア諸国連合）の経験に学んで、北東アジア地域での国際紛争の平和的外交的解決への取り組みは、今日の重要な課題である。

（1）隅野隆徳「教育基本法改定の憲法学的批判」（専修大学法学研究所紀要34『公法の諸問題Ⅶ』二〇〇九年）参照。
（2）小沢隆一＝田中隆＝山口真美編『市民に選挙をとりもどせ！』（大月書店、二〇一三年）四八頁（山口執筆）。
（3）憲法改正国民投票法の問題点については参照、隅野隆徳『欠陥「国民投票法」はなぜ危ないのか』（アスキーメディアワークス、二〇一〇年）。
（4）上脇博之『なぜ四割の得票で八割の議席なのか』（日本機関紙出版センター、二〇一三年）一二三頁参照。
（5）これ以後の本節の叙述は、部分的に次の拙稿と重複するところがある。隅野隆徳「安倍政権に

よる憲法九六条改定策動の反憲法性」（日本民主法律家協会編『法と民主主義』二〇一三年五月号）一頁。
(6) 芦部信喜『憲法制定権力』（東京大学出版会、一九八三年）五五頁参照。
(7) 隅野隆徳「特定秘密保護法は憲法を破壊する欠陥法であり、その廃止を強く求める」（『月刊憲法運動』二〇一四年一月号（通巻四二七号））二頁参照。
(8)『法と民主主義』二〇一三年一一月号六七頁参照。また、小田中聰樹『国防保安法の歴史的考察と特定秘密保護法の現代的意義』（東北大学出版会、二〇一四年）一七五頁および第三篇参照。
(9) 渡辺治他編『別冊法学セミナー　集団的自衛権容認を批判する』（日本評論社、二〇一四年）一七頁以下参照。
(10) たとえば参照、隅野隆徳「憲法研究者は七月一日の閣議決定に抗議し、その撤回を求める」（『月刊憲法運動』二〇一四年八月号）二頁以下、小沢隆一「集団的自衛権行使容認の閣議決定をどう読むか」（前掲『月刊憲法運動』）四頁以下。

国家（国のかたち）の変革
——平和国家から「国防」国家へ——

明治大学名誉教授
吉田善明

一　問題の所在

二〇一四年七月一日、安倍内閣は、政治の舞台で国民的論議を呼んでいた集団的自衛権の行使を容認する閣議決定をした。この行使容認があまりにも強引な形でなされたことから「第九条を崩す解釈改憲」「憲法の終焉と国家の変革」など厳しい批判が続出した。政府、自民党幹部は、この集団的自衛権について、一九七二年の政府解釈に基づく自衛権の解釈の拡大（質）であって、第九条に抵触するものではないといった説明を繰り返している。この問題は、今後、集団的自衛権の是認によってそれに対応する国内法の整備が図られていくが、それらの整備をめぐって大きな論議を呼ぶことになろう。

政府解釈による集団的自衛権行使の容認は、「国家」の変革にむけた日本国憲法の根幹にかかわる重大な問題である、と筆者は認識している。日本国憲法下で培われてきた平和国家が、「戦うことが可能となる国家」すなわち、本稿で展開する「国防」国家への転換が図られ、そのために必要な法整備が現在、政府によって進められているのである。「国防」という概念は、いままでのような外国からの侵略に対応して、国の領土、国民の生命、財産を守る単なる防衛行動だけで捉えるのではなく、近・現代戦争の時代では、軍事行動を進めるための軍事力の強化はもとより、それを支える国民の教育、治安、政治体制、政治、経済などを有機的に結合させた総力戦的なものとして理解されなければならなくなっている。第二次世界大戦下で用いられた「国防国家」の道が想起される（黒田覚『国防国家の理論』（弘文堂書房、一九四一年））安倍内閣は、このことを意図してか着実に進めてきているのである。

小稿では、こうした問題意識のもとで、現在の憲法状況と自民党が現在提示している「憲法改正草案」をふまえ、自民党政府が描こうとしている国家像の骨格となるものを取り出して検討し、その方向が平和主義を掲げた日本の国家像とはいかに異なったものであるかについて若干の考察をしてみたい。

二　集団的自衛権行使の容認と「国防」国家化への道

1　「平和国家」からの転換、「戦うことが可能となる国家」へ

二〇一二年一二月に自民党が政権に復帰し、第二次安倍内閣が発足するや、安倍首相は二〇一四年末までに策定する新防衛計画（日米防衛ガイドライン）に集団的自衛権の行使を容認に伴う防衛政策を組み入れることを明らかにした。そのために、まず、政府の法の番人といわれている内閣法制局見解、すなわち、政府解釈として違憲としてきた集団的自衛権の行使を変更しなければならない。政府解釈による集団的自衛権行使の違憲論から合憲論への解釈の変更である。この政府解釈を変更する手続過程とその問題点については、すでに学界、法曹界、世論から論文によって紹介されており、紙数の制限もあって、ここでは省略し、集団的自衛権の行使容認を認めた理由とその批判に限定してのべておきたい。

安倍首相は、政府解釈による集団的自衛権を行使容認しなければならない理由として、まず、我が国を取り巻く安全保障体制が根本的に変容し、アジア太平洋地域において緊張が生じている。そのため、「積極的平和主義」のもと切れ目のない法整備が必要であるとして、①武力攻撃に至らない侵害への対処、②国際社会の平和と安定への一層の貢献、③憲法第九条の下での許容される自衛の措置、④今後の国内法整備の進め方が必要となる。とくに、問題とされたのは、③自衛措置にかかわる集団的自衛権行使の容認をめぐる解釈の変更の必要性についてである。これを認めること

は、『武力の行使の範囲の広がり』を意味する。この批判を避けるための新三要件を設定する。(i)我が国に対する武力攻撃が発生したこと、または我が国と密接な関係にある他国に対する武力攻撃が発生し、これにより我が国の存立が脅かされ、国民の生命、自由及び幸福追求の権利が根底から覆される明白な危険があること、(ii)これを排除し、我が国の存立を全うし、国民を守るために他に適当な手段がないこと、(iii)必要最小限度の実力行使に留まるべきといった条件を設定する。そしてさらに、国民の批判に応えるために、これは自衛権行使の量の拡大であって質の変化ではない。集団的自衛権の容認は、積極的平和主義の実現であって、決して憲法の変更ではないと述べ、国民の支持を得るべき説明を繰り返している。

この見解に批判的な研究者は数多い。この研究者の主張を整理すると、①集団的自衛権の行使容認となれば、同盟国に協力し参戦することが可能となる。しかも、この権利は、自衛権の範囲を拡大しての集団的自衛権であるとしても、憲法の明文によって確認されない限り実定法上の効力をもつものではない。②憲法九条一項の定めた「国際紛争を解決する手段としての戦争を放棄する」と定めた規定に違反することは言うまでもないが、憲法解釈としてみれば、自衛権と集団的自衛権には、本質的に違いがある。(i)自衛権は日本国憲法第九条を根拠にしたものであり、集団的自衛権は国連憲章五一条を根拠にしたものであり、固有の権利としているものの一時的に認められた権利である（自然的権利ではない）。(ii)集団的自衛権は、「我が国の存立が脅かされ国民の生命、自由、幸福追求の権利が根底から覆される明白な危険性がある場合」に行使される権利とされるが、この様な場合は、我が国の自衛権の行使の問題であって、全く異なった法的性格を持つ集団的自衛権を引き出す必要はない。(iii)今まで政府解釈として承認されてきた自衛権の必要最小限度の範囲をこえれば、第九条違反の問題となり、それを無視することになれば、第九条の存在意味はなくなる。(iv)第二次世界大戦の反省に基づいて成熟してきた平和憲法は終焉し、国際法上許されない武力の行使というだけの「世界標準」的な憲法になる。こうなると、今まで築き上げてきた第九条が掲げる平和国家として世界から評価されてきた国際的信用はもとより、隣国から軍国主義の復活として厳しい批判にさらされることになる、といった批判である。また、安倍首相は、「積極的平和主義」の文言を好んで用いているが、その内容は明らかではない。ただ、文面等から読みとれるのは軍事力の強化を主体とした国家安全保障体制を前提にしたものであって、日本国憲法第九条に根拠をおく平和主義の考え方とは全く異なるものである。ここから読みとれるのは、集団的自衛権の行使容認による同盟国等への戦争の参加であり、海外派兵の容認である。自民党の改憲案に即して言えば、「国防」を重視した政治体制の確立である。

2　「戦うことが可能となる」国家を支える法整備。

(1)　有事法制の確立

政府は、集団的自衛権の行使を容認したことで、その行使に伴う有事法制の見直しをはじめている。すでに、一九九九年の周辺事態法の制定、二〇〇三年に有事法制として、政府は(i)武力攻撃事態法、(ii)安全保障会議設置法の改正(iii)自衛隊法改正を有事法制関連三法として制定している。とくに、武力攻撃事態法は、政府が我が国に対する武力攻撃（武力攻撃の虞のある場合を含む）が発生し、事態が緊迫し、武力攻撃が予測されるにいたった事態を「武力攻撃事態」とし、その事態への対処に関する基本方針を定める。首相が武力攻撃と認定するにあって関連行政機関のメンバーを動員し、さらに地方公共団体、指定公共機関に対して、「対処措置」に関する『総合調整』を行うとともに、地方公共団体の長に対してその実施を指示する。もし、地方公共団体が指示に従わない場合、特に、必要があり緊急を要するとされる場合は代執行や直接執行の措置をとることができるとする内容である。有事となれば、首相は、全ての権力を掌握することを明確にした規定と解される。運輸、医療、土木、通信、被害の復旧、報道など戦争に関連する全ての業種、企業そして民間人も、戦争への協力を求められることになる。これらの法律が発動されれば、立憲制の機能は失われ、国民の自由は厳しく制限されることはいうまでもない。政府解釈による集団的自由権の容認は、周辺有事ないしグローバル有事としての機能とその対応が要請される。まさに、戦争動員法である。今その有事の法整備の見直しが始まっている。それればかりでない。自民党の「憲法改正草案」に、「緊急事態」なる章を設ける。外部からの武力攻撃に対処するためである、としている。改正草案第九九条に国会の事後承認、人権の尊重といった条件をつけているとはいえ、立憲制それ自体を否定する規定である。現行憲法の制定の際不適切なものとして否定してきた事態の復活である。「国防」と結び付くと戒厳令としての機能をはたすことも可能である。

(2) 防衛（国防）費の増額と軍事産業

「戦うことが可能となる国家」の基盤づくりに不可欠なのは、いうまでもなく防衛費の増額である。安倍首相は、早々と二〇一五年度の予算編成で、防衛費の増額を指示した。防衛省予算には、防衛省の外局として防衛装備庁の設置を予定した予算が組まれている（一五年度当初予算は五兆五四五億円）。防衛省の組織の拡大が示されている。

それればかりではない。安倍内閣は、軍事産業の海外輸出の拡大を意図して、今までの政府統一解釈を通して守られてきた七六年の「武器輸出三原則」を全面解禁し、新たに「防衛装備移転三原則」を閣議決定した。防衛装備および武器関連設備の海外移転（輸出）については、次の三原則に基づいて行うとする。「①海外移転を禁止する場合を明確化し、②海外移転を認める場合の限定ならびに厳格審査および情報公開を図る、③目的外使用および第三国移転にかかる適正管理の確保をはかる」とする。以上の運用方針のもと重要な防衛装備などについては、国家安全保障会議（日本版ＮＳＣ）において決定し、その決定に従い、経済産業大臣が運用を図るとする内容である。これによって、軍事産業の他国への武器輸出のなし崩し的拡大がはかられる（平成二六年度版『防衛白書』防衛省・自衛隊）。軍事大国への道に踏み出したといわざるを得ない。「国防」の強化を意図した産軍協力体制の確立である。

三　「戦うことが可能となる」国家に不可欠な教育、治安体制の動き。

自民党の「憲法改正草案」のＱ＆Ａによると、「自衛隊」を「国防軍」（改正草案第九条の二）に名称を変更している。その理由は、独立国家が軍隊を保持することは世界の常識であるとし、また、それにふさわしい名称として自衛隊を「国防軍」に変えたと説明する。しかし、これは名称の変更だけでは済まされない重要な内容を包含している。前述したように、近代・現代の戦争下で「国防」は、防衛行動だけを対象に検討するものではなく、国際社会における自国の地位、その権威を高める総力戦的手法のもとで防衛行動を考えていかなければならない（K・クラウゼヴィッツ）。我が国の戦前にみられる「国防」国家の理論に見られたように、「国防」は、民族主義（ナショナリズム）、治安、愛国心教育と直接結びつけた総力戦的手法で検討されなければならない。「国防」の対応は、教育・治安を抜きにして考えることはできないということである。「国防」の要である軍事力は、教育、治安と有機的一体関係にあり、さらに、わが国の場合にはそれを権威づけるためとしての国防軍の維持、推進に、「元首」としての天皇の活用が当然のこととして浮上する。この体制づくりは第二次世界大戦のもとで用いられていた「国防国家」体制に類似する。以下、教育、治安、天皇の元首化を中心に取り上げたい。

1 「国防」を擁護、推進するための教育

「国防」は、国家に脅威を与える侵略者に対しての防衛である。その防衛はナショナリズム・愛国心教育に支えられ、有機的、一体的なものとして展開されている。二〇〇七年の第一次安倍内閣の下で、教育の憲法といわれている教育基本法がすでに改正されている。改正内容は第一に、個人主義を主張しながらも、これを抑制する公共の精神、責任論、国家主義、愛国主義イデオロギーを強く表面に出してきたことである。第二に、教育（行政）の国家の支配の確立である。改正教育基本法では、「教育は不当な支配に服することなく」としながら、教育は、国と地方公共団体と適切

な役割分担及び相互の協力の下、公正かつ適正に行われなければならない」（一六条）と規定する。とくに、国に対しては、「教育振興基本計画」の推進を図るための基本的な計画を定め、これを国会に報告及び公表義務を課している（一七条）。これによって国の教育レベルの管理と支配が確立した。また、二〇一四年には、学校教育法を改正して、長の教育への関与を認め、教育委員会の独立性を弱め、長が設ける「総合教育会議」を設置して長が教育行政の一翼を担うことになった。文科省は学校教育の教育内容（教材）をコントロールする教科書検定を強化する（二〇一四年中教審答申）。国家主義教育、とくに国家の子どもに対するイデオロギー的教化である。「国防」の強化を促進するためにはナショナルな教育は最も重要な役割を果たすことになる。平和で民主主義教育、人間尊重の教育から「国防」国家主義教育への転換が図られているといえる。

2　政治的秩序維持としての治安

教育が国民のナショナリズム、愛国心教育を養成するためであるとすれば、治安は、国家・社会の秩序や安全の維持を目的とする警察活動であり、とくに反体制的な思想や活動を強権的に取り締まる為に機能する。国が「国防」国家として維持、充実するために、「国防」政策に反対する行動にでる団体及び個人は、厳しい規制の下に置かれることになる。すでに、日常生活に見られる市民のイラク戦争に反対する街頭での反戦ビラ配り事件をはじめ政党のビラ配りにマンションに立ち入り、あるいはポストに投函しただけで、起訴された葛飾事件、堀越事件などに見られるケースは、「国防」政策に反対する者に対する治安の取り締まり措置と無関係ではない。

ＩＣＴスキルの発達によって、「国防」に関連する情報収集が重視され、それに対応して、政府の国民に向けた監視と管理が、「公の秩序」、公益の名において厳しく行われる。先に制定された『特定秘密保護法』（二〇一四年一二月一〇日施行）は、「防衛」「外交」「安全脅威活動」「テロ活動」とその範囲は広く、「国防」国家となれば、とくに威力を発揮することになる。「防衛」「外交」等の機密の漏洩者を強く罰することになればマス・コミ活動、関係者の活動を委縮させることになる。戦前軍事上の秘密を保護する目的で制定され、猛威をふるった『軍機保護法』が想起されると批判があるのはこの辺にある。情報公開法は、国防等の優先の前に効果を発揮することはできない。

3　天皇の元首化を期待する「国防」国家の体制

君主制は、その歴史が示すように、専制君主制、立憲君主制、議会君主制へと国王の権力を抑制しながら展開している。世界の君主制の趨勢である。日本国憲法では、戦争放棄を掲げ、天皇制は存置されたが、その地位を象徴とし、政治的権限を否定し国事行為のみとした。象徴として天皇を戴く国家である。天皇の「元首」化の否定であった。

ところが、再び天皇の「元首」化が登場し憲法改正の柱の一つになっている。自民党の「憲法改正草案」にみられる前文第一項では、「日本国は、長い歴史と固有の文化を持ち、国民統合の象徴である天皇を戴く国家であ（る）」と定め、また第一条には「天皇は、日本国の元首であり、日本国及び日本国民統合の象徴で」あると定める。現行憲法の象徴規定に、「元首」規定を被せている。天皇は、元首であり象徴であると位置づけることによって、天皇の地位は大きく変わることは言うまでもない。「元首」とは、法律上の地位を意味し、一般的に、統治権を握り、国内的には最高の権力者であり、国外的には国を代表する者と解されている。「元首」の権限については、各国の憲法に見られるように、それぞれ政治的権限の強弱について違いがみられるがその本質は変っていない。現行憲法の下では、「元首」としての規定がないことから、どの機関がその地位にあるかについて早くから問われていた。多くの研究者は、天皇は元首ではない。しかし、新たに「元首」を設ける必要がない。もし、国の代表を必要とするときがあるならば、その都度状況に応じて考えればよいと解されていた。ところが、自民党の「憲法改正草案」に、天皇の元首化（第一条）を明記した。明治憲法には「元首」規定が存在していたことを理由としている。天皇の元首化が認められることになると、「国防」と結びついた天皇として、再び「元首」としての権威が政治に利用されることになる。さらに「憲法改正草案」にみられる国旗、国歌は愛国心教育、国家主義イデオロギーを醸成し、「国防」を支える重要な役割を果たすことになる。日本の場合は、フランス、イタリア共和国に見られる国旗、フランスの国歌と異なり、国旗は残酷な戦争の歴史を刻んだシンボルとして、国歌は「万世一系の天皇の礼賛歌」として反民主的であり、国民主権の国家にふさわしくないものとして理解されている。したがって、天皇の元首化が「国防」の枠内に組み入れられ、国防軍と結び付くと、再び「天皇の軍隊」たるイメージを与えかねない。

今後、論議されなければならない徴兵制も課題となる。現憲法の下では、一九八〇年八月一五日の鈴木内閣の閣議で「徴兵制は違憲」としている。このような徴兵制度は、兵役といわれる役務の提供を義務として課するという点にその本質がある。自衛隊が自民党の「憲法改正草案」に見られる「国防軍」となると、徴兵制は遠い将来の課題ではなくなることは確かである。

四　国のかたちは、どのように変わるのか――自民党が描こうとしている国家

自民党政府は、一方で、憲法改正を念頭におきながら、他方で、論議を呼んだ集団的自衛権の行使容認をはかり、「戦うことが可能となる国家」体制への転換を準備していることが明らかとなる。憲法政治の側面から見れば、この国家は国土防衛の拡大、維持が目的であり、必然的に伴うナショナリズムの昂揚、愛国主義イデオロギーを育成する教育と、その体制批判を行う者を取り締まる治安維持に支えられた「国防」国家の確立といっても過言ではない。小稿では、「国防」の概念の中核にこだわり教育、治安、天皇制を対象としたが、これだけではない。統治機構の改革、経済、社会、文化の変革にまで及んでいる。とくに、統治機構に関して言えば、首相へ権限の集権化である。自民党の「憲法改正草案」では、首相の権限強化として、閣議決定に諮らなくても首相自ら決定できる専権事項として①行政各部の指揮監督・総合調整権、②国防軍の最高指揮権、③衆議院の解散の決定権を設けている。とくに②の国防軍の最高指揮権については、首相は、「最高指揮官として、国防軍を統括する」（七二条三項）と定めている。「国防」国家体制をより明確にした規定と解される。「国防」国家の首相の権限強化は、国会の地位を諮問化し、地方自治体にあっては、県知事、市町村長を通して住民の生活に関与することを可能にしている（本稿二2参照）。

五　おわりに――認めてはならない「国防」国家への道、

安倍内閣が進める集団的自衛権の行使容認は、「力の論理」を前面に押し出した「国防」国家の確立を意図したものである。これは平和国家を基本原理とした現行憲法の危機である。軍事力を否定する平和国家の道とは異質の道である。グローバル化した今日において、自民党が準備している「憲法改正草案」では「日本にとってふさわしい憲法改正草案」を意図したことを理由にあげているが、今まで考察してきたように、そのねらいは「国防」国家の道といわざるを得ない。モノ、人、カネ、そしてＩＣＴが国境を越えてすさまじい展開をしてきている今日、領土という動かないものだけに固執し対処しようとする「国防」国家への転換は世界の潮流に逆らったものとなろう。今まで培われてきた平和国家・立憲平和主義の道を排し、同盟国等の支援のためにあるいは近隣諸国の動きを理由に、敵国の侵略を想定し、それに対処するために軍事力を拡大し、それを推し進めるための教育、治安体制の統一化をはかり「国防」国家に変えることにどれだけの意味があるのであろうか。

また、自民党の「憲法改正草案」をみると、前文第一項に「長い歴史と固有の文化を持ち」といった文言を導入しているが、何を期待しているのか明白ではない。日本の明治以降の軍国主義の、或いは戦後のアメリカ支配の現状を想定しているのかこれだけでは不明である。これらを『長い歴史と固有の文化』から育まれたイデオロギーとしてもつ「国防」国家づくりのためであるとすればそれこそ今日の時代のそぐわない危険なものとなる。かつて、丸山眞男は、「戦争及び戦争準備のための配慮と制度が半恒久的に最高の地位を占め、政治、経済、文化など国民生活の全領域を軍事的価値に従属されるような思想ないし行動様式」を軍国主義と定義したが、国家形態として捉えれば、軍国国家ないし「国防国家」となる（『現代政治の思想と行動(下)』（未来社、一九五七年））。日本はその道を歩み出していると思えてならない。成熟してきた日本国憲法が求めてきた平和国家の道は、重大な岐路に立たされていると いわなければならない。憲法研究者としての責任は重い。

（最近の主な参考資料）
奥平康弘＝樋口陽一編『危機の憲法学』（弘文堂、二〇一三年）
深瀬忠一＝上田勝美＝稲正樹＝水島朝穂編『平和憲法の確保と新生』（北海道大学出版会、二〇〇八年）
渡辺治＝山形秀雄＝浦田一郎＝君島東彦＝小沢隆一『集団的自衛権の容認を批判する』（日本評論社、二〇一四年）
全国憲法研究会編『転換期の憲法状況(一)、(二)』憲法問題14（三省堂、二〇〇一年）。そのほか「憲法問題」に掲載された関連論文。
法律時報編集部「『憲法改正論』を論ずる」（日本評論社、二〇一三年）
防衛庁・自衛隊編『防衛白書　平成二六年』（二〇一四年度）
など。

立憲平和主義と集団的自衛権

一橋大学名誉教授
山　内　敏　弘

一　立憲平和主義に違反する閣議決定

安倍内閣は、二〇一四年七月一日に、自民・公明両党の与党協議での合意を踏まえて、集団的自衛権の行使を現憲法の下でも可能であるとする閣議決定（「国の存立を全うし、国民を守るための切れ目のない安全保障法制の整備について」）を行った。これは、日本国憲法の基本原理である平和主義と立憲主義を根底から破壊しようとするものであって、断じて容認することはできないというべきである。

今回の閣議決定は、日本が憲法施行以来七〇年近くにわたって国の基本的なかたちとしてきた、集団的自衛権の行使は憲法上認められないという憲法原理を、一内閣の閣議決定によって変更するものであって、そのこと自体が、憲法九条に違反するのみならず、憲法の改正手続を定めた九六条にも明らかに抵触するものといわなければならない。なぜならば、憲法九六条は、単に憲法の明文の規定(テキスト)を変更、削除、追加する場合に、九六条の改正手続を要請しているだけではなく、実質的な意味での憲法規範を変更する場合にも、九六条の改正手続を経ることを要請しているからである(拙著『改憲問題と立憲平和主義』四頁)。

もちろん、憲法規定には解釈の幅があり、その枠内での解釈変更であればいちいち九六条の改正手続は不要であるが、「解釈の枠」を超えた解釈変更はもはや許されず、九六条の改正手続を要するというべきなのである。そして、集団的自衛権の行使が日本国憲法の下では、認められないというのは、戦争の放棄と戦力の不保持を規定し、交戦権を否認した憲法九条から当然に出てくる論理的帰結であり、そのことは、憲法学説の圧倒的多数が認めてきたのみならず、歴代の政府も一貫して認めてきたところである。それを一内閣の閣議決定によって解釈変更することは、そのこと自体が、憲法の立憲平和主義を侵害するものといわなければならないのである。

二　閣議決定の要旨

閣議決定は、「切れ目のない安全保障法制の整備」という名目の下に、武力攻撃に至らない侵害への対処、ＰＫＰ活動への参加のあり方、「武力の行使との一体化」論の見直しなどについても検討しているが、集団的自衛権については、要旨つぎのように述べている。

(1)　自衛の措置は、あくまでも外国の武力攻撃によって国民の生命、自由及び幸福追求の権利が根底から覆されるという急迫、不正の侵害に対処し、これらの権利を守るためのやむをえない措置として初めて容認されるものであり、そのための必要最小限度の武力の行為は許容される。この見解は、一九七二年一〇月一四日に政府から提出された資料「集団的自衛権と憲法との関係」に明確に示されている。この基本的な論理は、憲法第九条の下では今後とも維持されなければならない。

(2)　しかし、わが国を取り巻く安全保障環境が根本的に変容している状況を踏まえれば、他国に対する武力攻撃であっても、その目的、規模、態様等によっては、わが国の存立を脅かすことも現実に起こり得る。したがって、わが国に対する武力攻撃が発生した場合のみならず、わが国と密接な関係にある他国に対する武力攻撃が発生し、これによりわが国の存立が脅かされ、国民の生命、自由、および幸福追求の権利が根底から覆される明白な危険がある場合においても、これを排除し、わが国の存立を全うし、国民を守るために他に適当な手段がないときに、必要最小限度の実力を行使することは、従来の政府見解の基本的な論理に基づく自衛のための措置として、憲法上許容されると考えるべきである。

(3)　憲法上許容される上記の「武力の行使」は、国際法上は、集団的自衛権が根拠となる場合がある。この「武力の行使」には、他国に対する武力攻撃が発生した場合を契機とするものが含まれるが、憲法上はあくまでもわが国の存立を全うし、国民を守るため、すなわち、わが国を防衛するための自衛の措置として初めて許容されるものである。

閣議決定は、以上のような解釈変更の理由を「我が国を取りまく安全保障環境の変化」に求めているが、その内容については、要旨以下のように述べている。日本国憲法の施行以来今日までの間に、わが国を取りまく安全保障環境は根本的に変容している。国連憲章が理想として掲げた正規の「国連軍」は実現のめどが立っていないことに加えて、冷戦終結後の四半世紀だけをとっても、グローバルなパワーバランスの変化、技術革新の急速な進展、大量破壊兵器や弾道ミサイルの開発および拡散、国際テロなどの脅威により、アジア太平洋地域において問題や緊張が生み出されるとともに、脅威が世界のどの地域において発生しても、わが国の安全保障に直接的な影響を及ぼし得る状況になっている。もはや、どの国も一国のみでは平和を守ることはできず、国際社会もわが国がその国力にふさわしい形で一層積極的な役割を果たすことを期待している。

三　閣議決定の批判的検討

1　「安全保障環境の変化」の問題点

閣議決定が上述している「我が国を取りまく安全保障環境の変化」は、しかし、憲法解釈をあえて変更しなければならない理由としては、なんら説得的ではないといわざるを得ないであろう。いわゆる正規の「国連軍」が実現のめどが立っていないことはなにもいまに始まったことではないし、冷戦終結後のグローバルなパワーバランスの変化も、冷戦時代の米ソ対立に伴う厳しい安全保障環境に比較して、質的に厳しさを増しているとまではいえないと思われる。たしかに、大量破壊兵器や弾道ミサイルの開発や拡散はアジア太平洋地域においても、また日本にとっても重大な問題であるが、このような問題への対処の仕方は、核の廃絶を被爆国の日本が率先して訴えていくことであって、集団的自衛権の行使を容認することではないはずである。

「もはやどの国も一国のみでは平和を守ることはできない」という指摘は、一見もっともらしく聞こえるが、しかし、日本が集団的自衛権の行使を容認する根拠にはなりえないものである。例えばアメリカは現在でも自国を守るには十分過ぎるほどの軍事力を持っている。アメリカが日本の集団的自衛権の行使容認を積極的に評価するのは、アメリカが海外で行う戦争に対して日本の軍事的な協力を得ることができるからであって、アメリカ自国の防衛のためにではない。また、かりに日本が一国のみでは平和を守ることができない状況にあるとしても、そうであればこそ、中国や北朝鮮、そして韓国をも含めたアジアの平和の家を築くことを真剣に検討すべきであって、中国や韓国が反対するような集団的自衛権行使を認める閣議決定を行って軍事的な緊張を一層高めるような方策を講ずべきではない。

2　行使容認の法理の問題点

閣議決定が述べている集団的自衛権行使容認の法論理も、なんら説得的とはいえないように思われる。この点に関しては、以下のような問題点を指摘せざるを得ないであろう。

まず第一に、閣議決定は一九七二年の政府見解の「基本的論理」を踏襲したものとしているが、しかし、これは、牽強付会の議論であるといってよい。なぜならば、一九七二年の政府見解は、集団的自衛権の行使が認められないということを明らかにしたものであって、その理由として以下のような自衛権行使の三要件をあげているのである。①外国の武力攻撃によって国民の生命、自由及び幸福追求の権利が根底から覆されるという急迫、不正の事態に対処し、②国民のこれらの権利を守るためのやむを得ない措置としてはじめて許容される、③その措置は右の事態を排除するためにとられるべき必要最小限度の範囲にとどまるべきものである。そして、このような三要件を踏まえれば、「他国に加えられた武力攻撃を阻止することをその内容とするいわゆる集団的自衛権の行使は、憲法上許されない」としたのである。

これに対して、今回の閣議決定は、①の要件に「わが国と密接な関係にある他国に対する武力攻撃が発生し、これによりわが国の存立が脅かされ、国民の生命・自由・幸福追求の権利が根底から覆される明白な危険がある場合」をつけ加え、さらに、②の要件を「これを排除し、わが国の存立を全うし、国民を守るために他に適当な手段がないとき」と変更した。とりわけ①の新要件は、一九七二年政府見解とは一八〇度異なったものとなっている。一九七二年政府見解は、①の要件を踏まえて「他国に加えられた武力攻撃を阻止することを内容とする集団的自衛権の行使」は憲法上許されないと結論づけたのに対して、閣議決定は、「他国に対する武力攻撃が発生し（た）」場合にも、武力行使ができるとし、それが「国際法上は集団的自衛権が根拠となる場合がある」としているのである。

このように自衛権行使の要件のうち、とりわけ第一要件が根本的に変わってしまっているのに、

「基本的論理は維持される」とか、「従来の政府見解の基本的論理に基づく自衛のための措置」として集団的自衛権の行使が「憲法上許容される」とすることは到底できないというべきであろう。このような説明をしているのは、公明党や内閣法制局の従来の見解への配慮があるからであろうが、しかし、明らかに変わってしまっているのを、「基本的な論理は維持される」というような言い方をすることは、カラスをサギと言いくるめて、国民を欺くものと言わざるを得ないであろう。

第二に、このこととも関連して、問題というべきは、山口・公明党代表が閣議決定を受けた記者会見で「外国の防衛を目的とするいわゆる集団的自衛権は今後とも認めない。憲法上許されるのは自国防衛のみに限られる」と述べていることである。公明党としては、外国に対する武力攻撃が発生した場合でも、日本が武力行使をできるのは「国民の生命、自由及び幸福追求の権利が根底から覆される明白な危険がある場合」に限定されるのだから、それはいわば自国防衛であって、外国の防衛を目的とする集団的自衛権とは違うといいたいのであろう。しかし、それならばどうして、わざわざ「外国に対する武力攻撃が発生した場合」という要件を新たに付け加えたのであろうか。憲法上認められるのは、自国防衛に限定されるというのであれば、そのような新要件を付け加えるべきではなかったのである。そもそも集団的自衛権にあたかも外国の防衛を目的とするものと自国防衛のものとがあるかのごとき言い方をすること自体、問題というべきであろう。

第三に、これと関連して、閣議決定の後で行われた記者会見で安倍首相は、「海外派兵は一般的に許されないという従来の考え方も変わらない。外国を守るために日本が戦争に巻き込まれるという誤解があるが、そのようなこともあり得ない」と述べ、また、公明党の山口代表も、「武力行使はあくまでも自国防衛、わが国の存立を全うし、国民を守るための自衛の措置としてやむを得ない場合のみとした。専守防衛は全く変わらず、今後とも貫く」と述べた。これらの言葉にも、明らかに閣議決定の実態を隠蔽する欺瞞が見られる。日本が武力攻撃を受けたわけではないにもかかわらず、アメリカなどが海外で戦争を行っているときに、自衛隊が出動してアメリカの武力紛争の相手国に対して武力行使を行うことがどうして専守防衛になるのか。従来の政府見解によれば、「専守防衛とは相手から武力攻撃を受けたときに初めて防衛力を行使し、その防衛力行使の態様も自衛のための必要最小限度にとどめ、また保持する防衛力も自衛のための必要最小限度のものに限るなど、憲法の精神にのっとった受動的な防衛戦略の姿勢をいうもの」(一九八一年三月一九日の参院予算委での政府答弁)とされている。この定義に従えば、他国が攻撃された場合に自衛隊が出動するということを専守防衛とすることは明らかに専守防衛という言葉の誤用というべきであろう。

第四に、政府与党は、これによって集団的自衛権の行使を限定的なものにしたとしているが、それは言葉の上だけの話であって、実質は集団的自衛権の全面容認であることは否定できないと思われる。例えば、「わが国と密接な関係にある他国」とは具体的にどこの国を指しているのか。「密接な関係」の解釈如何では、地球の裏側の国までも含まれることになるであろう。これによって、集団的自衛権の行使を限定的なものにしたということはできないであろう。また、「他国に対する武力攻撃」によって「わが国の存立が脅かされる明白な危険がある場合」とはそもそもどういう形でありうるのか。常識的には想定不可能であろう。たしかに、「明白な危険がある場合」は、「おそれがある場合」に比べたら、言葉自体としては限定的といえなくもないが、しかし、他国に対する武力攻撃によってわが国の存立が脅かされる「明白な危険がある場合」となると、いきおいそれは、明白性を欠いた漠たるものになり、その判断は恣意的にならざるを得ないのである。例えば、政府与党は、これによって石油などのシーレーンが脅かされるような事態をも想定しているようであるが、しかし、それは、かつての日本が「生命線の確保」とか「自立自存」を名目としてアジア諸国に軍事侵攻をした時の論理といかに類似していることか。日本に対する直接的な武力攻撃がないにもかかわらず、日本の存立が脅かされる明白な危険がある事態がありうるという前提に一旦立ってしまえば、それは、もはや限定的たりえず、拡大解釈の危険性を不可避的に伴うことになるのである。

3　「抑止力」論の虚偽性

閣議決定の後の記者会見で、安倍首相は「閣議決定を受けあらゆる事態に対処できる法整備を進めることにより、隙間のない対応が可能となり抑止力が強化される。抑止力の強化によってわが国の平和と安全を一層たしかなものにすることができる」と述べた。

このような「抑止力」論は、しかし、集団的自衛権行使の運用実態に照らしても明らかに誤ったものと言わざるを得ないであろう。集団的自衛権の運用実態を見れば、それはほとんどの場合大国の小国に対する軍事介入・侵攻の歴史であった。アメリカのベトナム侵攻（一九六五）、ソ連のチェコ侵攻（一九六八）、ソ連のアフガニスタン侵攻（一九七九）、アメリカのアフガニスタン攻撃へのNATO諸国の参戦（二〇〇一）などがその最たる例である。また、かつての日本において三国同盟が、戦争の抑止になるのではなく、むしろ戦争を誘発する要因となったことも改めて確認されるべきであろう。

そもそも、抑止力論自体が問題をはらむ議論であることはつとに指摘されてきた通りである。坂本義和は、「『抑止』というのは抑圧の戦略だ」（坂本義和『軍縮の政治学』（岩波新書、一九八二年）六〇頁）ととらえていたが、このようなとらえ方は、今日においても基本的には妥当すると思われる。「抑止」のためには攻撃をしてくるかもしれない相手国に対して甚大の損害を与えるために、相手国より遥かに勝る軍事力を持たなければならない。そうなれば、相手国は、さらに強力な軍事力を持とうとする。「抑止力」論は、所詮はこのような「安全保障のジレンマ」から脱却することはできないのである。このような「抑止力」論は、日本国憲法の平和主義とも相容れないものであると思われる。

四　平和憲法の今日的意義

平和憲法の下で、日本は、過去七〇年近くの間、海外で戦争を行って外国の人々を殺すこともなく、また殺されることもなかった。これは、ひとえに平和憲法の下で、集団的自衛権の行使はできないとしてきたことによるものである。集団的自衛権が認められていたら、日本はベトナム戦争に出兵し、湾岸戦争やイラク戦争にも出兵して、多くの戦死者を出していたことであろう。平和憲法が果たしてきたこのような役割は、国際社会でも高く評価されてきた。海外でＮＧＯなどが国際協力活動を行う場合にも、日本が非軍事に徹することで得てきた信頼は非常に大きいといってよい。そのような「日本ブランド」を今後とも積極的に活かしていく意義こそあれ、それを捨て去る必要はないのである。

また、日本国憲法の平和主義は、人権保障と権力の制限を本旨とする立憲主義を支えてきた。そのことは、平和主義の侵害が立憲主義の破壊という形でなされている現在の状況を見れば明らかであろう。平和主義は、その意味では立憲主義と車の両輪の関係にある。立憲主義の確保のためにも、平和主義の擁護は重要な意味をもっているのである。

さらに、日本国憲法は前文で、全世界の国民の平和的生存権をうたっている。国連人権理事会でも、「平和への権利」を国連総会で宣言するための審議が現在行われている。もちろん、両者はその権利内容が細部まで同じであるわけではないが、平和を個人の人権としてとらえようとする意味では共通性をもっている。日本国憲法の平和的生存権は、そのような意味で先駆的、普遍的意義をもつことを確認すべきであろう。

たしかに、アジア地域では緊張状態が続いている。しかし、中国との関係では、尖閣問題について日本が「棚上げ」論の立場をとり、また靖国神社への閣僚の参拝を中止すれば、話し合いの糸口は見出されるであろう。そもそも尖閣列島についてはアメリカ自身が領有権の帰属については中立的な立場をとっている状態に下で、「我が国固有の領土」論は国際的にも説得力をもたない。日中平和友好条約（一九七八年）が定める平和五原則と武力不行使原則にしたがって問題を平和的に解決していくべきであろう。また、韓国との関係では、従軍慰安婦問題について日本政府が誠意ある対応をとれば話し合いは十分可能であるし、竹島問題も平和的に解決することが可能な問題である。

問題は北朝鮮の核開発であるが、六者協議の場などを利用して北朝鮮の安全を保証することで、北朝鮮の核開発を止めさせるように日本も尽力すべきであろう。そのためには、日本もアメリカの「核の傘」から離脱して日本と朝鮮半島を含む東北アジア地域に非核地帯を作ることを提唱すべきであろう。非核地帯については、すでにトラテロルコ条約、ラロトンガ条約、アフリカ非核地帯条約、東南アジア非核地帯条約などの先例がある。これらを参考にして、東北アジア地域を非核化することは、アジア地域のみならず、地球上から核を廃絶するためにも、貴重な貢献となるものと思われる（拙稿「東北アジア非核地帯条約締結の課題」深瀬忠一ほか編『平和憲法の確保と新生』（北海道大学出版会、二〇〇八年）一五四頁）。

集団的自衛権容認の論理
――「自衛の措置」概念の抽象性を中心に

明治大学教授
浦田一郎

はじめに

二〇一四年七月一日「国の存立を全うし、国民を守るための切れ目のない安全保障法制の整備について」と題する閣議決定が行われた。「切れ目のない安全保障法制の整備」が目指され、個別的自衛権、集団安全保障、集団的自衛権の問題が広く扱われた。本稿では、最も重要だと考えられる集団的自衛権に焦点を当てる。閣議決定において集団的自衛権容認の憲法解釈が行われたが、それは「国の存立を全うし、国民を守るため」と説明された。そのキーワードが「自衛の措置」なので、その概念に注目したい。

一九四六年の制憲過程以来の歴史の中で、集団的自衛権の否認と容認をめぐる解釈論の歴史は短くない。その流れの中で、今回の閣議決定の論理を分析したい。本稿の執筆は二〇一四年九月に行われ、本書の刊行は二〇一五年四月に予定されている。上記の問題についてその段階で検討したことが、閣議決定に基づく法案審議に対して何らかの意義を持つことを願っている。

一般的に有権解釈において「自衛」と言う場合、個別的自衛権を意味する場合が多いが、その概念が曖昧なため、より抽象的な自衛を意味する場合もあったように思われる。抽象的自衛は、つきつめれば、国家の最高・独立性を意味する国家主権の軍事的実現に帰着すると思われる。この「自衛」概念の二重性(1)が、集団的自衛権容認の論理において「自衛の措置」概念の中で果たした役割について考えたい。

一 集団的自衛権容認論の歴史(2)

一九五四年の自衛隊発足前に、集団的自衛権は憲法上行使できないとする政府答弁がなされていた。その後六〇年の安保改定国会審議の中で、「その国まで出かけて行ってその国を防衛する」のでない、言わば必要最小限度の集団的自衛権を容認する試みが政府によってなされたが、成功しなかった。

前述の二〇一四年閣議決定の基礎に置かれた一九七二年一〇月一四日の政府資料(3)は、集団的自衛権を実力によるものに限定したうえで、そのような集団的自衛権を全面的に否認した。二〇一四年閣議決定に言う「基本的な論理」あるいは高村正彦自民党副総裁の言う「法理」と「当てはめ」の議論を念頭に置いて、一九七二年資料を見ると、どうなるであろうか。「基本的な論理」と考えられる部分のうち、前半における「自衛の措置」は、一九五四年の自衛力政府統一見解(4)、五九年の砂川事件最高裁判決(5)における個別的自衛権の流れの中にあると思われる。しかし、後半における「自衛のための措置」は抽象的自衛を意味していると考えられる。なぜなら、個別的自衛権肯定と集団的自衛権否定を結論づけるためには、論理必然的に個別的自衛権や集団的自衛権より抽象化した論理を展開せざるを得ないからである。

七二年以後も集団的自衛権容認の取組みが繰り返されたが、実現しなかった。

二　「基本的な論理」と「自衛」の抽象化

以下、二〇一四年閣議決定に沿って、その後の議論もふまえて、ポイントを見ていきたい。閣議決定において集団的自衛権に関わるのは、「3　憲法第九条の下で許容される自衛の措置」の部分である。そこで先ず、従来の政府解釈の「基本的な論理」の枠内で帰結を導く必要があるとする。そのために、一九七二年資料の「基本的な論理」に該当する部分を要約し、「自衛の措置」として「必要最小限度の『武力の行使』は許容される」と結論づけている。それが従来の政府解釈の「基本的な論理」だとしている。これによれば、「自衛の措置」として個別的自衛権、集団的自衛権、集団安全保障についてその「必要最小限度」部分が許容されることになる。

この論理では、「自衛」は前述の抽象的自衛を意味している。前述のように七二年資料の「基本的な論理」には個別的自衛権と抽象的自衛の自衛概念の二重性が見られたが、抽象的自衛論に統一する「解釈」が行われたと考えられる。この抽象化解釈は、閣議決定に限らず今回の集団的自衛権容認論の中で政府解釈全体について行われているように思われる。その影響は大きい。

従来の政府の議論において、個別的自衛権についても「個別的自衛権」という言葉は政府の言葉としてはほとんど使われず、単に「自衛権」と言われてきた(6)。そのことも利用しつつ、今「自衛権」概念の抽象化解釈が進められているように思われる。五九年砂川事件最高裁判決は前述の五四年の自衛力見解に沿っており、判決における「自衛」は個別的自衛権を問題にしていると考えられる(7)。しかし第二次安保法制懇報告書は砂川判決について、「固有の自衛権について集団的自衛権と個別的自衛権を区別して論じておらず、したがって集団的自衛権の行使を禁じていない」(8)と解釈している。

二〇一四年閣議決定後に出された防衛白書は、「憲法と防衛政策」において「憲法第九条のもとで許容される自衛の措置」の項目として閣議決定の(2)—(4)をそのまま引用し、「集団的自衛権」と「国防の基本方針」の項目を削除したほかは、一三年版の文言を変えていない(9)。自衛力＝「自衛のための必要最小限度の実力」における「自衛」を個別的自衛権として、私は理解、整理してきた。しかし、この二〇一四年版防衛白書では「固有の自衛権」、「わが国の自衛権」、「自衛」も全て抽象的自衛を意味する結果になっていると思われる。

二〇一四年閣議決定で「集団的自衛権」という言葉が使われているところは、「国際法上、集団的自衛権が根拠となる場合がある」という一か所のみである。憲法論として集団的自衛権論は明示されていない。「自衛」概念を抽象化し、「自衛の措置」の中に集団的自衛権は潜り込まされている。国民が問題に気づきにくくするために、不必要最大限度の努力がなされているように見える。

三　「武力行使」の三要件

三要件は従来「自衛権」発動に関するものであったが、「武力行使」に関するものに変えられた。従来個別的自衛権を意味してきた「自衛権」を外し、「武力行使」によって個別的自衛権、集団的自衛権、集団安全保障が入りやすくされている。

1　第一要件

(1)　密接性　第一要件において、個別的自衛権の場合以外に、「我が国と密接な関係にある他国に対する武力攻撃が発生し」た場合にも、武力行使が認められ得る。「他国に対する武力攻撃」として、集団的自衛権と集団安全保障の両方の場合が含まれている。この密接性の要件は集団的自衛権に関する国際法学説における死活的利益説に親和的であるが、直接には憲法解釈上課せられた要件とされている(10)。「密接な関係にある国」とは、「一般に、外部からの武力攻撃に対し共通の危険として対処しようという共通の関心を持ち、我が国と共同して対処しようとする意思を表明する国」と説明されている。「武力攻撃が発生した段階において個別具体的な状況に即して判断される」。具体的には、「同盟国である米国は基本的にこれに当たる」が、「それ以外の国」については「相当限定される」(11)。

上記の説明のうち「我が国と共同して対処しようとする意思を表明する」は、ニカラグア事件一九八六年六月二七日国際司法裁判所本案判決（ICJ Reports 1986, P. 14）が判示する、犠牲国による要請に対応しているのであろう。したがってこれは国際法上すでに課されている要件であり、それを超えた憲法独自の制約は実際にはそれほど大きくないのではないであろうか。

(2) **明白性**　密接性の要件に加えて、「これにより我が国の存立が脅かされ、国民の生命、自由及び幸福追求の権利が根底から覆される明白な危険がある場合」という要件が課されている。国の存立や国民の人権に関する要件は、一九七二年資料から来ている。これらの要件は「他国に対する武力攻撃」が「明白な危険」で連結されている。すなわち、個別的自衛権に近い集団的自衛権がとくにこの要件によって示されている。

その「判断に当たっては、主に攻撃国の意思、能力、事態の発生場所、その規模、態様、推移などの要素を総合的に考慮をしまして、我が国に戦禍が及ぶ蓋然性、国民が被ることとなる犠牲の深刻性、重大性などから」判断するとされている(12)。この中で具体的に言われていることは文言としては要件を相当に限定しているように見えるが、例示である。

地理的要件は課されていないが、上述の判断要素の中に「事態の発生場所」が入っており、「場所というのも当然重要な要素だろう」とされている(13)。さらに、地理的制限に関して、「我が国がとり得る措置には自ずから限界がある。」その限界として、海外派兵の禁止が問題になりうるが、それは従来第三要件の問題とされてきたと思われるので、そこで後述する。

2　第二要件

第二要件として、「これ（武力攻撃―浦田）を排除し、我が国の存立を全うし、国民を守るために他に適当な手段がないとき」とされている。「我が国の存立を全うし、国民を守るために」は、従来の自衛権発動の第二要件にはない。しかし第一要件を要約したものであり、論理的には限定的な意味はないと考えられる。

3　第三要件

第三要件は、「必要最小限度の実力を行使すること」である。この要件の一つとして、従来海外派兵の禁止が論ぜられてきたように思われる。閣議決定によっても、「武力行使の目的をもって武装した部隊を他国の領域へ派遣するいわゆる『海外派兵』は一般に許されないとする従来の見解は変わらない」(14)とされている。

海外派兵の禁止に関する見解を結論的に整理すれば、武力行使は日本の領域内におけるのを原則とし、公海、公空では例外的に認められうるが、他国の領域では許されない(15)。これは文字通りには相当に大きな制約である。しかしながら、海外派兵の禁止の基礎にある「自衛権」は、従来個別的自衛権を意味してきたが、閣議決定に伴う抽象化によれば集団的自衛権も含みうる。そのことに対応して、海外派兵の禁止の意味も変わりうる。

ホルムズ海峡における機雷の除去が、石油危機の日本経済への影響から明白性の要件を充たす可能性が繰り返し言われている(16)。これは日本に対する武力攻撃の可能性と全く無関係であり、およそ個別的自衛権に近い集団的自衛権ではない。この議論は、第一要件における明白性の要件を異質なものに極度に緩めるものである。機雷の除去も「武力の行使」であるが、「受動的な活動」なので、戦闘行為と異なり「他国の領域内」でも認められるとされる(17)。それは第三要件における「必要最小限度」の実力行使に収まると考えられているからだとされている(18)。

集団的自衛権でも集団安全保障でも、「湾岸戦争やイラク戦争での戦闘に参加するようなことはない」とされている(19)。その理由は三要件により(20)、また「新三要件にある必要最小限の範囲を超える」から(21)、さらに海外派兵の禁止によるとされている(22)。この説明によれば、湾岸戦争やイラク戦争での戦闘への不参加は、憲法的限界になる。しかしながら、すでに見たように、海外派兵の禁止原則の内容はかなり限定されている。また、「……必要最小限度の範囲を超える場合は、『新三要件』を満たさず、『できない』と答える」とされている(23)。すなわち、「……必要最小限度の範囲を超え」ない「場合は、『新三要件』を満た」すことになり、「湾岸戦争やイラク戦争での戦闘に参加する」可能性は想定されているように思われる。

集団安全保障について全体として消極的である。それは、第一要件における密接性や明白性を充たしにくいからであろうか。武力行使後、集団安全保障措置が執られても、武力行使は許容されるとされている(24)。その国際法上の根拠に関する質問に対して、国連憲章の解釈上個別的・集団的自衛権が行使できなくなるものではなく、具体的状況によるという見解が示されている(25)。

四　問題点

個別の問題点についてはすでにふれたので、残されたスペースの中で基本的な問題点として「基本的な論理」・「法理」と「当てはめ」の点のみ指摘したい。

「法理」と「あてはめ」という議論のしかたは法的世界にはよくあり、とくに判例の解釈に見られる。たとえば一つの典型的な例として、政教分離に関する津地鎮祭事件最高裁判決と愛媛玉串料訴訟最高裁判決を挙げてよいであろうか。目的効果基準または相当限度論が「法理」であり、津地鎮祭事件と愛媛玉串料訴訟に「当てはめ」が行われ、前者で「法理」の緩やかな解釈の下で合憲、後者で「法理」の厳格な解釈の下で違憲の判断が下された。ここでは、抽象的な「法理」が具体的なケースに「当てはめ」られている。

それに対して集団的自衛権論では、「必要最小限度」の「自衛の措置」という「法理」が個別的自衛権や集団的自衛権という武力行使のあり方の問題に「当てはめ」られている。「自衛の措置」はより抽象的、個別的自衛権や集団的自衛権はより具体的と言い得る。一九七二年資料で集団的自衛権違憲、二〇一四年閣議決定で新三要件を充たす「武力の行使」合憲の判断が示されている。しかし、抽象的な「法理」が具体的なケースに「当てはめ」られているわけではない。同じ抽象的な「法理」の中で、より抽象的なものとより具体的なものの関係が問題にされているとも言い得る。

「当てはめ」の対象は同じ武力行使であり、政教分離判例におけるような「当てはめ」の対象の区別はなされていない。

区別は「安全保障環境」の変容の前後の間でなされている。時代の変化を指摘する判例の中で、たとえば婚外子の法定相続分に関する民法九〇〇条四号ただし書前段について、最高裁はかつて合憲判断を示していたが(26)、「認識の変化」を理由に近時違憲判断を下した(27)。集団的自衛権容認論はむしろこちらに似ている。時代の変化を理由に、「法理」の厳格な解釈による全面的集団的自衛権違憲から、「法理」の緩やかな解釈による限定的集団的自衛権合憲に判断を変えている。しかし政教分離の問題とも婚外子の法定相続分の問題とは異なり、集団的自衛権容認という権力の拡大を正当化しようとしている。「基本的な論理」・「法理」と「当てはめ」の形式が採られているが、単純な解釈の変更の要素が大きい。なお、私は「安全保障環境」の変容論の一面性など前提の事実認識に問題が含まれていると考えているが、そこに立ち入る余裕がない。

「基本的な論理」・「法理」と「当てはめ」の議論によって行われたことは、「自衛」概念の二重性を利用して、それを「自衛の措置」概念によって抽象性に統一することである。従来個別的自衛権または抽象的自衛を意味してきた「自衛」概念に、集団的自衛権も集団安全保障も読み込まれることになる。「自衛」概念に外から集団的自衛権や集団安全保障を持ち込み、「自衛」概念からから集団的自衛権や集団安全保障を取り出しているように見える。

おわりに

従来有権解釈において、「自衛」概念は個別的自衛権と抽象的自衛の二重の意味で使われていた。そのことを利用して、一九七二年資料を使いながら、二〇一四年閣議決定は「自衛の措置」概念によって「自衛」を抽象的自衛に統一することにしたように思われる。その場合、武力行使を限定する要件が付けられたことは、解釈による一定の歯止めの余地を残した。個別的自衛権に近い集団的自衛権を正当化する論理が採られたが、アメリカの世界戦略に基づく武力行使に、日本を動員するための集団的自衛権の政治的目的と必ずしも適合的でない。したがって、閣議決定の拡大解釈、将来の解釈変更(28)、明文改憲の可能性が模索されることになろう(29)。

(1) 「自衛」概念の二重性について、浦田一郎『自衛力論の論理と歴史』(日本評論社、二〇一二年)六八－七〇頁、同「集団的自衛権の容認──『必要最小限度』論と『積極的平和主義』」法と民主主義二〇一四年四月号一九－二〇頁。
(2) 浦田一郎「集団的自衛権容認論の歴史──『自衛』概念の二重性を中心に」民主主義科学者協会法律部会編『改憲を問う──民主主義法学からの視座』(法律時報増刊、二〇一四年一一月)一八－二三頁。
(3) 同編『政府の憲法九条解釈──内閣法制局資料と解説』(信山社、二〇一三年)一六八頁、『防衛ハンドブック・平成二六年版』(朝雲新聞社、二〇一四年)六三三－六三四頁など。
(4) 大村清一防衛庁長官二一回一九五四(昭和二九)年一二月二二日衆・予算二号一頁。

(5) 最判一九五九（昭和三四）・一二・一六刑集一三巻一三号三二二五頁。
(6) 浦田・前掲注(1)『自衛力論の論理と歴史』六九頁。
(7) 同「集団的自衛権はどのように議論されてきたか――過去の議論と市民の役割」渡辺治ほか『集団的自衛権容認を批判する』(日本評論社、二〇一四年) 六七－七一頁。
(8) 「『安全保障の法的基盤の再構築に関する懇談会』報告書」(首相官邸のホーム・ページ)(二〇一四年五月一五日) 五頁。
(9) 『防衛白書・平成二六年版』(二〇一四年) 一一九－一二一頁。
(10) 山形英郎「必要最小限度の限定的な集団的自衛権論」法律時報二〇一四年九月号六七頁。
(11) 岸田文雄外務大臣一八六回二〇一四（平成二六）年七月一五日参・予算（閉）一号一六頁。
(12) 安倍晋三内閣総理大臣・前掲注(11)二六頁。
(13) 同二七頁。
(14) 「集団的自衛権などに関する想定問答」朝日新聞二〇一四年六月二八日。安倍首相は閣議決定に関する当日の記者会見で海外派兵の禁止を確認している（首相官邸のホームページ）。二〇一四年版防衛白書でも、「自衛権を行使できる地理的範囲」の記述は従来と変わらない（前掲注(9)一二〇頁）。稲葉誠一議員提出自衛隊の海外派兵・日米安保条約等の問題に関する質問に対する答弁書（一九八〇（昭和五五）年一〇月二八日衆議院提出）。
(15) 海外派兵の禁止の意味について、浦田・前掲注(1)『自衛力論の論理と歴史』七三－七八頁。
(16) 安倍一八六回二〇一四（平成二六）年七月一四日衆・予算一八号（閉）五頁など。
(17) 「想定問答」前掲・注(14)。
(18) 安倍一八七回二〇一四（平成二六）年一〇月三日衆・予算二号四七頁。
(19) 「想定問答」前掲・注(12)。

(20) 内閣官房「『国の存立を全うし、国民を守るための切れ目のない安全保障法制の整備について』の一問一答」(内閣官房のホーム・ページ) 四－五頁。
(21) 安倍・前掲注(11)一九頁。
(22) 同三三－三四、四二頁。「アフガン戦争」が挙げられ（三三頁）、集団的自衛権でも集団安全保障でもと言われている。
(23) 内閣官房・前掲注(20)五頁。
(24) 「想定問答」前掲・注(14)。
(25) 大野元裕議員提出自衛権と集団安全保障の関係に関する質問に対する答弁書（二〇一四（平成二六）年六月二七日参議院提出）。
(26) 最決一九九五（平成七）年七月五日民集四九巻七号一二八九頁。
(27) 最決二〇一三（平成二五）年九月四日民集六七巻六号一三二〇頁。
(28) 二〇一四年七月一四日の衆議院予算委員会において、北側一雄議員の質疑に対して横畠裕介内閣法制局長官は次のように答弁した。閣議決定で「示されました新三要件を超える、それに該当しないような武力の行使につきましては、現行の憲法第九条の解釈によってはこれを行使するということを認めることは困難であると考えておりまして、そこに及ぶ場合には憲法改正が必要であろう」（一八号（閉）九頁）。逆に言えば、このような武力の行使も、「現行の憲法第九条の解釈」が変わる場合には、憲法改正は不要になる可能性を示唆しているように理解しうる。
(29) 本稿脱稿後、その後の国会審議を議事録で読み、また新たに考察を進めた。それに基づき、用語の解説に焦点を合わせた浦田一郎「コンメンタール閣議決定」『集団的自衛権行使とその先にあるもの』（法学セミナー別冊、二〇一五年五月刊行予定）も参照していただければ幸いである。

「日本国憲法を権力に生かす」新理論展望
――「新過渡期理論」の未来――

東京都立大学名誉教授
針生誠吉

一　はじめに

本論は従来の私の研究論文とは大きく異なる。連合政権の未来展望としての仮説であり、実証をふまえたものではない(1)。

五〇年前、数人の発想から出発した「全国憲」「憲理研」は数百人の立憲主義の正統をふまえた大研究会に成長した。その創設において、事務の総括責任を担当した私は、今ここに五〇年後をみすえた仮説を提示しておく(「全国憲」の略称も私の考案)。

その理由は第一に九〇歳に及ぼうとする私の体力、智力の限界を前に、青年初期の太平洋戦争期の大日本帝国陸軍批判の処女作文の、最後のしめくくりとしての警告をのべようとするものである。老人介護のベッドの上での終作であるから、実証のための参考文献などは手にとどかない。

第二に今日、世界史の大変動期、アジアの時代の開幕期において、その主動力となるアジア社会主義の敵対勢力として日本は、再び「戦争のできる国」として滅亡期を迎えようとしている。「鬼畜米英」から「鬼畜中国」というわけであろうか。体制に「包摂」された太平洋戦争期の熱狂的米英文化排撃の一流知識人たちは、敗戦後、ほとんど旧天皇制国家の魔性を自己解明することなく、即座に、外圧に再転向して民主主義者となった。下からの変革、ブルジョア革命欠落の日本知識層の欠陥は、今日強力な遺伝子として残されたままであるともいえよう。従属国としての悲惨をくりかえさないためにも、再び私の智力のある限りにおいてアジア社会、日本の未来展望を示しておきたい。あえて欠陥の多い仮説を提示する次第である。

二　アジア新時代、中国型社会主義にみる逆転現象

旧中国において、独自の下からの高度資本主義発展の可能性があったかは、論争点である。私は高度の資本主義発展の「とびこし論」をとっている。

西欧型においては、各国の歴史的条件の差はあるが、抽象化してアジア型と対比してみよう。都市商人は封建的土地権力を打倒し、フランス革命においては、法律革命をも、下から独自に行うことができた。近代ブルジョア革命である。

これに対して、中国型においては、都市商人は、逆に、土地権力と結合し、中国型の官僚資本主義が形成され、法律革命も表面的なもので実効性はなかった。植民地型の買弁ブルジョアジーを、下から、主体的に変革した、中国型社会主義においても、「封建残余」は強くのこり、エートスとしても今日なお存在している。中国社会主義変革の「すすみ」は「おくれ」を再生産することすらあることは注意せねばならぬ。人民公社への変革は、逆に家父長制を農村で再生産する側面もある。超先進的ともてはやされた文化大革命が、封建的野蛮な暴力社会を生み出す「病的法則」のあらわれでもあったことは、中国側も認める所であろう。

西欧型ブルジョア革命においては、精神的自由権を基本としたが、中国型社会主義においては、数億人の悲惨をきわめた植民地体制を変革し、裸の生存権を確立することが基本である。動物としての「トラ」に何故に「ツバサ」がなく、空をとべないのかといった、中国批判は再考してみる必要がある。この種のいわゆる「中国通」はひろく日本にも存在するが「現代中国学」の模索が必要である。数十年を経たアジアルネッサンス期には、人類の貴重な精神的自由権を「問題の継承」として再生させるであろう。

「現代中国学」の内在的研究方法は、拙著『中国の国家と法』(東京大学出版会)以来数十年にわたり論述しているのでこれ以上再論はしないが、あらたに、今日の数百年に一度の世界史的大変動のまとめを、高校生にもわかるように簡略化してのべておく。私の問題提起の重要性を一般に理解していただくための新理論である。

高校生向けの世界史テキスト（例えば『もう一度読む山川世界史』山川出版社、二〇〇九年）は、大略次のようにのべている。近代化の直線的図式として標準的なものであろう。Ⓐまず「ルネッサンス」があり、教会の伝統的権威に対抗し、コペルニクスなどのⒷ「科学革命」があり、Ⓒそこから産業革命がおこり、Ⓓブルジョア革命による人権思想が生まれる。資本主義も複雑・長期のプロセスを経て発生してくる。注意すべきは山川出版社テキストも「大局的にながめるならば、それが根本的にはヨーロッパ世界経済」であったとする。

ここでは、今日の「アジアの時代」の大変革期には逆転しているという仮説を出しておこう。ここでは資本主義は世界の一部にすぎなくなり、資本主義の直線的発展方式は世界のモデルではなくなり、アジアの社会主義は、中国型、ベトナム型、朝鮮型の著しい特色を有する形で発展していった。わかりやすく仮説化すれば、Ⓓ社会主義革命がまず先頭にあり、Ⓒそこから上からの産業革命、現代化があり、Ⓑグローバルな資本主義文化、人権思想・政治思想を長期間で逆包摂し、Ⓐアジアルネッサンスが最終的に登場すると図式化すれば、西欧型とは逆になり、高校生にも二一世紀以降の世界史の大変動は理解しやすくなるであろう。

中国型社会主義における高度資本主義の「とびこし発展」の生理と病理の理解よりも、「全国憲法研究会」の日本国憲法の未来像を考える場合には、ブルジョア革命を真実には欠落させてきた日本型の生理と病理の探求が必要であろう。高校生的にいえば、中国型が今後も高度資本主義を「おさらい」するのと同様に、日本型は、ブルジョア革命、日本国憲法の完全実施の「おさらい」をする必要があるのかという問題となる。これが米中戦争の代理戦争となるのかも知れない第二次日中戦争による数十万の青年の犠牲という仮定後に出てくる、連合政権による「日本国憲法を権力に生かす」新しい重要な私の問題提起である。

三　「日本国憲法を権力に生かす」時代の創造について

日本の問題は、天皇制の「包摂作用」として『熟成期天皇制論』（三省堂、一九九三年）などにまとめてあることは学会にも知られている。自民党など保守党が、ブルジョア革命の完全実施を行うならば、私も理論的にも協力することにやぶさかではない。今日の逆の状況においては、連合政権下の革新政党による「日本国憲法を権力に生かす」、平和憲法の完全実施の可能性も仮説化しておかねばならない。

アジア新時代における日本国憲法の位置づけについては、私のテキスト『日本憲法科学』（敬文堂、一九八九年）において既に一九八〇年代までにまとめている。私はブルジョア憲法学者として、日本における未完のブルジョア革命、日本型精神的自由権の病理について指摘している。私はなりあがりのブルジョアではない。幕藩体制以来のブルジョア階級として、テキストにおいては、精神的自由権を中核として理論構成をしている。今日の貧乏研究者としての老後でも、「エートス」を失ってはいない。

私のテキスト『日本憲法科学』では、精神的自由権の重要な基礎としての「内心の自由」を第一節にのべている。そこでは高野達男氏の三菱樹脂本採用拒否事件を最高裁判例としてとりあげている。そこでは最高裁も、日本の一流法学者も、高野氏の共産主義的反企業思想を有するものとしての採用拒否として、企業の自由を認めている。しかし、私は東北大学教養部講師時代の教え子としての高野氏をよく知っており、資本主義企業の幹部となろうとしている高野氏を、単なる生協理事であったなどの外形から、「アカ」であるとの内心の推定を行っていたのである。資本主義企業の中核による「内心の推定」、アカシャツを着ているからアカであるとする行為は、資本主義を根本から破壊する「危険思想」であることを、高野支持の労働団体側すら気づいていない、日本におけるブルジョア革命の根本の欠落を示す一例である。

さらに、今日の日の丸、君が代の斉唱を教員に強制し、卒業式において、暴力による妨害とは全く異なる、静かな沈黙を、クチの動きまで監視し、これを処分するなどは、ブルジョア思想の根本である「沈黙の自由」を破壊する権力側の行為であり、判例のはるか以前の古代奴隷制社会を思わせるものとして唖然とする。

日本社会におけるブルジョア革命の欠落は人権論のみならず、国家機構論関連の判例においても多数存在する。

保守党、資本主義権力側が「日本国憲法を権力に生かす」ブルジョア革命の基本を実現する能力がなければ、連合政権の側にそれを期待することになろう。

私の「新過渡期理論」から見ても、ブルジョア的人権思想、資本主義文化の価値の「問題の継承」を、革新政党による連合政権に認めるものである。学生大衆がそれを「ブルジョア革命」の欠落をおぎなう「おさらい」と考えても、問題をわかりやすくする便法となる。資本主義的市場経済のなかに社会主義部門をつくり出す、革新連合政権の課題といえよう。

全国憲法研究会の今後の五〇年後に至るまで、近代立憲主義の研究者は、平和憲法の研究をためらうことなく充実発展させうるのである。日本社会への近代精神土着の問題は、日本型社会主義にも継承されうる。二二世紀にも及ぶアジアルネッサンスは、価値ある資本主義文化の「和平演変」による「逆包摂」により完成されるであろう。

日本の場合は天皇制文化も、今日の天皇制が「戦争のできる国」に政治的に利用されることがなければ、将来の国民的総意によって保存も可能であろう。社会主義と天皇制は日本型においては全く矛盾するものとはならない可能性もある。社会主義的天皇制の問題は機会があれば再論しよう。

私のテキストは日本社会の「健全化要因」とともに「自滅化要因」についてものべている。「天皇制」の「戦争のできる国」への政治的利用は日本社会の滅亡要因ともなりうる。私のテキストは、新アジア時代における日本国憲法の位置づけについて、既に一九八〇年代にのべている。それも結論における「マトメ」としてである。第五編「日本憲法科学とアジア・世界文化の創造」、第二章「新『日本学』『現代アジア学』展望試論」としている。日本とアジアにおける人権、民主・平和憲法の展望をのべていた。

私は共産主義者ではないが、「前衛」二〇一四年七月号が不破氏の未来社会論の発掘を全国研究者の交流集会の記念論文として載せていることに注目している。中国・ベトナムとの理論交流をまとめており、アジア新時代の将来展望の参考重要論文である。共産党関係の論文の引用を故意にさけるのも日本社会の「病理」現象であろう。私のアジア時代の「新過渡期理論」と不破氏の主張との問題点は、既に長谷川正安追悼論文（『戦後法学と憲法』所収（日本評論社、二〇一二年））でのべてある。

また、私は右翼の論文であっても、北一輝の水準を超えるものであれば、社会主義天皇制論の参考として研究してみたい。

私は人生の出発点において、帝国陸軍の野蛮性を批判して「斉東の野人」と呼び、「ブルータスはいないのか」と結んだ。現在、「日本型ファシズム」は既に進行しているが、「日本国平和憲法を権力に生かす」試論を提示して、私の貧しい研究者としての人生を終えたい。本論は「全国憲」への「ゆいごん」の一部にすぎない。

（二〇一四年八月一五日）

（1）　私の「日本国平和憲法を権力に生かす」連合政権への五〇年後の未来展望の仮説については、私自身異論を出し、現実に適した運動論を出すことは可能であるし、またそれは現役の護憲運動家によっても一般的に行われている。米中戦争の代理戦争としての第二次日中戦争による、アメリカ、日本の滅亡をさけ、壮大なアジアの時代をつくる現実の護憲運動は、私自身、小金井市の住民運動の会で、実証的検討をふまえて一〇〇回以上の講演会を行ってきた。

私は第二次世界大戦当時の軍部の米英文化排撃と、英語教育の禁止の時代を痛烈に批判してきた。今日はアジア中国文化、中国語学習運動を行い、亡国から日本を救いたいと考えてきた。アジアの時代の私の独自の「新過渡期理論」は、前記長谷川追悼論文で出してある。天皇機関説事件、件と同様の反動期が始まる。真の愛国、憲法学者とは何か！ 「全国憲」の五〇年後の発展を切望する。本論は、故郷東北のゆかりの高野長英の「ひそみにならった」平成「ゆめものがたり」でもある。

第三章

主権と民主主義——憲法理論の課題と展望

イギリス憲法学における政治的憲法論の行方
——日本憲法学における人民主権論の行方——

名古屋大学教授
愛　敬　浩　二

一　本稿の課題

二〇一〇年五月八日、ロンドン大学政治経済学部（以下、「ＬＳＥ」と略す）名誉教授のＪ・Ａ・Ｇ・グリフィスが死去した。享年九一歳。ベンサム主義の影響下で発展したＬＳＥ公法学（H. J. Laski, W. A. Robson, W. I. Jennings）の忠実な——そして最後の？——継承者の一人であった(1)。サッチャー政権成立「前夜」にＬＳＥ公法学の神髄を明快に論ずる論文を公刊した点においても、前述の評価に値する人物であったといえよう(2)。グリフィスの死を契機として、管見に属する限りでも、*Public Law* と *German Law Journal* の二誌が「政治的憲法論」の特集を組んでいる。前者は主に

LSE系のイギリス公法学の「重鎮」を揃えて、グリフィス学説を検証するものとなっているが(3)、本稿が注目したいのは、政治的憲法論の意義を多角的に検討した後者である。同特集には、政治的憲法論の論客であるアダム・トムキンスやキース・ユーイングも寄稿している（以下、彼らの論文を「GLJ論文」と略す。引用の際はカッコ内に該当頁を示す）(4)。

ところで、私はこれまで、「憲法改革」後のイギリス憲法学の動向を紹介・検討してきた(5)。その際の私の問題関心は、「民主主義憲法学の『準拠国・準拠理論』を模索するためではなく、『例外国』の憲法理論を紹介・検討することで、日本憲法学における民主主義論の地平を僅かなりとも広げる」ことにあった(6)。そこで本稿では、「イギリス憲法学における政治的憲法論の行方」と「日本憲法学における人民主権論の行方」を交差させることで、私の問題意識を僅かなりとも明確化することに取り組みたい。

二　政治的憲法論の転回——トムキンス

トムキンスによれば、①政府責任の追及を政治制度（＝国会）に求めるのが「政治的憲法」、②政府の責任を追及する主要な手段を法と裁判所に求めるのが「法的憲法」である(7)。そして、①をイギリス憲法の本質として理解し、それを理論的に擁護するのが「政治的憲法論」であるが、ここで強調しておきたいのは、従来の政治的憲法論は政治的憲法を規範的に正当化するのではなく、規範論を拒否することで自らの立場を正当化した点である。「イギリス憲法は起こったこと以外の何物でもない」と喝破したグリフィスの議論がその好例である[8]。そのため、日本でも政治的憲法論は、「規範主義＝裁判所重視＝司法的憲法観」に対抗する理論として、「機能主義」と呼ばれてきた[9]。

トムキンスは「憲法改革」の当初、法的憲法（＝リベラルな立憲主義）への転換を明快に批判し、政治的憲法を熱心に擁護していた[10]。しかし、ＧＬＪ論文の末尾でトムキンスは、「（本稿で）私は、憲法の政治的要素と法的要素は混合できるし、そうすべきと論じてきた。私は政治的憲法に戻りたいとは思わない」と断言している（p. 2292. カッコ内の補足は引用者）。そこで本節では、トムキンスの「転回（転向？）」の内容とその理由を探ってみたい[11]。

トムキンスによれば、政治的憲法と法的憲法はしばしば対抗関係にあるものとして描かれるがそれは誤りであり、イギリス憲法は政治的憲法と法的憲法の両方の要素から成る「混合憲法」である。そして、政治的憲法論者は従来、司法積極主義を論難するばかりで、政治的憲法の下での裁判所の役割について十分に考えてこなかったと批判する一方、法的憲法論者が国会の役割を分析せずに憲法を論じていることを批判する（pp. 2275-76, 2280）[12]。ここで注目したいのは、改善された権利章典を制定せずに、一九九八年人権法を廃止することは、政治的憲法論の立場から見ても、破壊的で愚かな選択であると彼が明言していることである（p. 2282）。なぜなら、トムキンスを含めて政治的憲法論者の多くは、権利章典の導入に対して懐疑的だったからである。

トムキンスの「転回」を容易にした事情として、以下の三点を挙げておきたい。

第一に、政治的憲法の理解の仕方である。トムキンスは、政治的憲法と法的憲法の根本的対立点は、政府責任を追及する制度・手段の選択であると考える（p. 2275, n. 1）。そして、自分を含めて政治的憲法論者の多くは自覚的な人権派であることを強調する[13]。すなわち、トムキンスの政治的憲法は、「被治者＝選挙民」の権限強化よりも、政府に対する制約の源泉としての性格が強い[14]。

第二に、一九九八年人権法の制度設計である。同法は裁判所に国会制定法を違憲無効とする権限を与えておらず、制定法の「合憲性」に関する最終的判断権は国会に留保されている。そのため、「国会主権は維持された」と論ずることは容易である。また、国会に置かれた人権合同委員会が積極的な役割を果たしており、「国会中心の人権保障」という議論をしやすい環境にもある（pp. 2289-2290）。

第三に、国会の保守化と司法のリベラル化という憲法状況の変化である。コナー・ギアティは、ニュー・レイバーから社会主義の要素は洗い流され、平等主義的・進歩的政策を強力に推進する可能性はほとんどなくなったので、裁判所がその保守的な本性を現す機会も失われたとのシニカルな見方を示している[15]。トムキンスも類似の認識を示している（pp. 2290-2292）[16]。

立憲民主政を採用する国の憲法が、政治的憲法と法的憲法の混合物であることは当然であるし、先進工業国の大半においてどんな政党が政権に就こうと、国の政策には富者の利益になるよう一定の圧力が継続的にかけられる「ポスト・デモクラシー」という歴史的条件の下で[17]、規範主義を決然と拒否する政治的憲法論（グリフィス）を堅持することも難しいであろう。とはいえ、トムキンスの「転回」は、政治的憲法論の「魅力」を失わせる結果になりはしないか。次節では、この問題を考えたい。

三　政治的憲法のための苦闘——ユーイング

政治的憲法論の「苦境」の表れなのか、ユーイングのＧＬＪ論文が取り上げる論点は多岐に渡るので、同論文の紹介は諦め、彼の学説を理解するための素材として利用する。

まず確認したいのは、ユーイングの政治的憲法の理解が、グリフィス＝トムキンスとは若干異なる点である。ユーイングは、市民の政治的平等や責任政府の原理を受け入れた憲法を「リベラル憲法」と呼び、政治的憲法と法的憲法はリベラル憲法の細分類であるとする。ただし、すべての憲法は起源と運用の両面において政治的なものであり、法的憲法も広い意味では「政治的憲法」であること、すなわち、政治闘争から超然としたものではありえないことをユーイングは強調する（pp. 2111-13, 2135）(18)。

以上のとおり、第一の相違点は、原理論のレベルで政治的憲法と法的憲法の相違を相対化することで、①法的憲法も政治的である一方、②政治的憲法は必ずしも左翼の専有物ではない、と主張する点にある。後述するとおり、この相違点は、ユーイングが政治的憲法論の「転回」を拒否する理論的基礎にもなっている。

ユーイングは、近年有力化しつつある「ソフトな都会型左翼」の論法をこう要約する。政治環境の劇的変化により、かつては左翼的価値を体現していた政治的憲法は、左翼にとって耐えがたいものとなった。新自由主義の覇権の下で社会主義的理想が失われた以上、リベラルな陣営と共同しうる大義をもつ必要がある。そこで彼らは、新しい憲法の枠組みの構築、一九九八年人権法のような政府権力を統制するシステムの導入、そして、裁判官による個人の自由の救済等を提唱するのだ、と（p. 2124）。ただし、ユーイングによれば、彼らの論拠は脆弱である。

ユーイングは次のように批判する。①政治的憲法は政治的に中立的な概念であり、左翼の専有物ではない。②新自由主義の覇権の下で権利章典等が制定されれば、そこに埋め込まれるのは彼らの価値であり、それも大陸ヨーロッパの社会民主主義の伝統によって汚染されていない価値である。③イギリスの裁判官は人権保障について保守的であり、だからこそ保守党は、人権問題をなるべくヨーロッパ人権裁判所ではなく、イギリス最高裁で解決しようとするのである（pp. 2124-27, 2131）。「ソフトな都会型左翼」の提案を拒否する理由の多くが、政治的憲法に関するユーイングの定義・理解に基づいていることを確認しておこう。

第二の相違点は、グリフィス＝トムキンスが主に責任政府の価値に訴えて政治的憲法を擁護したのに対して、ユーイングは、政治的憲法は責任政府の価値だけではなく、「政治闘争の究極の場としての代表的で主権的な立法府」への選好を含むべきと論じている点である（p. 2120）。政治的憲法への選好を実効的な政府責任の追及という観点から正当化する場合、憲法状況の変化によって混合憲法へ（→トムキンス）、さらには法的憲法へと移行するのは自然である。他方、「代表的で主権的な立法府」への選好を付加すると、そのような移行は困難になるが、（憲法状況の変化に抗して）その選好を規範的に正当化する必要が生ずる。

ユーイングはかつて、イギリス憲法の価値はその相対的な中立性にあり、法的主権者たる立法府と政治的主権者たる選挙民に対する制度的抑制がないという点において、イギリス憲法は社会改革を望む者にとって最良の手段を提供すると述べていた(19)。しかし、GLJ論文では、政治的憲法はリベラルな価値に基づいているが、その他の諸価値を実現する柔軟性をもっているので、左翼にとって魅力的だったという「客観的説明」に止めている（p. 2135)。ユーイングも労働党の保守化を否定できず、政治的憲法を通じた民主主義的社会主義の実現という展望を語ることが難しくなったからであろう。

そこでユーイングが提案するのは、ヨーロッパ社会憲章の国内法化である(20)。その提案の背景には次の考慮がある。第一に、世界的・国内的な格差社会化という伝染病に対して免疫力をもつ国家はほとんどないとはいえ、英・豪・米と異なり、社会民主主義の伝統をもつ大陸ヨーロッパ諸国は一定の抵抗力を示している(21)。第二に、財産権保障を中心とするコモン・ロー伝統の下での裁判所は、労働者の権利等の社会経済的権利に対して敵対的であり、社会経済的権利と財産権を比較衡量する際、後者を優先しがちである(22)。ユーイングが期待するのは、ヨーロッパ社会憲章の編入によるコモン・ローの「社会法化 socialization」である。

ユーイングは社会経済的権利の保障は本来、通常の立法でも可能なはずだが、現在の憲法政治の下ではそれが難しくなっているので、「潮の流れに合わせて泳ぎ」、社会経済的権利を権利章典化して、憲法のバランスを再調整すべきと論じている[23]。一九八八年の論文では、組織労働者にとっての救済は、総選挙で労働組合に同情的な政府を組織することと、完全雇用を可能とする経済成長であると論じていたから、ユーイングの議論の「転回（転向？）」を論ずることは容易である[24]。それにもかかわらず、労働者を中心とする社会的多数者の自由・権利の保障を、政治的に平等な市民の自己統治を通じて実現すべきというメッセージに大きな変化はない。

私にとってのユーイング学説の魅力は、彼の学識の豊かさや思考の柔軟性ではなく、彼のメッセージの明快さと頑なさにある。

四　人民主権論の行方——結びに代えて

一九七〇年日本公法学会での杉原泰雄と樋口陽一の論争を起点とする「七〇年代主権論争」は、戦後日本の憲法学において格別な重要性をもつ論争であったといえよう。ところで、杉原人民主権論の継承者である辻村みよ子は、この論争を次のように総括している。

「この点でも、解釈論の帰結としての『人民主権』（P主権）論の主張によって戦後憲法政治の民主化を志向した杉原説の意図……は、主権論の意義に懐疑的な樋口説を論争相手にしたことで、その成果を半減させることになったといえよう。また、両説の『大きな相違』に対する疑問を顕わにした芦部説（次項にみる『折衷説』）が通説となることで、七〇年代主権論争自体の意義もまた、ある意味では『消去』されてしまったといっても過言ではない」（傍点による強調は引用者のもの）(25)。

「多者たる市民を主題に主権論を語って怪しまない市民主権論の文法は、要求される最低限度の論理性を欠いている」とする石川健治の批判に対しても、辻村は憲法解釈論のレベルで応答しており、辻村の市民主権論の「主戦場」が憲法解釈論にあることがわかる(26)。ところで、「グローバル資本主義が猛威をふるい、世界大の著しい格差と国内の格差社会化が二重写しになった現在」、民主主義憲法学の「鍛え直し」は、日本においても真剣に取り組むべき課題となっている(27)。七〇年代主権論争については樋口説を支持するにもかかわらず、私がトムキンスの「転回」を消極的に評価し、ユーイングの「苦闘」に注目するのもそのためである。

七〇年代主権論争に戻るならば、主権をめぐる議論の対立にもかかわらず、杉原と樋口がそれぞれの観点からフランスの「左翼共同政府綱領」（一九七二年）を積極的に評価していた点に改めて注目したい(28)。杉原が現在も、同様の課題に取り組んでいることは周知のとおりである(29)。ここで指摘しておきたいのは、このような問題意識の下で分析すると、「水と油の関係」であってもおかしくない樋口の立憲主義論とＬＳＥ公法学の批判的継承者の議論（Martin Loughlin の Public Law 論）との間に、一定の共通性を論ずることができる点である。紙幅の都合上、その論証は別稿に委ねるが(30)、人民主権論を憲法解釈論のレベルで洗練していくことが、このような問題を主権論争から遠ざける結果にならないかと心配している。民主主義憲法学を再構築する上で、人民主権論とそれをめぐる論争は貴重な学問的遺産だからである。

(1) Martin Loughlin, "Modernism in British Public Law, 1919-79" [2014] Public Law 56.

(2) J. A. G. Griffith, "The Political Constitution" 42 Modern Law Review 1 (1979). 論文の公刊は一九七九年一月。同年五月にサッチャー政権が発足した。

(3) [2014] Public Law, January. 同特集には、Carol Harlow, Richard Rawlings, Martin Lougjlin, Thomas Poole, John McEldowney 等が寄稿している。

(4) Adam Tomkins, "What's Left of the Political Constitution" 14 German Law Journal 2275 (2014); K. D. Ewing, "The Resilience of the Political Constitution" 14 German Law Journal 2111 (2014). 両者の従来の議論について、愛敬浩二『立憲主義の復権と憲法理論』(日本評論社、二〇一二年)六一－六五頁を参照。

(5) 愛敬浩二「政治的憲法論の歴史的条件」樋口陽一ほか編『国家と自由・再論』(日本評論社、二〇一二年)所収及び同論文六五頁の注(2)で挙げた拙稿を参照。

(6) 愛敬・前掲注(5)八四頁。なお、イギリス憲法学説の動向を研究する意義について、同論文の六五－六七頁を参照。

(7) Adam Tomkins, *Public Law*, Oxford University Press, 2003 (pp. 18-19).

(8) Griffith, *supra* note 2, p. 19. グリフィス論文の概要とその意義については、愛敬・前掲注(5)七四－七八頁を参照。

(9) 元山健「英国における憲法理論の二つの潮流」比較憲法史研究会編『憲法の歴史と比較』(日本評論社、一九九八年)八一頁以下を参照。

(10) Adam Tomkins, "Of Constitutional Spectres" [1999] Public Law 525; Tomkins, "In Defence of

the Political Constitution" 22 Oxford Journal of Legal Studies 157 (2002).

(11) 特集の企画責任者もトムキンスの「転回」を重視し、機能主義的な「政治的憲法」から規範主義的な「政治的立憲主義 political constitutionalism」への展開に注目する。Marco Goldoni & Christopher McCorkindale, "A Note from the Editors : The State of the Political Constitution" 14 German Law Journal 2103 (2104).

(12) 関連して参照、Adam Tomkins, "The Role of the Courts in the Political Constitution" 60 University of Toronto Law Journal 1 (2010).

(13) *Ibid.*, pp. 2-3.

(14) ユーイングはグリフィスについて同様の指摘をしている（p. 2115）。

(15) Conor Gearty, "Beyond the Human Rights" in *The Legal Protection of Human Rights : Sceptical Essays*, eds. by T. Campbell *et al.* Oxford University Press, 2011, p. 473.

(16) ユーイングも同じ認識である（p. 2113）。

(17) コリン・クラウチ〔近藤隆文訳〕『ポスト・デモクラシー』（青灯社、二〇〇七年）一頁。

(18) ユーイングによれば、一九世紀型のコモン・ローによる統治（the Victorian constitution）を「the Liberal constitution」に転換させたのが男子普通選挙制度である。K. D. Ewing, "The Politics of the British Constitution" [2000] Public Law 408. ユーイングのリベラル憲法の理解については、愛敬・前掲注（4）六二－六三頁を参照。

(19) K. D. Ewing, "The Unbalanced Constitution" in *Sceptical Essays on Human Rights*, eds. by T. Campbell, *et al.*, Oxford University Press, 2001, p. 104.

(20) K. D. Ewing, "The Case for Social Rights" in *Protecting Human Rights*, eds. by T. Campbell *et al.*, Oxford University Press, 2003, pp. 334-337.

(21) *Ibid*., p. 327.
(22) *Ibid*., p. 334 ; K. D. Ewing, "Economic Rights" in *The Oxford Handbook of Comparative Constitutional Law*, eds. by M. Rosenfeld & A. Sajó, Oxford University Press, 2012, pp. 1036-39, 1049.
(23) Ewing, *supra* note 20, p. 337.
(24) K. D. Ewing, "Trade Unions and the Constitution" in *Waiving the Rules : The Constitution under Thatcherism*, eds. by C. Graham & T. Prosser, Open University Press, 1988, p. 152.
(25) 辻村みよ子「国民主権――国民主権論の『停滞』は必然か」辻村みよ子・長谷部恭男編『憲法理論の再創造』（日本評論社、二〇一一年）一一四－一一五頁。
(26) 辻村みよ子「戦後憲政史における主権・代表制・選挙権論」憲法理論研究会編『憲法と時代』（敬文堂、二〇一四年）六二－六三頁。石川の批判は、同著「憲法学における一者と多者」公法研究六五号（二〇〇三年）一三九頁を参照。
(27) 本秀紀『政治的公共圏の憲法理論』（日本評論社、二〇一二年）一－二頁。
(28) 杉原泰雄『人民主権の史的展開』（岩波書店、一九七八年）四三五－四三七頁、樋口陽一『比較のなかの日本国憲法』（岩波新書、一九七九年）六三－六五頁。
(29) 杉原泰雄『憲法と資本主義』（勁草書房、二〇〇八年）、『憲法と資本主義の現在』（勁草書房、二〇一〇年）。
(30) 愛敬浩二「通常法と根本法」『岩波講座　現代法の動態1　法の生成／創設』（岩波書店、二〇一四年）六一－六三頁。

象徴・代表・機関

東京大学教授
石川健治

序　憲法第三条

A：「われわれ、実証主義的な法学者としてはもともと、神聖とか神格化という表現は、たんなる形容詞としか考えないですからね」

B：「不審というか、矛盾を感じましたね。天皇は現人神だから天皇なのであって、天皇が人間になったらこれはもう天皇ではなくなるわけですから」

これらの文章は、一九四六年元旦、昭和天皇の詔書（いわゆる人間宣言）に接した折の心境を、二人の憲法学者が回顧して述べたものである(1)。Aが宮沢俊義、Bが清宮四郎。戦後日本の憲法解釈におけるスタンダードを形成した両雄であり、それを裏からいえば、半世紀の昔、全国憲法研究会に結集した戦後派憲法学者たちが対抗しようとした、旧世代の憲法学の代表格にほかならない。

当時、憲法問題調査委員会（いわゆる松本委員会）のメンバーとして、憲法改正に取り組んでいた二人の念頭には、天皇神格化の根拠条文と目されていた帝国憲法第三条があった(2)。彼らが「根本規範」と捉えていた旧第一条（「大日本帝国ハ万世一系ノ天皇之ヲ統治ス」）の改正が、国体の変更をめぐる論争点であったとすれば、旧第三条（「天皇ハ神聖ニシテ侵スヘカラス」）の解釈は、現三条（「天皇の国事に関するすべての行為には、内閣の助言と承認を必要とし、内閣が、その責任を負ふ。」）を介して、天皇の公的行為の性質決定を左右する(3)。それゆえ、AとBの反応の相違は、当該論点に直接投影される。

宮沢は、「天皇の法律的性格」を「国の象徴たる役割をもつ国家機関」に限定して論ずる一方、新憲法下では、「天皇の地位にある人」にも、私人として、神道以外の信仰をもつ自由が保障されている、と説いた(4)。これに対して、そうした「国家機関としての地位」「私人としての地位」に先行する地位として、天皇には「象徴としての地位」があることを指摘したのが、周知の通り清宮である。

彼の理解によれば、天皇は、国事行為を行う公務員（新九九条）としての公務就任資格を、憲法上保有する人間である、というだけではない。それ以前に、そもそも「象徴」たり得るからこそ、天皇として在るわけである。そして、「象徴としての地位」に対応する行為（「象徴としての行為」）は、国事行為や私的行為とは別系統の、第三の行為類型としてカテゴライズされた（公的行為あるいは象徴行為）。

この点、宮沢は、「憲法のみとめない天皇の行為の種類を新たにみとめることは、憲法の定める天皇の非政治化の要請に反しよう」と、批判した(5)。しかし、これまた周知の通り、清宮においては、「象徴としての行為」は、現三条に基づく「内閣の助言と承認」を要求することと引き換えに、旧三条時代と同様に無答責化されている。清宮説は、あくまでコンシステントである（後掲注(45)を参照）。

全国憲法研究会（全国憲）の過去・現在・未来を考えるにあたって、そうした清宮・宮沢ら戦前派の天皇論に対して、戦後第一世代と呼ばれる全国憲創設メンバー、さらには戦後第二世代、第三世代の論者たちが、どのように対抗したのかを検証する作業は、決定的に重要であろう。しかし、紙幅が限られているため、ここでは論点を公的行為（象徴行為）論に絞り、検討対象も、清宮四郎と、針生誠吉・樋口陽一（それぞれ全国憲の代表経験者）との師弟関係に限定する。

というのも、針生が、清宮の助手であった頃を回想して、天皇の「公的行為」論が「解釈論上の論争となったのは、専門家の間では、清宮四郎教授が国会での『おことば』を問題とされてからのことである。それも、われわれにとっては古いことで、恩師清宮教授と大学院の樋口氏（現東北大教授）との演習での論戦は、有意義な思い出深いものであり、それは究極的には、戦前、戦中、戦後の世代の価値判断の問題となった」という、きわめて興味深いエピソードを伝えているからである(6)。本稿筆者への私信のなかでの針生の証言によれば、そのとき清宮は、針生らとの「天皇観の違い」を強調したという(7)。そこには、戦前派と全国憲の間だけでなく、全国憲創設メンバーとその次の世代の間に横たわる、世界認識の断層が露頭のように顕れている。

一　清宮憲法学・一九三七年

戦前、京城帝国大学（以下、城大）で活躍した清宮は、名著『会計法』（日本評論社、一九三六年）は別格として、講義案や体系書を公刊しなかった。そのため、天皇論の右往左往が記録に残っている宮沢とは異なり(8)、当時の清宮が憲法第一章をどのように解釈していたかを、知ることは難しい。ただ、近年になって、城大法文学部に在学した最優秀の学生（李恒寧）の筆記にかかる、一九三七年の講義ノートが発見され(9)、清宮が天皇機関説事件の衝撃をいかにして乗り切ろうとしたのかが、明らかになってきている。

それまで教科書にしてきた美濃部達吉『憲法撮要』は、発禁でもう使えない(10)。そこで清宮は、「緒論」で理論家としての意地をみせた後、帝国憲法第一章の天皇条項すべてを、逐条解釈で正面突破する「総論」を展開した（実際には、二二条まで進むことで、「臣民権利義務」の概説も果たしている)。

その理由を、「七章七十六条から成り、世界で稀な簡潔なものなり。但し内容は実質的意義の憲法の主要部分を殆んど網羅し、従って逐条によっても実質的な憲法の大要を知ることが出来る。而して、君主主義の色彩が強いと同時に、立憲主義・理想もかなりに取入れ、立憲的意義の憲法でもある」と書き取らせた上で、次のような板書解説を加えた。

「立憲主義　専制制・君主制に対するもの（本来意義）

この両者の妥協されたもの

立憲政治の特徴

1）民主主義（積極的方面）

国民参政

国民自治

制度：直接民主制

代議制

2）法治主義（消極的方面）

原則として国家は人民の自由に干渉せず。するには法によってする。

その法は国民の参与によって定められる。

制度：権力分立制
裁判所の独立

3）責任主義

国の政治に対して責任を負う。君主の行動について国務大臣が責任を負う。

立憲主義は十九世紀に全世界を支配するに至りしが、二十世紀に至れば、その行き過ぎたることより立憲主義を破壊するに至った。

最初に Russia　共産主義
Italy　Facism
Germany　Natism
Japan
（実際上立憲主義が破壊されつつある）
England では中庸をかなり保っている」

帝国憲法には少なからぬ不満があるが、そのなかに「かなり取入れられた立憲主義・理想」に鑑み、むしろ明治大帝の欽定にかかる憲法条文を武器にして、「実際上立憲主義が破壊されつつある」帝国日本の現状に抵抗しようという意図があろう。

二　尊厳と身分

清宮は、旧憲法三条を、次のように説明した。
「基本的統治権の主体及び派生的統治権の総攬者たる天皇は『天縦惟神至聖ニシテ臣民群類ノ表ニ在リ欽仰スヘクシテ干犯スヘカラ』ざる尊厳の地位にあらせられ、夫れ故に国法上一切の責任を問われぬことをいう。」

基本的統治権と派生的統治権とは、帝国国制の構造分析にあたって、清宮がオリジナルに開発した概念である。第一条註釈の附論によれば、前者は、国家における最基本的な権力、すなわち憲法を制定創設する権力のこと、後者は、基本的統治権から派生した権力、すなわち憲法により創設せられた権力のこと、というのが三七年段階の説明である(11)。また『天縦惟神至聖ニシテ……』云々は、伊藤博文『憲法義解』が三条について施した解説の一節である。

基本的統治権の所在を定める法規範が「根本規範」であり、旧憲法一条がそれにあたる。やはり前述の附論によれば、「之は、一般的国家法規範・強制規範そのものではないが、一般的国法従って憲法の上位段階の規範として或いは夫らの基礎として存する実定法規範で、一般的国法の通用を根拠づけ創設の淵源となり統一の中心となり、憲法従って一般の国法が夫から派生するものである」とされている。李恒寧は、この「実定法規範」の個所に赤鉛筆で下線を引いている(12)。清宮独自の根本規範論の形成史において重要な証拠になっているが、立ち入らない。

この文脈で、清宮は、恩師美濃部が度外視した「国体」に、あえて言及した。第一条附論では、政体は「派生的統治権行使の仕方（範囲・態様・限界）に関するもの」であるのに対して、基本的統治権が何人に属するかが「国体」の問題である、とした。そして、板書解説では、国体＝統治権の主体による区別とする説（穂積・上杉・佐藤）、国体＝統治権の総攬者による区別――「国家法人説、主体は国家となす」――とする説（市村、佐々木、大刑判昭四年五月三日）、国体は之を認めず――国家法人説、統治権の主体は皆国家なり――とする説（美濃部）の三説を解説しているから(13)、基本的統治権の帰属主体を問題にしている限りでは、文部省思想局お墨付きの、穂積・上杉・佐藤説を採ったかのようにみえたかもしれない。

しかし、渦中の「国体」を清宮流儀の根本規範論によって「明徴」した結果、天皇の基本的統治権は、かえって主権性を奪われ、憲法一条による授権なしには成立しなくなる。「国体」論と称するところのものも、実は君主国か共和国かというオーソドックスな「国家形態」論（黒板にはStaatsformというドイツ語も併記された）に過ぎず、その結果として判明したのは、帝国日本は「純粋の君主国である」という、画期的に珍しい結論である。あわせて、「君主制は、事実上は歴史的成果として形成せられ、そこに於ては通常、君主に広範の権限と特別の尊厳を与えられている」との指摘がなされる。

こうした布石を踏まえて、旧三条の「神聖不可侵」とは、君主制に通有の歴史的成果としての、「特別の尊厳」を意味するに過ぎない、と解説したのであった。それゆえ、本条の原則から生ずる帰結は、「イ　政治上の行為について責任がない」「ロ　刑事法上の責任もない」の三点に尽きる（註釈ではそれぞれ簡単な説明を加えているが省略する）。板書解説では、そうした解釈が「通説」「常識」であることが強調され、heilig / unverletzbar / King can do no wrong. との走り書きが[14]、「国体明徴」の時流に抗して、西欧憲法史の普遍的文脈への注意喚起が行われたことを伝えている。

こうした身分的構成は戦後にも引き継がれた。清宮は、戦後憲法下の日本社会が、帝国的身分編制を「天皇・皇族および一般国民という三種の身分上の種別」に再編してできた、新しい身分制社会であることを見透している[15]。日本国憲法は、一般国民にも「尊厳」を認める一方で、天皇の「象徴としての地位」や制度体としての皇族を、特別に保障しているからである。この点、和田英夫——全国憲創設メンバーの一人——が、清宮・佐藤ジュニアの『憲法講座』から「基本的人権と身分」という項目を割り当てられ、明らかに編者の意図をはかりかねているのは、世代間の認識ギャップを如実に示していて興味深い[16]。

かくして、旧憲法三条における天皇の「特別の尊厳」は、戦後の「象徴としての地位」に受け継がれた。ただし、前述の板書解説で刮目すべきは、天皇の地位を、「統治権の主体としての天皇（天皇の国務上／憲法上の大権）一条、四条——国民（公法上）」、「自然人としての天皇（天皇の特権）三条——人民（私法）」、「皇室の首長としての天皇（天皇の典範上の大権）——戸主（親族法）」という、三つの次元から論じられている点である。それは、「尊厳（dignitas）」が顕職・公職の地位にある者のみ認められた特権的表象であることを知っている論者が[17]、しかし、もっぱら「自然人としての天皇」が有する身分的特権としてのみ「尊厳」に言及したことを示している。

　このように一九三七年の清宮は、叙上のＢにみられた現人神天皇論から、なお距離があったわけである。

三　Otaka-Problemと和辻哲郎

　そんな清宮をＢの立場に導く布石となったのは、アルフレート・シュッツとともに現象学的社会学を除幕して帰国した、尾高朝雄の言説である。彼にとって「社会」とは、多様な個別「社会」を総称するために、唯名論（Nominalismus）的に与えられた観念ではない。「社会的なるもの」の普遍的カテゴリーが先行して成立していなくては、個別「社会」の「設計図」を描くこともできない。尾高は、人間的社会の認識メカニズムを明らかにするために、そうした「意味的全体」としての「社会一般」の位置を、客観性の次元で確保しようとした。

　これは、中世の普遍論争でいえば、或る種の実念論（Realismus）に相当する立場であるが、尾高はそれを、フッサールの現象学に依拠して、確証することを試みた。はじめから主観のみ・客観のみの牙城にも立てこもることなく、客観の意味を明らかにするために主観にいったん立ち戻り、主観の共同構成作用によって客観が成立することを同一の意識面で確かめた上で、今度は客観の実在を基礎づけようとするのである。この方法により、尾高は、「意味的全体」の客観的実在性――へーゲルに倣って「客観的精神」と呼ばれた――に肉薄しようとした。

　ウィーンのユダヤ人知識人を中心に、同好の士は陸続と集まってきていた。カフェで深夜まで議論した親友たちは、「社会一般」の実在問題をOtaka-Problemと呼び、尾高の帰国後も、折にふれて話題にした。近年、フェリックス・カウフマン、エーリヒ・フェーゲリンら、シュッツを取り巻く知識人たちの日記・書簡類が発掘されるようになって、はじめてわかってきたことである。

　城大に赴任して以降の尾高は、正義論や国家論を彼の社会認識の枠組のなかで考察することで新境地を拓こうとした。たとえば、一九三五年一一月、城大に発足した「国家研究会」[18]で、彼は「国家一般の実在」と題する研究発表を行った。空の交通機関として「一個の航空機」が発明製作されたとき、それとともに、同様の構造の下に同様の機能を発揮する「航空機一般」が存在するに至った。それと同じく、歴史上の国家の発達は、「個別国家」の発達であったと同時に「国家制度一般」の発達でもあったといえる。一般国家学は、そうした実在としての「国家制度一般」を対象とする科学として、成立可能だというのが、彼の結論である。

　これには、政治学の戸沢鉄彦・憲法学の清宮四郎・商法学の西原寛一らが次々に質問し、「熱烈真摯な討論が行われた」[19]。書記者・鵜飼が伝えるところでは、「個別国家の成立と共に、国家一般が存在するに至るものとすれば、それは zeitlich なものとなってしまいはしないか」という問題が提起されたが、これは法の時間性（Zeitlichkeit）に取り組んでいた清宮の発言とみて間違いない。翌年に上梓された『国家構造論』の叙述にも反映された[20]。

尾高は、この『国家構造論』を近刊の『法哲学』とともに、姻戚関係にある哲学者・和辻哲郎に贈っている(21)。和辻は、近著『風土』の執筆に際して、スウェーデン・ウプサラ大学の地政学者チェーレンの著作を精読しており、その叙述を通じてドイツ国家学への入門を果たしていた(22)。そのためか、和辻は、『法哲学』ではなく『国家構造論』に強い関心を示した。

法政大学図書館の和辻文庫には、綿密な、しかも批判的な読書の跡が残されている。たとえば、ヘーゲルの「客観的精神」概念を駆使する二次文献に親しんだ尾高の用語法については、和辻はヘーゲル本人の立場から繰り返し強い違和感と疑問を書き込んでいる。しかし、読み進めるうちに理解が深まってゆく様子もみられる。そして、そのなかで、和辻の戦後天皇論にとって鍵概念となる、「意味的全体性」に遭遇する(23)。

「如何に強大な物理力も、如何に多数の個人意志の合成力も、そのままで国家の実力となるのではない。それ等の素材が国家の実力として活用されるのは、国家の国家たる意味的全体性、国家の団体的単一性に基づく。換言すれば、客観的全体としての国家の意味が先づ存し、個人の意志作用を此の全体に帰属せしめる意味の連関があって、然る後に始めて自然的の物理力や主観的な個人意志力が国家の実力となるのである(24)」(傍線は和辻)。

そして、国家の意味的全体性が実現されるには、それを体現する単一または多数の個人の存在が必要であり、立憲君主制において、「国家的全体を体現すべく意味づけられた事実人」が、君主であることはいうまでもない(25)。果たして日本国憲法が、この役割に限っては、「全国民の代表」(現憲法四三条）たる「多数の個人」ではなく、「象徴」化された天皇という「単一の個人」の方に引き続き期待をかける、という選択をしたのかどうか。それこそが、日本の国体の核心をなす論争点ではないのか。

佐々木惣一の国体変更論との対決において、和辻が頼った武器庫は、実は尾高国家学であった。宮沢俊義とのノモス主権論争において、尾高が和辻の天皇論をリステイトする形になったのも、当然である(26)。

四　清宮憲法学・一九四一年

他方、一九四一年九月には、同じく城大の「法律研究会」で、尾高が「統治権の主体と客体」と題する報告を行っているのが注目される(27)。清宮は、東北帝国大学法文学部に移籍が決まっており、まもなく「京城」を離れることになっていた。

尾高は、美濃部に代表される通説が「主として政治上の意味合いから否認されたため」、学説が「萎縮状態に陥っている」と、清宮の前でずばりと指摘した。「かかる状態は学問的にも国家的にも不健全であり、その理論的解決がなんとか試みられなくてはならぬ」とする尾高の行論を、書記者・祖川武夫は次のように要約する。ドイツ精神科学の文脈からいえば、尾高と同根ともいえる筧克彦の憲法学への(28)、批判的分析が含まれている点は重要である。

第一に、「国家そのものを超個人的生命体とみ、ただちに全体と考えるような全体主義」は、「全体性の構造を捉えていない」。

「対象そのもの」と「対象における全体（部分を含まず部分と相対的に対立する）」は別であり、「国家そのもの」と「国家における全体」とは概念的に区別される必要がある。「部分を部分たらしめる全体」としての「国家における全体」とは、「国家の部分としての個人活動」の変転にもかかわらず「志向」される「理念態」としての、「変わらぬ国家の意味中核」のことであり、それが「国家の自己同一性の基礎をなす」。

第二に、この理念が、実在国家においては、「一定の現実人」によって「体現」されるのであり、「君主」あるいは「国民」が、この理念を体現しているという関係に照らして、それぞれ「統治権の主体」と位置づけられる。これに対して、「国家にはかような不変の相のほかに、変化の相があり」、これを担うものが「統治の客体としての国民」である。

第三に、「国家における全体の体現」は、「君主国家では求心的」、「民主国家では遠心的」である。君主国家の場合は、代々の君主はかわるにせよ、「不動の君位」と「それに体現される理念」は不変である。これに対し、民主国家では、現実の統治には少なくとも「相対的中心が不可欠」である以上、「国民代表」や「多数決の原則」のような「多くの擬制」をもって、「理念の遠心性」を「現実の求心性」にかえることになる。

この尾高の報告後に出された問題提起のなかで目をひくのは、清宮によると思われる、「主権の正当性契機と権力的契機」、「体現と代表」の二つである。前者は、京都帝国大学の黒田覚——この頃、「京城」の尾高を訪ね、清宮とも親しくなった——による独自の「憲法制定権力論」を踏まえているのは、いうまでもない(29)。特に「正当性契機」は、尾高の問題意識を黒田なりに消化した成果であるため、清宮はその点の評価を求めたのであろう。後者については、独文で書評をするために精読した——おそらくは尾高と二人で輪読した——H・J・ヴォルフの『国家法人論』第二巻が(30)、明らかに念頭にある(31)。そこでは、「体現（Verkörperung）」と「代表（Repräsentation）」の関係、そして「代表」と「象徴（Symbol）」の関係について、突っ込んで論じられているからである。

祖川による抄録の筆はここで止まっているが、第四に、帝国日本において、「国家における全体」の「体現」者が天皇であり、そこに日本の立憲君主制の優位性がある、といった類の話題が提供されたのは確実である。

問題は、その場の議論が、そうした『国家構造論』段階の言説でとどまったかどうか、である。同時期に公刊された尾高『国家哲学』では(32)、「国家の要務たる防衛の必要が、現実の戦争にまで進展して行った場合、統一なき国家は敗退し、最後まで求心組織を維持し得る国家が勝利者となる」という情勢認識の下に、「『信仰』の政治」による国民統合の強化が強調され、憲法三条について「合理主義の解釈」が放棄される。

曰く、「大日本が神国であり、天皇が神の御裔として連綿たる皇統を継がせ給うということは、確乎不動の国民信仰である。天皇は、『人格』を以て統治せらるるにあらずして、『神格』を以て統治の大権を総覧し給う『現御神』である。帝国憲法第三条に、『天皇ハ神聖ニシテ侵スヘカラス』

と規定されているのは、此の意味を表している」(33)。

宮沢俊義『憲法略説』にも瓜二つの形で現れるこの見解に、おそらくは清宮も説得された可能性が高い。そのことを示す殆ど唯一の文書は、かねて取り組んできた「時間」論を総括すべく、仙台で執筆された「憲法の時間的通用範域」である(34)。憲法の時間的通用を、形式論理面だけでなく実質面で論ずる文脈で、帝国憲法を「神為の法」「神法」と位置づけ、「君民一体に堅く結ばれた固有の国情」「深遠な精神にもとづく神聖のみわざ」に言及する一九四三年の清宮は、すでに叙上のBの立場にあったわけである。

「京城学派」の尾高と清宮は、国体明徴運動以前に形成した国家認識の枠組で、その後の(朝鮮半島を含む)帝国日本を解釈し、それぞれの仕方で時代を乗り切ってきた。戦後の「革命」的変革において、宮沢は、戦中の言説を弊履の如く捨てて、本来の「実証主義」「合理主義」の立場に戻るという選択をしたが、尾高と清宮は、認識枠組のコンシステンシーを維持することにこだわった。そのもとで導かれる、新しい憲法体制の下で「意味的全体性の体現」の役割は誰に期待されているのか、という憲法解釈上の論点。それを、一条に関する尾高の「ノモス主権」論と、三条に関する清宮の「天皇の公的行為」論に、みてとることができる。

五　現人神と象徴

戦後、突然に憲法上の概念となった「象徴」に対して、論陣を張ることができたのは、それ相応の裏付けのある論者に限られる。たとえば、黒田覚が例外的な切れ味を示せたのは、テオドール・リットの社会理論を下敷きにした、スメントの「象徴」論に親しんでいたからである(35)。そのリットを、当時誰よりも深く読んでいたのが、和辻哲郎である(36)。そして、静態的な構造としての意味的全体性を破壊するスメントのダイナミクスを峻拒しながら、実は彼と最も近いところにいたのは、尾高朝雄であった。尾高を中心に「京城学派」には、「象徴」論の問題意識が醸成されており、若手の鵜飼信成はサーマン・アーノルド『統治の象徴』の愛読者であった(37)。いずれも特色のある天皇論を戦後に展開した(38)。

清宮もまた、かねてハンス・ケルゼンの翻訳を通じて、君主の象徴作用に着目し、国家元首を統治面と象徴面の双方からみる論法に習熟していた(39)。そのうえで、まず彼は、美濃部達吉の許での修業時代から愛読したユリウス・ハチェックを取り出し、その英国王室論を参照したようである(40)。ハチェックは英国王室の機能を、第一に、大英帝国の実力の象徴、第二に、国教会の長、第三に、国内下層階級向けの、実力と支配者権力の象徴、の三点に整理している。しかし、その王室論の際立った特色は、これに続けて、ゲオルク・ジンメルの『貨幣哲学』を参照した点にある(41)。そこでは、文化の発達につれ、貨幣がその「実体」から切り離されて象徴化する、という文脈において、現代の象徴全般が、もはや何らかの実体のそれではなく、社会過程の「関係（函数）」の意味表象であることが、指摘されている。ハチェックの見立てでは、統治象徴としての英国王は（実は内閣ですら）、そのようにして、すでに実体を喪い、機能化・関係化しつつあるというわけである。清宮はこの論旨に大きな関心を寄せている。

けれども、象徴天皇の函数化という図式は、昭和天皇をみた場合、あまりに現実ばなれしていたのであろう、結局のところ、前述のヴォルフ――「機関」「代表」との対比で「象徴」を論じた――を参照軸にして、清宮・象徴論は構成されることになった。ヴォルフは、集団組織により職務権限を授権された「機関」と法的授権関係のない「代表」とを区別したうえで、さらに、代表者と被代表者とのつながりを前提にする「代表」と、それを前提しない「象徴」を区別した。

「象徴」の場合、象徴者と被象徴者の間に、実際には月鼈の差があるから、象徴されるものが何かを知らない人に対しては、そもそも象徴作用が成立しない。しかし、そうした自同性が全くない場合こそ、「代表」でなく「象徴」というに相応しい、とヴォルフはいう。「象徴」は、それを参照することで、被象徴者との意味的な連関を創出する力をもっているのである。フレイザー『金枝篇』やカッシーラー『象徴形式の哲学・第二巻』に言及して、受肉した神としての祭祀王や憑依王を論じたり、古代インドの現人神を中国の皇帝やエジプトのファラオと対比したりする、挙例の面白さにも清宮は注目している(42)。

「意味的全体性の体現」という定式で尾高がいわんとしたことは、これではないか、と清宮が考えたとしても不思議はない。ヴォルフが、代表論や象徴論の文脈で引用されることは一切ないが、直接引用される文献よりも(43)、むしろ種本的な重要性をもっているのであって、これをベースに、恒藤恭や鵜飼信成あたりに目配りをして(44)、「あまりかたよらない見地」の構築をめざしたというのが、実際であろう(45)。

そうした「象徴としての地位」は、かつての「現人神としての御身位」の、受け皿たり得る。佐々木惣一や宮沢俊義に敗れた「天皇＝意味的全体性の体現者」論は、清宮によって受け継がれ、昭和天皇は、「国家機関としての地位」に就く前に、「象徴としての地位」を確保することになった。人間宣言を承けたＢの反応は、一つの解釈論に結実した。

六　認識枠組——次の半世紀へ

このようにみてくれば、冒頭に述べたように、戦後の東北大学の大学院演習で、「天皇観」を異にする清宮・針生・樋口の三世代で、「公的行為」論をめぐる対立が露呈したのは、当然であることがわかる。結論からいえば、二人の弟子は、「象徴としての地位」という包括的地位を設定する師説を、否定した。現人神天皇の受け皿を、拒否したのである。ただし、「公的行為」の可能性については、意見が分かれている。

針生誠吉は、憲法上の「国家機関」として「象徴職」を授権された、という側面においてのみ天皇を捉える、厳格憲法解釈論（「天皇象徴職機関説」）の重要性を説き、宮沢説を支持した(46)。これに対して、樋口陽一は、天皇の行う事実行為が公的な意味をもつこと自体は、否定しきれないという。そこで、憲法七条に限定列挙された国事行為に対応した行為で、なおかつ、それに準ずる実質的な理由がある場合には、かかる行為を「天皇の公的行為」として承認する(47)。

両者を分ける「天皇観」の違いについて、針生は自覚的に理論化を試みている。彼は、少年時代に昭和天皇の象徴作用の直撃を受けた体験を踏まえて、天皇の象徴作用の独自性を「包摂作用」として定式化した[48]。多様な出自・思想をもつ人々を包み込み、それぞれ処（status）を得さしめる作用のおだやかさと、それでも包摂されぬ批判者に対しては、これを孤立化させ、容赦なく窒息させる作用の酷烈さ。一見対照的な二つの作用が、実は天皇制というヤヌスの双面であることに注目した針生は、総体としての「包摂作用」にその固有の場を与えてしまう点で、師説を批判することになった。が、実は、日本社会の「意味」的構成＝「上部構造」やそうした「意味的全体性」の「体現者」にかかわる、「京城学派」の論点設定そのものは、弟子として大切に継承したのだともいえる。

しかしながら、かかる「包摂作用」――その最近の適用例である一九八九年の「自粛」――が[49]、昭和天皇に特有の人格的統合作用であったのか、天皇家の当主が行う継続的な祭祀行為による統合作用であったのか[50]、それとも天皇が担おうとする実体的価値それ自体に由来する統合作用であったのか、については、なお議論を深める必要がある。とりわけ、日本国憲法の実体的価値を「体現」することを、即位以来繰り返し述べている現天皇による統合作用が、今日の樋口の天皇論に影響を与えている気配は濃厚である。針生・樋口のそれに続く「天皇観」の世代間対立を、そうした複数の参照軸に沿って検証する作業は、次の半世紀に向けて、最重要の課題の一つとなるであろう。

(1) 参照、児島襄『史録日本国憲法』(文藝春秋社、一九七二年)二〇七頁以下。「憲法問題研究会」の昼食会における、故・奥平康弘先生のご教示による。

(2) この間、宮沢の篋底にあった「甲案」の文言が、「天皇ハ神聖ニシテ侵スヘカラス」から「天皇ハ至尊ニシテ侵スヘカラス」に変更されるに留まったことは、よく知られている。

(3) 君主の公的行為の論理構造については、かねて同調していた国家法人説をいよいよ切り捨てようとする上杉愼吉が、一九一二年度の東大憲法講義で、次のように述べている。「君主は国家のOrganにあらずして独立固有の存在なりと見れば、例えば、国王の行動に付きて其の公私を区別する能わず」「公的行為は公共の為にして私的行為は自己一身の為にす。」「之れを君主の私的行為と区別して専横の行為なからしむ。」「哲学者は主権者に対して行為の範囲限界を明確に定めんとし、或は治国平天下の道と云い或は正義の為めと云い或は賢人の業と云い、外色々に之れを云い表し」「之れを第十九世紀に於て法律上の明白なる組立として提出せしは国家法人説なり。」「要するに君主の一個人としての行為と区別すべき公的行為……を統一して指命《ママ》するが為に、之れを人格化して国家として見ることを得。」「余は斯くの如き意を有する抽象的国家人格説には強て反対せず。」参照、上杉愼吉述『憲法講義・完』(一九一二年度、謄写版)。「翻身」の時期に特有の堂々巡りの刹那、すこぶる明晰な解説を口にしている。

(4) 参照、宮沢俊義『憲法大意』(有斐閣、一九四九年)一七三頁以下。

(5) 参照、宮沢俊義(芦部信喜補訂)『全訂日本国憲法』(日本評論社、一九七八年)八四頁。

(6) 参照、針生誠吉「象徴天皇に関する解釈論と学説の検討」法律時報四八巻四号三七頁以下(日本評論社、一九七六年)。

(7) 実をいえば、全国憲が排除した当時五〇代以上の世代内部でも、「天皇を特殊な存在」としてみるかどうかの「時代的感覚の違い」があることは、鵜飼信成が鋭く指摘をしている。参照、鵜飼「紹介・清宮教授の『憲法』(一九五七年)」国家学会雑誌七二巻一号九三頁以下(一九五八年)。他方、戦後第一世代・第二世代と、第三世代の不連続を雄弁に物語るのは、第一世代が続々と還暦を迎えようとする頃に上梓された、針生誠吉・横田耕一『国民主権と天皇制』(法律文化社、一九八三年)である。同様に、天皇代替わりの体験を、第三世代が中心となって言語化した、横田耕一/江橋崇編著『象徴天皇制の構造——憲法学者による解読』(日本評論社、一九九〇年)は、モニュメンタルな作品である。これらに加えて、それ以降の世代にも確実に存在する不連続線の考察も重要であるが、すべては将来の課題である。

(8) 参照、宮沢俊義『憲法大意(社会教育講習会講義録第一〇巻)』(義済会、一九二八年)三五頁、同『憲法講義案』(一九三五年)九三頁以下、同『憲法講義案第二分冊』(一九三八年)九五頁、同述『憲法二』(帝大プリント連盟、一九三八年)一四七頁以下、同『憲法略説』(岩波書店、一九四二年)八一頁。圧力を受けながら五年以上「実証主義」で持ち堪えてきた宮沢も、ついに、憲法三条が「わが国は天皇が神の御裔として、現人神としてこれを統治し給うとする民族的信念の法律的表現である。神皇正統記の著者が『大日本は神国なり』と書いた所以もここに存する」、という見解に転じている。敗戦後、半年で、元の見解に復帰したことになる。

(9) 李載厚弁護士が、父の死後、書斎から発見。状態は非常に良い。現在は崔鐘庫国立ソウル大学校法科大学名誉教授が管理している。

(10) 参照、清宮四郎「天皇機関説事件のころ」紺碧四九号(京城帝国大学同窓会、一九七三年)一頁以下。「講義をつづけることにはしたものの、実にやりにくかった。あらためて天皇機関説を検討してみても特に否定すべき理由は見いだせない。さればといって公然と支持することは許されない。わずかに講義のさいにオフ・レコで学生に問題を説明するぐらいしかできなかった。私のような小物でも、そんな奴もいたのかといって槍玉にあげられるおそれはあったのである」。

(11)　その後の展開については、参照、石川健治「憲法のなかの『外国』」早稲田大学比較法研究所編『日本法の中の外国法――基本法の比較法的考察』(成文堂、二〇一四年)一三頁以下。

(12)　李恒寧は、戦後その当時を回顧して、清宮が「憲法の規定には、所謂宣言的規定と創設的規定の二種類があり、統治権が日本の天皇にあるという憲法第一条の規定は、既存の事実を宣明したものと力説した」こと、それを「法は事実ではなく規範とする、彼の属する『ケルゼン』学派の主張に相反するもので、いわば所信を捨てて時流に迎合した」ものと学生の立場から受け止めたこと、しかし、「学者的良心を生かす」努力はなされており、ために、憲法第一条を「単純にこれらの歴史的事実だけを記述したものではなく、将来の規範的意味も内包している『根本規範』として、『ケルゼン』の『法段階説』を維持しようとした」ところに「学者的良心を生かす努力」をみてとったこと、を記している。また、国体明徴運動以降、それまで法学的に無意味とされて黙殺された「告文」が、全国的に憲法の講義対象となったが、「清宮教授は、これらの憲法の前文を解説することはしたが、長くはなかった」と証言している。参照、李恒寧「特別連載・学窓三十年(四)」法政二〇二号六二頁(法政社、一九六七年)。これらの証言は、ノートによっても裏付けられる。

(13)　そのほかに、「国家法人説・統治権者機関説(独アルプレヒト)」と板書する一方、「国家―法律関係なり(支配者と被支配者との関係が国家なり)」とする見解としては、かつてのレーニングと並んで、清宮が独文と和文の双方で書評をした、ウィーン学派の鬼子、ザンダーの最近の見解に言及している。

(14)　神聖不可侵(sacrosanctum)とは、ローマの共和政においては、護民官の、最高の尊厳の標識(summi fastigii vocabulum)であった。結果として清宮がその跡を襲うことになる東北帝国大学の憲法学者・佐藤丑次郎は、帝国憲法第三条の註釈において、紀元前五〇九年以前のエトルリア人による王政時代から説き起こし、それが元来、国王の慣習上の特権であったことに言及する説明を行っていた。参照、佐藤丑次郎『憲法』（日本評論社、新法学全集第1巻、一九三六年）。李恒寧も、清宮憲法を聴きながら、この本を参考書として大いに活用している。これに対抗して、城大のローマ法学者・船田享二は、あくまで平民の権利をまもる護民官の「尊厳」の表象であったものが、アウグストゥスの元首政を経て、ディオクレティアヌス以降の帝政時代には、「原義を離れて」皇帝のものになったに過ぎないという分析を、時代へのプロテストとして提出した事実も、記憶されるに値する。参照、船田享二「羅馬における神聖不可侵概念の起源と変遷——SACROSANCTVM」京城帝国大学法学会論集一二巻一号一〇九頁以下（一九四一年）。

(15) 「天皇および皇族ならびに王・公族にあらせられる方々は、一般臣籍の列を超えた身分を有せられ、国法の取扱いのうえからも、ここにいう内地人・外地人の区別を超越せられる方々である。」参照、清宮四郎『外地法序説』（有斐閣、一九四四年）四〇頁。「明治憲法時代には、日本国人中、さらに、内地人と外地人（朝鮮人・台湾人など）の種別があり、内地臣民の特殊階級として、華族があり、外地人の特殊階級として、朝鮮の王公族・朝鮮貴族などがあったが、現行憲法のもとでは、これらの種別は、みられなくなった」。参照、同『憲法Ｉ（第三版）』（有斐閣、一九七九年）一二二頁以下。

(16) 参照、和田英夫「基本的人権と身分」清宮四郎・佐藤功編『憲法講座第二巻』（有斐閣、一九六三年）三九頁以下。

(17) Vgl. V. Pöschl, "Würde" im antiken Rom, in : O. Brunner / W. Conze / R. Koselleck (Hrsg.), Geschichtliche Grundbegriffe, Bd. 7, 1992, S. 637ff.

(18) 政治学の戸沢鉄彦が主催し、政治史・政治思想系では奥平武彦、藤本直、松本馨、法学系では、憲法・行政法の清宮四郎、松岡修太郎、鵜飼信成、法哲学の尾高朝雄、ローマ法の船田享二、法制史の内藤吉之助、刑法の不破武夫、商法の西原寛一、国際私法の長谷川理衛、経済系では財政学の大内武次が創設メンバー。このうち一二名が、尾高の報告を聴いた。
(19) 参照、鵜飼信成「学会消息・国家研究会」公法雑誌一款一号一三〇頁以下（一九三六年）。
(20) 参照、尾高朝雄『国家構造論』（岩波書店、一九三六年）一〇頁以下、三五八頁以下。
(21) 実弟の尾高邦雄（社会学）が、一九三三年九月に、和辻の愛娘京子と結婚している。城大の先輩教授で、ヘーゲル読書会などで尾高家に入り浸っていた、安倍能成の紹介による。
(22) 参照、和辻哲郎『風土――人間学的考察』（岩波書店、一九三五年）。Vgl. R. Kjellén, Der Staat als Lebensform, 4. Aufl., 1924. 和辻文庫が所蔵するのは四版。
(23) 参照、和辻哲郎『国民統合の象徴』（勁草書房、一九四八年）。
(24) 参照、尾高・前掲注(20) 二五〇頁。
(25) 参照、尾高・前掲注(20) 四三二頁。
(26) 参照、石川健治「〈非政治〉と情念」思想一〇三三号（岩波書店、二〇一〇年）二六二頁以下。なお、尾高が贈った『国民主権と天皇制』（国立書院、一九四七年）に対する全巻にわたる書き込みは、和辻の全面的な賛意を示しており、両者の発想の同一性を裏付けている。
(27) 参照、祖川武夫「雑録・法律研究会（第七回例会）」京城帝国大学法学会論集第一二冊第二号（一九四一年）三四五頁以下。尾高、清宮のほか、憲法・行政法の松岡修太郎、国際法の祖川武夫（書記者）、政治学の戸沢鉄彦、民法の松坂佐一と山中康雄、商法の竹井廉と西原寛一、刑法の花村美樹、国際私法の長谷川理衛が出席した。鵜飼信成はアメリカ留学中。
(28) 参照、石川健治「権力とグラフィクス」長谷部恭男・中島徹編『憲法の理論を求めて――奥平憲法学の継承と発展』（日本評論社、二〇〇九年）二五一頁以下。なお、和辻哲郎と筧克彦・泰彦親子の関係についても言及したかったが、別の機会に譲る。

(29) 参照、黒田覚「憲法制定権力論」田村徳治編『憲法及行政法の諸問題——佐佐木博士還暦記念』(有斐閣、一九三八年)二三頁以下。
(30) Vgl. Shiro Kiyomiya, Bibliographie : H. J Wolff, Organschaft und Juristische Person, Internationale Zeitschrift für Theorie des Rechts 9 (1935), S. 211f.
(31) Vgl. H. J. Wolff, Organschaft und Juristische Person, Bd. 2, Theorie der Vertretung, 1934, S. 16ff.
(32) 参照、尾高朝雄『国家哲学』岩波講座『倫理学第七冊』(岩波書店、一九四一年)。「国家哲学」は、実在国家の「認識」ではなく「認証(Rechtsfertigung = 正当化)」の学であるという点で、「国家学」と区別される。尾高から清宮に恵送された抜刷は、獨協大学図書館に残っており、精読の跡がみられる。なお、尾高の政治実践については、同『国体の本義と内鮮一体』(国民総力朝鮮連盟防衛指導部、一九四一年)。それらを、「認識」の学に踏みとどまって叙述しようとしたのが、同『実定法秩序論』(岩波書店、一九四二年)である。
(33) こうした思想戦の局面とは異なり、研究会においては、尾高があくまで冷静な学問的議論に終始したこと、同じ全体主義でも〈個〉を全否定するのではなく、〈個〉を生かすための〝弁証法的全体主義〟に活路を見出そうと努めていたことを、祖川は記録に残したわけである。
(34) 国家学会雑誌五七巻四号(一九四三年)四二五頁以下。
(35) 参照、黒田覚「Integrationの理論とファシズム」法学論叢二七巻二号(一九三二年)二〇二頁以下、同『新憲法解説』(京都新聞社、一九四六年)三二頁以下、同「天皇論における象徴性の過剰」改造三三巻一一号(一九五二年)一〇頁以下、同「天皇の憲法上の地位」公法研究一〇号(一九五四年)一頁以下。
(36) 論文(「人間存在考察の出発点について」和辻哲郎『人格と人類性』[岩波書店、一九三八年]

九七頁以下）では否定的に描かれているが、和辻はもともとリットに対する評価が高く、手沢本のリット Individuum und Gemeinschaft の第三版は、象徴に言及する個所も含め、隅々まで徹底的に読み抜かれている。スメントにも興味を示したようであるが、和辻文庫には含まれておらず不明である。

（37）Cf. Th. W. Arnold, The symbols of government, 1935. 鵜飼は、戦後の引揚に際して、進駐軍の知人の好意でごくわずかの書物を日本に送ることができたが、そのなかにこの本を含めており（参照、鵜飼信成「京城の八月十五日」法学セミナー二四二号（一九七五年）二六頁以下）、名著『憲法』（岩波書店、一九五六年）に万感の思いを込めて引用した（二七六頁）。現在は東京大学社会科学研究所図書室に納められている。鵜飼・象徴論についても残念ながら立ち入る紙幅がない。

（38）参照、鵜飼信成『憲法における象徴と代表』（岩波書店、一九七七年）。

（39）彼が京城学派をリードして成った訳業として、ハンス・ケルゼン（清宮四郎訳）『一般国家学』（岩波書店、一九三六年）六七九頁以下。

（40）Vgl. J. Hatschek, Englisches Staatsrecht, Bd. 1, 1905, S. 665ff. 清宮手沢本は獨協大学図書館所蔵。

（41）Vgl. G. Simmel, Philosophie des Geldes, 1. Aufl., 1900, S. 108ff.

（42）Vgl. H. J. Wolff, a. a. O. (Anm.29), S. 14, 20f. 清宮手沢本は獨協大学図書館所蔵。

（43）ワイマール期の国家象徴論をスメントまで視野に入れてまとめたグラーフ・ツー・ドーナを、清宮は強い関心をもって再読し、引用もしているが、使えるのは、学説状況を簡単に整理し「象徴の統合力」を指摘した一頁目だけだ、と考えた形跡がある。Vgl. A. Graf zu Dohna, Die staatlichen Symbole und der Schutz der Republik, G. Anschütz und R. Thoma, Handbuch des deutschen Staatsrechts, Bd. 1, 1930, S. 200ff. この本は、清宮の死後、直弟子の菅野喜八郎に形見分けされたものであるが、現在は神橋一彦教授の所有であるところを、ご好意で見せていただいた。戦後のものとしては、テオドール・マウンツの教科書におけるよく出来た整理と、これを下敷きにしたオットー・ケルロイターの整理を引用することがあるが、清宮の天皇象徴論への影響はやはり限定的である。

(44) 参照、恒藤恭「天皇の象徴的地位について」同『新憲法と民主主義』(岩波書店、一九四七年)一頁以下。

(45) 参照、清宮四郎『憲法要論』(法文社、一九五二年)一頁、一三三頁以下、同『憲法I(初版)』(有斐閣、一九五七年)一一三頁以下、同「天皇の行為の性質」(一九五九年)、同『憲法の理論』(有斐閣、一九六九年)三五三頁以下。最後のものが一応の完成形である。

(46) 参照、針生誠吉「伝統と近代――近代の『土着』と『埋没』」(一九六六年)、同『熟成期天皇制論』(三省堂、一九九三年)一〇五頁以下。

(47) 参照、樋口陽一『憲法I』(青林書院、一九九八年)一二一頁以下。

(48) 参照、針生誠吉「仮説としての『包摂作用』」(一九七〇年)同・前掲注(46)九一頁以下。

(49) この点で示唆的なのは、一見すると天皇制とは無縁にみえる二〇一一年の「自粛」問題を扱った、松平徳仁「『自粛』とナレーションとしての日本型共同体主義」憲法問題24(三省堂、二〇一三年)八六頁以下。

(50) かつての「祭祀大権」との本格的な取り組みの例としては、島薗進『国家神道と日本人』(岩波書店、二〇一〇年)が、多くのことを教えてくれる。

「投票価値平等」と選挙制度

明治大学教授
辻村みよ子

はじめに

日本の最高裁で、「投票価値の平等」が憲法一四条・一五条一項・三項等で保障されると明言され、違憲判決が下されたのは、一九七六年のことである(1)。以後、国政選挙のたびに選挙無効訴訟が提起され、衆議院「一人別枠方式」や参議院定数不均衡についても最高裁で「違憲状態」判決が定着するに至った。これらは、選挙権の権利性を重視する傾向の表れであり歓迎すべきことと言えるが、「七〇年代主権論争」を踏まえて主権・代表制論・選挙制度論等とのかかわりで「八〇年代選挙権論争」を展開してきた筆者にとっては、憲法理論的課題が置き去りにされてきた感も否めない(2)。例えば、許容できる最大較差や合理的期間、違憲判決の効力（事情判決の是非）等の争点が一般化した反面で、選挙権の本質・選挙制度との関係、原告適格・訴訟類型など、当初から論じられていた基本的な諸課題が残存しているからである。そこで本稿では、諸外国の選挙制度と選挙区割に関する近年の動向を概観して、これらの理論的課題に迫るための端緒としたい。

一　諸国の選挙制度と選挙区割の見直し

選挙制度は、選挙区制・代表方法・投票方式等の諸要素によって分類される。周知のようにアメリカ・イギリス・フランスの各下院は小選挙区制（多数代表制）、北欧諸国やベネルクス三国・ラテンアメリカ諸国などは比例代表制、イタリアは「多数派プレミアム制付比例代表制」、ドイツは複合制のうち小選挙区比例代表併用制、日本の衆議院や韓国は小選挙区比例代表並立制、である(3)。二院制採用国は二〇一四年一一月現在七六ヵ国あるが、アメリカやフランスの上院には州代表や地域代表の性格が付与されている。それ以外の下院や一院制議会では、小選挙区制（および中選挙区制）を採用する際に投票価値平等を考慮して選挙区割を行っている。日本の中選挙区制では選挙区間の議員定数不均衡という形をとり、小選挙区制では選挙区割の不均衡として問題が出現する。いずれも「一人一票原則」に反して投票価値の不平等（一票の重みの格差）が生じることから、多くの国で選挙区割の見直しを進めている(4)。

国立国会図書館の調査によれば、区割見直しの考慮基準は、人口、行政区画や地勢などの地理的要素、交通事情などであり、人口比例原則は六〇か国で用いられている(5)。そのうち格差の許容限度について具体的基準を設けていない国が七五%を占め、基準を設ける国には、州内の各選挙区では可能な限り人口を等しくすることが求められる国（アメリカ）や各選挙区の一議席当たり選挙人数を全国平均の上下三〇%以内まで認める国（シンガポール）などがある(6)。非人口的要素（行政区画・地理的要素等）を考慮する国も多く、人口密度や過疎の度合いが考慮される国も一二か国あるが、その多くはアフリカの途上国やカリブ海諸国等である。また、政府から独立した機関が区割を行う国も多く、議会が区割にも権限をもつ小選挙区制採用国で区割の政治的役割が大きいのはアメリカとフランスであるとされる。

以下では、近年の主要国の区割見直しの動向を見ておこう。

二　主要国における近年の動向

1　アメリカ

アメリカでは、連邦議会下院の議席配分不均衡問題について一九六〇年代から訴訟で争われてきた。とくにウオーレン・コートで平等主義的な判決が続き、Gray v. Sanders, 372 U.S. 368 (1963), Wesberry v. Sanders1, 376 U.S. 1 (1964), Reynolds v. Sims, 377 U.S. 533 (1964) などで一人一票原則が確立された(7)。実際には、定数四三五議席が五〇州の人口に比例して配分されるが、連邦全体から見れば二倍近い最大較差（二〇一〇年の配分では一・八八倍）が生じている。これに対して、州の選挙区間では可能な限り人口は同数でなければならないとされ、判例では一対〇・六九八の最大較差が違憲と判断されたこともある（Karcher v.Daggett, 462 U.S. 725 (1983)）(8)。反面、人種的マイノリティに対する配慮を加える州も多くなり、恣意的で不自然な形状の選挙区割（ゲリマンダー）を防ぐために第三者機関に区割案作成を委ねる州も増えた(9)。

また、合衆国では日本のように選挙無効を求める訴訟ではなく、区割を策定した法律の無効宣言とそれにもとづく選挙の差し止めを選挙前に求めることが一般的であり(10)、暫定的に裁判所が区割を実施することもできる(11)。

2　ドイツ

ドイツでは、連邦制下で州の人口比例原則を重視するアメリカと異なり、連邦議会選挙に関して連邦全体の選挙区間の人口比例が求められている。連邦議会選挙は小選挙区比例代表併用制で実施され、選挙人はそれぞれ二票をもって五九八議席のうち半数の二九九を小選挙区制、残りの半数を比例代表制で選挙する。各小選挙区では最多数の票を得た候補者一名が当選人となる。連邦議会議員の任期は四年であるため、原則として四年ごとに連邦内務省の報告をもとに連邦議会が連邦選挙法の付表を改正して選挙区割が見直され、小選挙区の二九九議席は一六州の人口に比例して「サンラグ・シェーパース式」で配分されることが二〇〇八年三月一八日の連邦選挙法改正法で定められた(12)。しかし、同年七月三日の連邦憲法裁判所判決は、基本法第三八条第一項等の保障する選挙の平等及び直接選挙原則を侵害することなどを理由にこの選挙法を違憲とし、立法府に対して二〇一一年六月三〇日までに法改正することを命じた。そこで同年一〇月一四日に連邦選挙法第一九次改正法が成立したが、憲法異議が提訴されて、二〇一二年七月二五日に連邦憲法裁判所判決が再度違憲判決を下した(13)。

許容される選挙区間の人口格差については、従来から偏差の上限三三・三％〈(100+33.3)÷(100-33.3)＝1.998〉を基準としてきたが、一九九七年四月の連邦憲法裁判所判決がこれを不十分と判断し、法改正により選挙区平均人口からの偏差が二五％を超えてはならない（二五％を超えると区割やり直し）とされた(14)。これによれば最大較差は一・六七倍以下〈(100+25)÷(100-25)＝1.67〉となる。

3　イギリス

イギリスでは、下院（庶民院）で保守党と労働党の二大政党制を築いてきたが、二〇一〇年総選挙で保守党が単独多数を得られず自民党との連立内閣が成立した。総選挙前に保守党は単純小選挙区制の堅持、自由党は比例代表制導入を主張していたことから、選挙後の連立政権綱領には、選挙改革法の制定（下院選挙制度の変更を国民投票に委ね、選挙区格差を縮小する等）が明記された。これに基づき二〇一一年に議会選挙制度及び選挙区法が制定され、下院議員の定数と選挙区の改定を定めるほか現行の単純小選挙区制（first past the post system）を廃止して、選択投票制（alternative vote system）に変更するか否かをめぐる国民投票の実施が定められた(15)。

戦後イギリス憲政史上二度目の同年五月五日国民投票の結果は、事前の調査結果に反して、選択投票制賛成が三二・〇九％、反対が六七・八七％（投票率は四一・九七％）となった。他方、選挙区改定について、改正法では下院の定数を六五〇人から六〇〇人に減らし、選挙区画定委員会が原則として選挙人数を議員一人当たり全国平均選挙人数の一〇五〜九五%になるように選挙区を画定することを定めた。これにより人口比例原則が一層重視され、一部の例外を除いて最大較差は一・一一倍以下〈105÷95〉に抑えられることになった。但し、当初は二〇一五年総選挙前の二〇一三年一〇月までに新区割案を策定する予定であったが、策定期限が二〇一八年一〇月まで延長され、定数削減も延期された(16)。

4　フランス

フランスの二院制は、直接選挙による国民議会（下院）と間接選挙による元老院（上院）からなる。両者間はそれぞれ「全国民代表」と「地域代表」という質的差異があり、任期も各五年と九年（三分の一改選）であった。しかし元老院については、一九九九年の元老院選挙制度改革法や二〇〇三年・二〇〇七年の組織法改正によって議員の任期が六年（半数改選）に改訂され、二〇〇八年七月の憲法改正により元老院の総定員の上限が三四八人とされた（憲法二四条四項）(17)。二〇一四年九月の選挙ではこのうち一七九議席について実施された。

下院（国民議会）では小選挙区二回投票制が採用され、選挙区割策定は各県に二議席を配分したうえで人口に比例して配分する方法が採用された。この方法では特例措置を除くと選挙区間の人口の最大較差は一対二・三八であったが、九二%の選挙区の人口が全国平均から二〇%以内の偏差に収まっていたため、一九八六年七月二日の憲法院判決は合憲と判断した(18)。しかしその後、不均衡が拡大して一対五にもなったため、二〇〇八年七月二三日憲法改正の際に、第三者機関である独立委員会が区割を策定する制度が導入された（二五条三項）。憲法院は、二〇〇九年一月八日判決で二〇〇八年一二月一一日採択の憲法二五条所定の委員会及び国民議会議員選挙に関する法律を一部違憲とした。判決では、同法二条のうち偏差を二〇％以内（最大較差に換算すると一・五倍〈120÷80〉以内）とする基準を合憲としつつ「議席数は、各県において二を下回ってはならない」とした「二議席別枠方式」について、「法律上及び事実上のこれらの状況変化の重要性にかんがみれば、各県最低二議席を維持することは、もはや本質的に人口比例原則に基づいて国民議会が選出されるという根本原則の重要性を緩和しうる一般利益の要請として正当化することはできない」と述べ、人口比例原則の厳格な適用を志向する「状況変化（立法事実）」を理由に、違憲判断に転じた[19]。その後、最低二議席を配分する方式を廃止して一選挙区内の平均人口（一二万五〇〇〇人）を基準とする選挙区割案が提出され、二〇一〇年一月二一日に、このオルドナンス案を確定する法律が制定された（同年二月一八日に憲法院が合憲判決を下し[20]、その後も地方議会選挙に関する二〇一三年五月一六日判決でも判断基準を維持した[21]。

三　選挙権の本質論を踏まえた理論的課題

上記のような主要国の動向を概観しただけでも、以下のような特徴が指摘できよう。

①　連邦制と単一国、選挙制度（小選挙区制と複合制）の差異に拘らず、選挙権の平等原則とそ

のための人口比例原則を可能な限り厳格に実現しようとする姿勢が共通している。
②　上記主要国では、最大較差一対二を許容基準とするのではなく、これを下回る厳格な制度改革がなされている。この点で日本の学説・判例・立法がいずれも非人口的要素や選挙制度に対する立法裁量を容認したうえで、「一人一票原則」から単純に整数比で最大較差一対二の基準（参議院の場合にはその緩和）を導く傾向が続いているのに対して、整数比にも「一対二」にも必然性がないことがわかる。最大較差の指標ではなく、全国平均からの偏差（上下二五％〜五％の偏差）を指標として選挙区割を見直すことにより、限りなく一対一に近づけている。ここでは、原則はあくまで一対一であるべきことが示されるといえる。
③　日本のように選挙後に選挙無効訴訟を提起するのではなく、選挙法や区割の改正後に合憲性を審査し、区割のやり直しを命ずる等の方法もあることがわかる[22]。この点は付随的違憲審査制を採用するアメリカの憲法訴訟が参考となり、日本のように違憲判決の効力として選挙無効が敬遠される傾向（事情判決の隘路）を脱する方途が示唆されている。
④　総じて、選挙権の権利性や権利の平等という視点からの本質論的な検討が不足しており、諸国の投票価値平等原則の基礎理論的研究が課題となる。とくに日本の学説・判例では、二元説を基礎とした諸理論（選挙制度に関する広い立法裁量論や非人口的要素の承認など）が従来の不均衡の原因であったと考えられるため、再検討する必要があろう。近年では、「参政の権利と、選挙という公務に参加する義務」と解する二元説（清宮説）よりはむしろ、同じ投票行為に「権利と義務の性格

を同時に認め」たり、「代表を選挙する権利」としての選挙権と権利行使の公務性を認める二元説が主張されるようになった(23)。そして「論争に実益がない」という形で処理が図られる傾向があり、二元説でも一対一を理想とするため権利説との間に違いはないと指摘されるなど(24)、権利説への接近が認められる。

しかしながら、フランス憲法学でも任意投票制（棄権の自由）等を選挙権の権利性の論理的帰結と解してきたように、この説では、主権者の権利としての選挙権の行使は可能な限り自由・平等でなければならず、選挙権公務説や二元説の中で広範に認められてきた不合理な立法裁量の制約が帰結される(25)。投票価値平等についても、権利説では一対一を原則として要請するのに対して、公務説や二元説では選挙制度に関する立法裁量を根拠に一対一のみならず一対二を超える大きな乖離をより緩やかに容認しうることになろう。日本の判例・通説が一対一基準説をとらずに一対二基準あるいはそれ以上の格差を容認してきた根拠は、選挙と選挙権の公務的性格を根拠に、人口比例原則の後退・譲歩を容認しうると解したことにあると考えられる。

この点、日本の最高裁は、選挙権を「国民の最も重要な基本的権利の一つ」と解してきた反面、非人口的要素の容認や合理的期間論の活用によって広い立法裁量を認め、緩やかな違憲審査基準論を採用してきた。定住外国人地方参政権最高裁判決(26)でも国籍保持者の総体を主権主体とする全国民主体説・国民（ナシオン）主権論を前提としていたと考えられ、成年被後見人選挙権違憲判決を下した東京地裁判決(27)も、通説としての二元説を前提としていた。このように、従来の判例・

通説では選挙権の本質論は明確ではなかったといえるため、諸国の法改正にならって投票価値平等を厳格に実現するためにも、選挙区割や選挙制度問題を選挙権の権利性と結びつけて検討することが必要であろう。解釈論のみならず立法論としても、諸外国の検討結果を踏まえて、日本の選挙無効訴訟のあり方や違憲判決の効力論（無効説・可分説[28]）、選挙資格要件論（年齢[29]・国籍要件）等の再検討を進めるべき時である。とくに、受刑者の選挙権制限の違憲性を争った訴訟の上告審決定（二〇一四年七月九日）で、公選法二〇四条の選挙無効訴訟で同法九・一一条の違憲性を争う道が否定されたこともあり、選挙権の権利性を保障するための訴訟類型など、今後の課題が残ったといえよう[30]。

これに対して、二〇一四〈平成二六〉年一一月二六日の参議院議員定数不均衡訴訟最高裁大法廷判決[31]における山本庸幸裁判官の反対意見が、最高裁判決のなかで初めて選挙無効の判断を示したことが注目される。山本反対意見は、都道府県単位の選挙制度に問題があることや投票価値平等の基準が一対一であるべきこと（許容は二割程度であること[32]）を示したうえで、「違憲であることを明確に判断した以上はこれを無効とすべきであり、そうした場合に生じ得る問題については、経過的にいかに取り扱うかを同時に決定する権限を有するものと考える」として無効判決を下した。しかも、違憲判決の効力に関して、「その無効とされた選挙において一票の価値（各選挙区の有権者数の合計を各選挙区の定数の合計で除して得られた全国平均の有権者数をもって各選挙区の議員一人当たりの有権者数を除して得られた数。以下同じ。）が〇・八を下回る選挙区から選出された議員は、全てその身分を失う」と指摘した。ここでは一票の重みが全国平均の〇・八に満たない選挙区（議員一人当たり有権者数が相対的に多い約五〇の選挙区）の選出議員が自動的に身分を失うと判断された点で、独自性が強い。反面、反対意見に注釈がつくという異例の扱いになった点も含め、これまで下級審違憲判決でも論じられなかった「〇・八基準」や偏差二〇％基準論の提示には唐突感が否めないのも事実であろう。最高裁判所個別意見による違憲無効判断の意義を重視すると同時に、その基準の説得性について学界・法曹界全体で比較憲法的な視座等も踏まえた理論的検討が期待される。

（1）　最大判一九七六（昭五一）年四月一四日民集三〇巻三号二二三頁参照。本判決につき、辻村みよ子「衆議院議員定数不均衡事件」石村修ほか編著『時代を刻んだ憲法判例』（尚学社、二〇一二年）二〇八頁以下参照。

（2）　辻村みよ子「『権利』としての選挙権と『投票価値平等』」明治大学法科大学院論集一四号（二〇一四年）八三頁以下、同『「権利」としての選挙権』（勁草書房、一九八九年）、同「戦後憲政史における主権・代表制・選挙権論」憲法理論研究会編『憲法と時代』（敬文堂、二〇一四年）、同『選挙権と国民主権（仮）』（日本評論社、二〇一五年）を参照されたい。

（3）　概要は、辻村『比較憲法（新版）』（岩波書店、二〇一一年）第Ⅳ章、辻村・前掲書（二〇一五年）参照。

（4）　国立国会図書館政治議会課（佐藤令）「諸外国における選挙区割りの見直し」調査と情報七八二号（Issue Brief. no.782, 2013.4.4）。

（5）　調査結果（前掲・注（4））は八七か国・地域を対象とした比較調査（Lisa Handley, "A Comparative

Survey of Structure and Criteria for Boundary Delimitation", *Redistricting in Comparative Perspective*, New York : Oxford University Press, 2008, pp. 265-305）に主に依拠しており、区割りが必要とされるのは六〇ヵ国である。

（6）国会図書館・前掲注（4）三頁、Lisa Handley, op. cit., p. 282, 273-274.

（7）判例の展開につき、畑博行『アメリカの政治と連邦最高裁判所』（有信堂高文社、一九九二年）一六九頁以下、田中和夫「アメリカにおける議員定数の是正と裁判所」『ジュリスト』五三二号（一九七三年）九二頁以下参照。

（8）ニュージャージー州の一九八〇年人口調査結果に基づく較差（一対〇・六九八）について、一九八三年一月二二日合衆国最高裁判決は、可能な限り（as nearly as practicable）人口比例原則を実現するものでなければならないため、州は忠実な努力をしているとは言えないとした。

（9）小選挙区制下でマイノリティの当選者を増やすために特定選挙区に集中させる人種的ゲリマンダリングは違憲判決もあって抑制されたが、性別のためのアファーマティヴ・アクションとも異なる困難な問題が含まれる。森脇俊雅「二〇〇〇年代の議員定数再配分と選挙区画再編成―アメリカと日本における諸問題―」『法と政治』五八巻二号（二〇〇七年）一頁以下、梅田久枝「アメリカの選挙区画再編に関する立法動向―選挙過程からの政治の排除―」『外国の立法』No.236Z（二〇〇八年）一六三頁以下参照。

（10）前掲・注（7）田中和夫論文九二頁参照。

（11）青木誠弘「アメリカにおける連邦裁判所の「歓迎されない責務」と選挙区の区分を改正する州の立法者の権限」『筑波法政』五一号（二〇一一年）九九頁以下参照。

（12）山口和人「ドイツの連邦選挙法」『外国の立法』二三七号（二〇〇八年）三七頁以下参照。

（13）全国レベルで獲得した政党の議席を当該政党が各州で得た第二票の票数に比例して当該政党の

州名簿に配分し、各政党の州別の議席数が基本的に決定される。二〇一三年五月の選挙法改正で「調整議席」の調整方法が刷新され、同年九月選挙では、超過議席四、調整議席二九となった。初宿正典・辻村編『新解説世界憲法集〔第三版〕』（三省堂、二〇一四年）一七一頁、国立国調査及び立法考査局（河島太朗・渡辺富久子）立法情報：［ドイツ］連邦選挙法の改正」外国の立法（2011.11）BVerfG 121,266.2008 参照。

（14）国立国会図書館政治議会課（佐藤令）前掲・注（4）「調査と情報」七八二号一〇頁、加藤一彦「連邦議会選挙の選挙区割と平等選挙の原則―第二次選挙区割事件―」ドイツ憲法判例研究会編『ドイツの憲法判例（第二版）』（信山社、二〇〇三年）四八一頁以下参照。

（15）選択投票制は小選挙区を用いつつ過半数の得票者を当選人とする制度で、選挙人は候補者に一・二・三……の順位を付けて投票する。国立国会図書館「外国の立法」二四七号（二〇一一年）一〇頁、小堀眞裕「イギリスにおける選挙制度改革運動の問題意識」立命館法学三三六号（二〇一一年）五〇〇頁以下参照。

（16）前掲・注（4）「諸外国における選挙区割りの見直し」六－七頁、Electoral Registration and Administration Act 2013 (c. 6), s. 6. 参照。

（17）上院の選挙は下院議員・州議会議員・県議会議員・市町村議会の代表を選挙人団とする間接選挙であり、①定数三以下の選挙区は完全連記二回投票制または小選挙区二回投票制、②定数四以上の選挙区は、拘束名簿式比例代表制で実施される。大山礼子「元老院議員選挙と『本質的人口の基礎』の要請」フランス憲法判例研究会編（編集代表辻村みよ子）『フランスの憲法判例Ⅱ』（信山社、二〇一三年）一八五頁以下参照。

（18）Décision n° 86 - 208 DC du 2 juillet 1986, Journal officiel du 3 juillet 1986. et rectificatif Journal officiel du 30 juillet 1986.

(19) Décision n° 2008 - 573 DC du 8 janvier 2009, Journal officiel du 14 janvier 2009, p. 724. 同法第二条のその他の規定及び第一条・三条については、留保付きで合憲とされた。

(20) Décision n° 2010 - 602 DC du 18 février 2010, Journal officiel du 24 février 2010, p. 3385. 只野「国民議会選挙における投票価値の平等」前掲・注(17)『フランスの憲法判例Ⅱ』一八一頁参照。フランスでは憲法院による抽象的違憲審査が可能であるが、選挙資格や名簿・投票等に関する選挙人による選挙無効訴訟についても選挙法に詳細な定めがある。O. Couvert-Castéra, *Code electoral commenté* 2014. 参照。

(21) L. Touvet et Y-M. Doublet, *Droit des élections*, 2e éd., 2014, pp. 480-490.

(22) 立法不作為違憲確認訴訟や国賠訴訟なども可能であるが、近年では、公選法二〇四条の訴訟を提起することが一般化している。

(23) 近年の再検討に、加藤一彦「選挙権論における『二元説』の意義」現代法学八号（二〇〇五年）、大岩慎太郎「選挙権再解釈の可能性」青森法政論叢一四号（二〇一三年）、小島慎司「選挙権権利説の意義——プープル主権論の迫力」論究ジュリスト二〇一三年春号等がある。

(24) 野中俊彦「選挙権の法的性格」清宮＝佐藤＝阿部＝杉原編『新版・憲法演習３』（有斐閣、一九八〇年）五頁。「両説の対立点が意外と小さい」という指摘は、野中＝中村＝高橋＝高見『憲法Ⅰ（第五版）』（有斐閣、二〇一二年）五三七頁以下、一対一の点は同五三八頁〔高見執筆〕参照。

(25) フランスでも、カレ・ドゥ・マルベールによって定式化された「人民（プープル）主権論—選挙権権利説—普通選挙制」の体系と「国民（ナシオン）主権論—選挙権公務説—制限選挙制」の体系という二つの体系論に対して批判論が出されているとはいえ、選挙の機能は指名だけではありえず、政府の選択、権力行使の正当化、権力行使のコントロールという機能に展開してきたことを明らかにする理論的・歴史的研究も盛んである。Bruno Daugeron, *La notion d'élection en droit*

constitutiomnel, 2011, Dalloz.

(26)　最大判平成七年二月二八日民集四九巻二号六三九頁。

(27)　二〇一三〈平成二五〉年三月一四日東京地裁判決をうけて同年五月三一日に公選法が改正され、成年被後見人にも選挙権が認められた。成年後見人制度が財産管理能力を基準に設定された制度であったことが主たる理由であった。このほか受刑者の選挙権についても、同年九月二七日の大阪高裁判決は、「一律に制限するやむを得ない理由があるとは言えない」として選挙権を保障した憲法一五条一項や四四条などに違反するとの初判断を示した（裁判所ウェブサイト）。しかし通説（芦部説等）は被後見人等の権利制約を正当化している点で二元説からくる制約を認めている。芦部〔高橋補訂〕『憲法〔第三版〕』二三九頁参照。

(28)　一九七六年五月一四日最高裁判決反対意見から主張されていた可分説や二〇一三〈平成二五〉年一一月二八日広島高裁岡山支部違憲無効判決も考慮に値すると思われる。長谷部恭男他編『憲法判例百選（第六版）憲法Ⅱ』（有斐閣、二〇一三年）三三二頁（辻村執筆）、辻村＝山元一＝佐々木弘通編『憲法基本判例——最新判決から読み直す』（尚学社、二〇一五年近刊）参照。

(29)　二三九の国と地域のうち、一六歳九カ国、一七歳三カ国、一八歳二〇五カ国で、一八歳とする国が八六％を占め、二〇歳とするのは日本、カメルーン、ナウル、台湾だけである。ACE Electoral Knowledge Network の調査結果（二〇一四年六月現在）参照。詳細は辻村・前掲注(2)『選挙権と国民主権（仮）』第Ⅳ章第二節参照。

(30)　受刑者の選挙権訴訟の前記二〇一三年大阪高裁違憲判決の後に下された東京高裁合憲判決（二〇一三年一二月九日）では、公選法の規定は有罪判決で禁錮以上の刑を科せられた者への「制裁の一つとして欠格事由を定めたもので」合理的理由があるため、国会の裁量権の濫用ではないとした。また、供託金制度や戸別訪問禁止の違憲性など多くの理由を列挙して比例選挙自体の無効を主張した本件上告審二〇一四〈平成二六〉年七月九日第二小法廷決定は、公職選挙法二〇四条の選挙無効訴訟において同法二〇五条一項所定の選挙無効の原因として同法九条一項並びに一一条一項二号及び三号の規定の違憲は主張し得ないと指摘して、上告を退けた（裁判所ウェブサイト）。辻村「選挙権の法的性格と選挙人資格」岡田信弘＝長谷部恭男ほか編『憲法の基底と憲法論　高見勝利先生古稀記念論文集』（信山社、二〇一五年近刊）参照。

(31)　二〇一三年七月の通常選挙時の最大較差一対四・七七の不均衡を違憲と判断したものの合理的期間論において（九か月間の未修整は立法府の裁量の範囲を超えないとして）合憲判決を下した。四名の裁判官の反対意見では違憲判断が示された（裁判所ウェブサイト掲載）。本判決についての詳細は、辻村・前掲注(2)『選挙権と国民主権（仮）』第Ⅱ章第四節を参照されたい。

(32)　議員一人当たり選挙人数の平均値からの偏差を二割とする場合には、最大較差は一・五倍〈(100+20) ÷ (100-20) ＝1.5〉となり、従来の一対二基準より厳格となる。

議会制・民主主義と憲法学

一橋大学教授
只　野　雅　人

はじめに——「議会制」「民主主義」

発足翌年、一九六六年秋の全国憲法研究会のテーマは、小選挙区の比較制度的研究であった。その成果は、「小選挙区制と議会制民主主義」と題して公刊されている(1)。そこでは小選挙区の問題を中心に、議会制の「危機」「条件」など、議会制民主主義全般が幅広く論じられている。最後に発言した深瀬忠一は、議会制民主主義の「危機」について、「言葉の具体的意味が多元的であり、また事柄自体が複数の次元にまたがる複雑な諸要素の函数関係の総体だ」という点に注意を促している(2)。また和田英夫は、討論の総括で、小選挙区というテーマをめぐり、法学的アプローチだけでなく、政治学、社会学など、必ずしも「憲法技術的な問題」には収斂しない「多角的」方法の必要性を指摘している(3)。

二五年後の一九九一年、五〇年の折り返しの年に全国憲が取り上げたのが、当時進行中であった「政治改革」である。ここでは、衆議院議員選挙制度の問題のみならず、政党助成、政治資金の問題など、議会制民主主義をめぐるより広汎な問題が論じられている。「政治改革」は一方では、投票価値の平等、政党本位の選挙制度といった、憲法規範の解釈に関わる「憲法技術的な問題」を提起した。しかし他方では、政治改革とその後の議会制の運用を通じ、政治主導にもとづく政官関係の再編、政権選択選挙、そしてねじれ国会など、憲法（Constitution）をめぐる「法学」の枠には収まりにくい、しかし同時に憲法が規定する政治機構―議会制―の具体化を強く規定するその運用・動態―民主主義―に関わる問題が顕在化した。

上述の発言にもあるとおり、議会制民主主義は「複雑な諸要素の函数関係の総体」であって、その分析には「多角的」な方法を必要とする。しかしあらためて問われるべきは、憲法学がどの様な資格において議会制民主主義を論じるのかという点であるように思われる。安易に「多角的」な方法に依拠すれば、ともすると印象主義的な議論に流れ、憲法学から問題を論じる固有の意義が希薄化しかねない。議会制民主主義を分析する学問領域として、まず名があがるのは政治学であろう。つとに指摘されるように、「実効的憲法の認識」をめぐっては、憲法学の作業は「政治学と性質を同じくしている」(4)。しかし憲法学からのアプローチは、モデルの設定や厳密な方法論にもとづく事象の分析から導かれる因果的推論(5)とは、自ずと異なったものとなろう。

以下では、政治改革とそれ以降の議会制民主主義の変容が顕在化させた問題を素材として、憲法学が「議会制」と「民主主義」をどの様に論じるべきかを素描してみたい。「その形態・実態をヨリ正確に表現するもの」(6)として、「議会制」ではなく、「議会政」の語が用いられることも多い。しかし以下では、憲法が規定する政治機構とその運用・機能を区別する趣旨で、「議会制」の語を用いることとしたい。

政治改革以降、とりわけ今日の日本の民主主義をめぐっては、選挙制度や議会制など手続に関わる点のみならず、民意をめぐる指標の相対化や政党の基盤の不安定化など、むしろその実質をどの様に捉えるかも、同様に重要な問題であるように思われる。また、政権選択選挙という政治改革が提示したモデル自体の深刻な問い直しが必要な状況がある。しかし、ここでは憲法学が議会制民主主義をどの様に論じるべきかという点に焦点を合わせ、民主主義の実質については、別に検討の機会をもちたい(7)。

一　議会をめぐる憲法典の枠組みと民主主義

政治改革に際して重視された点のひとつが、「民意の集約、政治における意思決定と責任の帰属の明確化及び政権交代の可能性」(8)であり、そのための処方箋として、衆議院議員選挙における小選挙区比例代表並立制の導入が提言された。その後の議会制の運用は、二大政党間の政権選択が行われてきたイギリスをモデルに、政権選択を強調する形で行われてきた。それぞれの政党が提示するマニフェスト（政権公約）と首相候補を有権者が選択するというイメージは、ある種の直接民主政の論理―議院内閣制の直接民主政的運用―に根ざしている。

もとより憲法は、選挙制度につき、立法府による制度選択を拘束する一定の規範的要請を課している。そうした要請が、ときに選挙制度の枠組み自体の変更を立法府に余儀なくすることもある。例えば近時、最高裁判所は、参議院選挙区選挙をめぐり、「違憲の問題が生ずる程度の投票価値の著しい不平等状態を解消するため」「現行の選挙制度の仕組み自体の見直しを内容とする立法措置」を求めている（最大判二〇一四年一一月二六日）。

一方、そうした規範的要請をふまえつつ、それ以外の制度選択は基本的に立法府の裁量にゆだねられることになる。憲法典と規範論理が描き出す政治機構には相当な余白が残されている。そうした余白は、政治改革以降の政治機構の変容が何より示すように、政治機構の機能の可変性をもたらすことになる。

政治というダイナミックな営みの性格からすると、余白の存在は不可欠なものともいえよう。「完全無欠の憲法はうまく機能しない」(9)のである。しかしながら、そうした余白を規律するある種の論理―憲法典が規定する政治機構自体にもとづく一定の強制―があるのではないか。それが、「ねじれ」国会が顕在化させた問題であった。政治改革に際しては、主として衆議院選挙が念頭に置かれ、参議院改革の問題は先送りされた。また、民主的正統性を備え相当に「強い」権限をもった第二院という認識も、学説を含め当時は希薄であったように思われる。しかし政治改革以降明らかとなったのは、強い規律をもった二大政党を中心とする政党システムを前提とする政権選択の論理と、直接選挙される「強い」第二院との不整合であった。「ねじれ」は両院の党派構成の間だけでなく、憲法が定める政治機構と実際の運用との間でも生じてきた(10)。有権者↓衆議院の多数党↓内閣という単線的な「責任の連鎖」には収斂しない、直接選挙される強い第二院を組み込んだ日本国憲法の規定する複雑な政治機構との向き合い方が問われることになった。

憲法が枠づける政治機構に内在する論理あるいは強制(11)をふまえ、選挙制度などの仕組みをどのように配置してゆくのか。この点に関する「実効的憲法の認識」をめぐって、また一定の認識をふまえどのような制度を配置すべきかという点の探求をめぐっても、憲法学と政治学の関心は重なりあう(12)。もっとも、その際の憲法学からのアプローチは、因果的推論とは異なったものとなろう。それは、あるフランスの憲法研究者の表現を借りれば、「現実に適用される統治システムを理解し、それを条件づけあるいは枠づける法の役割を定めること」になるのではないだろうか(13)。

強い権限をもった第二院という認識からどのような議会制の機能が帰結されうるのか、またそれに応じどのような制度を配置すべきなのかを考えることは、憲法の機能を直接規定する問題であるだけに、憲法学にとっても無視し得ない問題である。しかし同時に問われるべきは、強い権限をもった第二院の基盤やそうした第二院を配した議会制全体を整序する論理の探求であるように思われる。

改革のモデルとなったイギリスには、直接公選の強い第二院は存在しない。一方、日本の第二院は、直接選挙という強い民主的正統性をもつがゆえに、憲法は、「立法を始めとする多くの事柄について参議院にも衆議院とほぼ等しい権限を与え」ている（最判二〇一四年二月二六日）。また、そうした強い権限がある以上、民主的な基盤を備えることが不可欠であるともいえる。それは、民主的正統性と権限の相関[14]という、二院制の構成原理とも整合的な制度のあり方である。日本国憲法に内在するこうした民主的正統性の論理は、先に引いた最高裁判決からもうかがえるように、憲法の規範論理の解釈にも一定の影響を及ぼしうる。

もっとも、以上のような問題にどこまで「法学」としての憲法学がコミットすべきかをめぐっては、議論の余地があろう。「法学者は、法学者として語り続けるべきであり、それなくしては、その職業は、そしてそれゆえその存在理由は、必ずしも言葉の最も高貴な意味ではない政治をはじめとするその余のものの中に溶解してゆくであろう」[15]。法学的方法による理論構築を志向するフランスの憲法学者は、このように指摘する。憲法学がある時期まで政治学と不即不離のものとして展開されてきた、それゆえにまた、憲法学が「自らの学知固有のカテゴリーにおいて状況を説明することの困難さ」[16]と直面してきたフランスならではの指摘である。同じ論者は、選挙から民主的正統性が生じるという議論をめぐっても、「権限規範の外に正統性があるとしても、その分析は法律家の役割ではない。法律家は、首尾一貫するのであれば、法規範の中にのみ正統性や権威をみるべきである」[17]と述べている。

しかし、民主的正統性の淵源となる普通直接選挙それ自体は、国民主権にもとづき不可欠の構成要素として憲法典の中に組み込まれている。ここで同様に留意すべきは、「『憲法Constitution』

は成文法に尽きるものではなく…、同様に、固有に政治的な出自をもつ書かれざる準則をも含んでいる」[18]という点であるように思われる。

「書かれざる準則」は、次にみるように、議会制—国会—をめぐっても問題となる。

二　議会制・国会をめぐる実質的意味の憲法

「国政の組織や在り方についての法」という意味での憲法が、「憲法典のみならず、他の成文・不文の法源によっても構成される」ことの重要性は、つとに指摘されてきた[19]。こういったからといって、もちろん、最高法規としての形式的意味の憲法—憲法典—の重要性が何ら否定されるものではない。とはいえ、議会制度をめぐっては、比較憲法的にみても、憲法典以外の「成文・不文の法源」の比重は大きいと思われる。議会をめぐる成文・不文の規範の総体は議会法と呼ばれ、議会をめぐる「実質的意味の憲法」を形成する[20]。とりわけ日本国憲法のように、国会制度をめぐる憲法規定が比較的簡略な場合、憲法典以外の「成文・不文の法源」の比重はより大きなものとなる。国会法及びその附属法ともいえる諸法、議院規則及びその他両院の内部規則、先例集として編纂された先例、さらには不文の慣行など、その形態は様々である。議会をめぐる「実質的意味の憲法」の中でかねてより問題とされてきたのが、それらの中心である国会法と憲法典との関係である。

議会法の形成においては、議会を構成する議院の自律性が強く認められるのが、比較憲法的にみれば一般的である。明治憲法の場合は、憲法典自体が議院法の存在を予定し、議院規則の規律事項を「内部ノ整理ニ必要ナル諸規則」に限っていた。一方日本国憲法は、代表的体系書が指摘するように、「憲法上法律の所管とされたものを除き、両議院の自主的な立法にゆだね、国会法の存在を想定していない点で、明治憲法の考え方と根本的に異なる」(21)。にもかかわらず、国会法が議院の内部組織や議事手続を広く定めてきた。「比較議会法的な常識から見ると、これをも規則自律権と呼べるかどうか、はかなり疑わしい」(22)。国会法をめぐる最初の体系書のひとつは、「国会法は憲法の規定から直接に生まれたものではなく、憲法規定の運営のために広い意味での慣行のうえに成立したものと見るほかない」(23)と指摘している。そしてその背景として、戦前の議院法的意識の残存という主観的要因に重ねて、議院法的意識を前提に憲法規定が解釈され、憲法中の国会に関する立法事項の規定が制限列記とは考えられなかったこと、委員会制度をはじめ新たに両院共通の仕組みを作り出す必要があったことなどをあげている。国会の両議院、とりわけ参議院に対して独自性の発揮が求められてきたが、内部組織についての自律的決定権が不十分な議院にそうした要求をすることには、そもそも限界がある。独自性をめぐる議論は、いきおい、選挙制度や代表基盤のあり方に収斂してきた(24)。

憲法のもとでのあるべき国会と現実の国会との乖離は、これまでも論じられてきた。しかし、そうした乖離を論じる際にはなお、現実の国会の姿の少なからぬ部分が所与として暗黙裏に想定されてきたのではないか。そして、それらは本来、必ずしも憲法から当然に導かれるものとはいいきれないのではないか。国会法をめぐり問われるのは、「ねじれ」が顕在化させた問題とも通じる、こうした点である。

同じ問題は、国会制度の細部の随所にもみられるように思われる。一では、二〇〇〇年代以降の「ねじれ」の深刻化の背景として、憲法の規範構造と運用との「ねじれ」について触れたが、加えて、両院の対立が長らく顕在化しなかった中で形成され、これまで自明視されてきた議事ルールのなかにも、合意形成を困難にする要因が含まれていたのではないか。ここで詳論する余裕はないが、「国会誕生から現在までを貫く通奏低音のような、両院関係の制度そのものが内包するゆがみがあるのではないか」(25)との議会実務家の指摘の意味を、十分受け止めてみる必要があろう。合意形成のルールをめぐり、あるいは両院の独自性をめぐり、会期不継続の原則、両院の委員会構成など、憲法学があらためてとり上げるべき問題は少なくない(26)。それらの中には、憲法典が規定する国会制度の構造全体との整合性だけでなく、同時に個別のテクストの解釈と関わる問題も存在しており、複雑な考慮を要する。

一例をあげよう(27)。例えば、合意形成に向けて両院間で十分な議論を行うという観点から、現在採られている会期不継続の原則の見直しや立法期的な運用の必要性も説かれる(28)。そうした指摘には十分な理由があるが、問題は存外複雑である。会期不継続の原則をめぐっては、まず、現行制度上認められている議案の継続と議決の継続とを区別する必要がある。さらに後者については、憲法の文言上明らかに議決の効力の不継続がとられていると解される場合を仕分けする必要があろう（衆議院の優越の発動に関する、「六十日以内」（五九④）、「三十日以内」（六〇②）、「十日以内」（六七②）

という期間の規定には、いずれも「閉会中」ではなく、会期中を示唆する「国会休会中の期間を除いて」との文言が付されている)。また、立法期制のような運用を構想するのであれば、衆議院議員総選挙を単位とする「立法期」のみならず、参議院通常選挙を単位とする「準立法期」をどこまで考慮するのかといった点も問題となり得る。半数改選とはいえ、通常選挙によって、参議院の意思を形成する母体に変化が生じるからである。いずれもが実務上意識されてきたが、憲法学が十分に論じてこなかった問題である。

問われることになるのは、本来議会制を規律しているはずの「書かれざる準則」の意味を見極め、議会をめぐる適切な「実質的意味の憲法」を形成してゆくことである。

むすび

小考では、議会制民主主義という主題に憲法学がどう取り組むべきかについて、素描を試みてきた。「多角的」な方法の必要性を意識しつつも、「複雑な諸要素の函数関係の総体」を憲法学固有に論じる意味は何かという問いは難題である。

ただいずれにせよふまえるべきは、余白の中に描かれてきた議会制の姿は、憲法が枠づける政治機構の全体構造と必ずしも整合的なものではない可能性がある、という点である。政治改革と「ねじれ」は、日本の憲法学に対して、議会制民主主義という一見論じ尽くされたようにもみえる主題に潜む、なお未解決の課題を突きつけた。首相への権力の過剰な集中と対抗する力の脆弱さが際立つ二〇一二年以降の状況の下でも、憲法が枠づける政治機構の全体構造と現実の議会制・民主主義との整合性は、なお変わらず問われるべき問題といえよう。

（1）全国憲法研究会「討論・小選挙区制と議会制民主主義」ジュリスト三六六号（一九六七年）四八頁。
（2）同・六九頁。
（3）同・七一頁。
（4）樋口陽一『近代立憲主義と現代国家』（勁草書房、一九七三年）八〇頁。
（5）たとえば、建林正彦＝曽我謙吾＝待鳥聡史『比較政治制度論』（有斐閣、二〇〇八年）。同書では、憲法の統治機構論にとっても、政治学の理論・実証研究の成果が重要であることが指摘されている（.iv頁）。
（6）高見勝利「議院内閣制」大石眞・石川健治編『新・法律学の争点シリーズ三　憲法の争点』ジュリ増刊（二〇〇八年）二一八頁。
（7）法の科学四六号（二〇一五年刊行予定）に拙稿を掲載する予定である。
（8）選挙制度審議会『選挙制度及び政治資金制度の改革についての答申』（平成二年四月二六日）五頁。
（9）J. C. Mansfield, Jr., *Taming the prince : the ambivalence of modern executive power*, Free Press, 1989, p. 278.
（10）高見勝利『現代日本の議会政と憲法』（岩波書店、二〇〇八年）八六－八七頁。
（11）P. Lauvaux,《Propositions méthodologiques pour la classification des régimes》, *Droits* 32, 2000, p.113.
（12）政治学からの応接としてたとえば、竹中治堅『参議院とは何か 1947～2010』（中公新書、二〇一〇年)。

(13) A. LeDivellec, 《Le prince inapprivoisé. De l'indétermination structurelle de la Président de la Ve République》, *Droits* 44, 2007, p. 104.

(14) 拙稿「参議院の機能と両院制のあり方」ジュリスト一三九五号(二〇一〇年)四五－四六頁。

(15) B. Daugeron, 《Les électeurs sont-t-ils le peuple? Peuple, citoyens, électeurs en droit constitutionnel : essai de distinction théorique》, *La Constitution, l'Europe et le droit. Mélanges en l'honneur de Jean-Claude Masclet*, Publication de Sorbonne, 2013, p. 184.

(16) B. François, *Naissance d'une Constitution. La Cinquième République 1958-1962*, Presses de Sciences po, 1996, p. 99.

(17) B. Daugeron, *La notion d'élection en droit constitutionnel*, Dalloz, 2011, p. 1039.

(18) P. Avril, *Les conventions de la Constitution*, P. V. F., 1997, 1999, p. 2.

(19) 小嶋和司『憲法学講話』(有斐閣、一九八二年)三－四頁。

(20) 大石眞『議会法』(有斐閣、二〇〇一年)五－六頁。

(21) 芦部信喜／高橋和之補訂『憲法〔第五版〕』(岩波書店、二〇一一年)三〇六頁。

(22) 大石眞『議院自律権の構造』(成文堂、一九八八年)二八〇頁。

(23) 黒田覚『国会法〔初版〕』(有斐閣、一九五八年)三二頁。

(24) 同書・二八－三一頁。

(25) 白井誠『国会法』(信山社、二〇一三年)二一二頁。

(26) 筆者なりの問題の粗描として、拙稿・前掲注(14)五〇－五一頁。

(27) 以下については、白井・前掲注(25)六六頁以下を参照。

(28) 大石眞『憲法秩序への展望』(有斐閣、二〇〇八年)一六五頁以下。

多数派と反対派
――多数決民主主義を超えて――

東北大学教授
糠　塚　康　江

一　政治改革と国民内閣制論――問題の所在

一九九〇年代以降、政治部門をめぐる憲法学説は、多かれ少なかれ、高橋和之の主張にかかわる国民内閣制論を参照軸に展開されてきた。国民内閣制論は、国民が選挙で明確な多数派を選出することを通じて、事実上内閣（総理大臣）を決定し、その内閣が遂行していく「政策体系」が選ばれることを、強調するものであった。背景に、長らく続いた一党優位制のもとでの議会制民主主義の機能障害を克服するためには政権交代が不可欠であるという課題意識と、民主政治とは国民の多数派が求める政策体系を遂行していくことである、という認識があった。国民内閣制論は、議会中心構想から内閣中心構想への思考の転換を促し、「民意」に二者択一を迫る二大政党制・小選挙区制の導入を許容し、選挙時の「選択」の結果が「公式の国民意思」となって、内閣の政策を強く正当化する効果を生む。このため、高橋の理論は、選挙の政権選択の機能を強めることを目指した、小選挙区比例代表並列制を柱とする政治改革の正当化理論と目され、多くの疑問と反論を誘発した。

高橋自身は、国民内閣制論が想定する内閣による政策の遂行が暴走の危険をはらむことを自覚し、強力な内閣（＝与党）への「対抗力」をもつ国会（＝野党）をセットで考えなければならないことを強調していた。が、現実の政治はそのようにはならなかった。選挙区ごとの多数決である小選挙区制の多数派出力効果は、二〇〇五年、二〇〇九年、二〇一二年の総選挙で第一党が想定以上の地滑り的大勝利を収めることによって実証された。その勢いは二〇一三年の参議院議員選挙にもおよび、（野党が参議院の過半数を占める）「逆転国会」が解消され、国会の論戦成立が危ぶまれるほど、野党勢力は規模の上で縮減されている。二〇一四年一二月の総選挙も同様であった。

国会は、憲法上、①国民代表機能、②立法機能、③内閣創出機能、④政府・行政監視（統制）機能を有する。選挙結果（＝選挙時の多数決の効果）が③に及ぶのは当然としても、それを超える、選挙時の「民意」を絶対視する政権担当者の「民主政」観は、国会の②、④の機能を極小化する傾向にある。内閣総理大臣の指名手続きを通じて「非多数派」の存在が可視化されるが、複数の中小政党から構成されているため、国民内閣制論が想定していた「もう一つの政策体系」(alternative) は有権者に見えにくい。結果として、国民内閣制論が想定するような事実上の「政権交代」圧力は、多数派に対して働かない。

こうした状況で、多くの論者が指摘しているように、多数派が自己の権力の正統性の根拠として援用する選挙の意義について、確認しておく必要がある。選挙で示される「民意」は、「有権者意思」であって、主権者としての「国民意思」ではない。そもそも内閣が統治を担うのは、憲法によって授権され、憲法から権限を引き出しているからであって、選挙によって「主権者国民」から統治権を委任されているからではない(1)。選挙で表明された「有権者意思」ですら、直結するのは、議院内閣制のメカニズムを介した「政権担当者」の指名にとどまり、政権の掲げる政策の正当化までを含むものではない。もしそのようなことが可能であるとすると、選挙民が多数派に「白紙委任」をしているも同然となり、前示の国会の役割は、③の機能を果たした時点で終ってしまうことになる。選挙の際に候補者が掲げる所属政党の政策体系は、選挙に引き続いて始まる立法期において、当該政党が政権についた暁に、国会で審議されるべき政治的アジェンダの一覧にすぎないはずである(2)。

それどころか、そのようなアジェンダの一覧に対する支持があるという見方も、確かな根拠がある話ではない。投票に際して、有権者の判断にあっては、前立法期おいて政権を担当してきた政治勢力に対する「過去の実績評価＝査定」と、次の立法期に向けての政権公約に対する「未来イメージ＝期待」が、ないまぜになっている。情報の流れが豊かになればなるほど、前者についての情報が蓄積されるが、後者は「訪れる未来」であって、判断の材料は「イメージ」に過ぎない(3)。そうであれば、有権者の判断は、レトルスペクティヴにならざるを得ないのではないか。実際、二一世紀に入ってからの二回の政権交代は、前政権の「オウンゴール」の感をぬぐえない。二〇一四年の総選挙の結果も過去の実績をめぐる「トラウマ」が払拭されていないことからする、消極的〝現状肯定〟という見方ができるだろう。

筆者は、民主党政権の下ではあったが、選挙による政策の正当化と国会審議軽視の傾向を捉え、国民内閣制論でさえ、内閣への「対抗力」を有する強力な国会（＝野党）をメカニズムに組み込んでいる点で、現実政治に対する批判的意義を持ちうることを論じた(4)。拙著に書評を寄せてくれた毛利透は、筆者の意図を正確に読み解いた上で、国民内閣制論の積極的意義は、「国民による『政策体系』の決定に価値を置く」点にあることに、注意を促した(5)。実際の政治状況は、毛利の指摘のように「国民による『政策体系』の決定」という解釈を政権担当者に許し、政権の政策決定に「お墨付き」を与える方向に推移していることを認めなければならない。しかしながら、そのことを批判するにとどまるのではなく、「選挙（だけ）民主主義」状態から理論的な転換を図ることが必要ではなかろうか。筆者は、高橋が、統治のプログラムが法律に書き込まれるプロセスを不可欠とする点に着目し、国会によるコントロールのメカニズムを構想したことに立ち戻ることに、なお意義があると考える。統治が法律という形式を必要とするゆえに、国会こそが、統治に関する議論を行い、国民に対して統治のプログラムの正当性を説明し、あるいはその問題点を指摘し批判するトポスとなりうるからである。そこで、以下では、国会の機能に即してその意義の再点検を試みる。

このことを通じて、議会制をめぐる理論的課題の諸相のいくばくかを明らかにすることが、本稿のささやかな目的である。

二　国会の代表機能

日本国憲法は、国民主権原理を採用している。国家の存在を前提とする主権が帰属する「国民」は、講学上、観念的抽象的法人として理解される。国会議員は「国民代表」の地位（四三条一項）にあり、「国民意思」を「法律」の制定を通じて表明する。国民代表による形成以前に国民意思は存在しない。社会全体に共通する一般利益を練り上げるためには、議員は選出母体の特殊利益に拘泥すべきではないとしても、まったく何もないところから議員が独善的に国民意思を創造するという想定は受け入れられない。《国民主権—国民代表理論》の提唱者として目されるシィエスの時代から、そうである(6)。代表議会のメンバーには、現実の日本社会に生きる生身の国家メンバー（社会学的・政治学的分析に対象となる「国民」）が現実に抱く願望や思いに敏感な感性が必要である。社会全体に共通する一般意思は何かを、審議を通じて認識する役目を負う国民代表の感度が人々の思いとずれている場合に、人々はまともに代表されていないと感じる。そのような代表体には民主的正統性はない。

国民内閣制論が、国民による「政策体系」の選択に積極的意義を見出すのは、この次元での話である。しかしそれは、選挙制度によって切り出された選挙時の「民意」の一断面を写し取ったにすぎないことに、留意しなければならない。この「切り出し」が必要なのは、定期的に統治者の刷新を行わなければならないというルールがあるからである。「切り出し」の結果、内閣が創出される。

現行の選挙制度による「民意」の「切り出し」は、選挙時に焦点を当てたものである。そのため、選挙の勝利を至上目的とする「民意」に敏感な「民主政」に偏差する。「選挙」が過ぎれば（遠のけば）、生身の人々に対する国民代表の感度が鈍くなりがちだ。その上「民意」は流動的だ。状況が変われば、当然に変化する。そこで、選挙後（選挙場面以外）においても、国会に人々の願望や思いを敏感に感知させ、「代表性」の精度を上げ続けていく必要がある。「国民代表を通じた国民意思形成のプロセス」は、絶えず更新され続けなければならない。この課題への対応のために、現代の代表制理論は、「討議」をプロセスに組み込む（現代代表制理論の討議的傾向）。一方に、市民社会での「民意」の表出を活発化させ、政治プログラムを作成するためのアジェンダ設定の討議がある。他方に、正式な決定機関である国会による個別の意思決定のための討議が存在する。これを架橋するのが国民代表＝議員であると考えられる(7)。党の政策立案に必要な人々の思いを伝達するのは、有権者に接触する個々の議員のはずだ。議員は、国民代表として国会審議に加わり、政府法案に不備を見つけたなら、与野党問わず、国民にとってよりましなものにするための修正を提案するのが当然だろう。「議員は、一方で選挙区の意思を『反映』しながら、他方で何が一般意思であるかを同僚議員との討論・説得のなかで自己の良心に基づいて判断し、両者の乖離を選挙区民への働きかけ（討論・説得）を通じて埋めてゆくという役割を果たさなければならない」(8)からである。代表制は公共圏と議会制とを接合する永久運動として把握されるのである(9)。

三　内閣創出機能と野党会派

国民内閣制論が、内閣のコントロールは実質的に野党に委ねられるというとき、内閣創出（国会による内閣総理大臣指名）時に可視化された、選出された内閣総理大臣を支持する「多数派」と「反対派」が念頭におかれていたと考えられる。この反対派に注目して、何らかの地位を承認することは必要であろうか。

国会法上、衆議院の少数会派を前提にした「予備的調査」がある。予備的調査とは、衆議院の委員会が行う審査または調査のために、委員会がいわゆる下調査として衆議院調査局長または法制局長に調査を行わせるものである。委員会が予備的調査を命ずるのは、委員会がその旨を決議した場合と、四〇人以上の議員が予備的調査要請書を議長に提出し、この予備的調査要望書の送付を受けた委員会が予備的調査を命ずる場合の二通りである。現実の政党政治の下では、少数会派が国政調査権の発動を促して調査を行わせ、必要な情報を入手するのは困難である。他方、行政監視院法案をめぐって、国政調査権またはこれに類似した権能を議院または委員会と無関係に行使することには憲法上疑義があるという見解があった。そうした疑義を回避しつつ、なお少数会派からの調査意向が反映される制度として、予備的調査制度が案出されたのである。こうした例はあるが、憲法上はもとより、国会法上も「反対会派」・「少数会派」は存在しない。

一般に、議会「反対会派」・「少数会派」を定義することは難しい。多数決の際に可視化されるとしても、数量的規模の上から、議員個人から過半数に満たない議員集団まで幅がある。また質的にも、立法作用の場合と政府統制作用の場合とでは異なるであろうし、政府統制作用についてもその行使形態はさまざまであり、与党会派の議員も、場合によっては政府統制作用に加わる場合がある。

二〇〇八年の大規模な憲法改正によって、フランスでは、「反対会派」(groupes d'opposition) と「少数会派」(groupes minoritaires) に「特別な権利」(droits spécifiques) が認められた (五一条の一)[10]。実際にどのような「権利」が認められるかは法律に委ねられているが、憲法上の地位を承認されたことで、ある種のポジティブ・アクションの導入が解禁されたとみることができる[11]。反対会派の憲法上の承認は、公法において、政党および政治団体の地位を支配する平等原則と比例原則からの違背を意味するからである[12]。二〇〇八年改正に先立って提出されたバラデュール委員会 (comité d'Edouard Balladur) は、「反対会派」概念が、二極化された政治状況にとらわれることを嫌う政党や政治団体の存在によって、定義づけが困難であることを指摘していた[13]が、そのために、改正に際しては、「少数会派」という範疇が付加されたものと思われる。

こうした例から考えると、反対会派、あるいは少数会派に何らかの権利を付与する理由として、議員全員に付与された権利や会派構成員数に比例して配分される権利では、反対会派として「対抗力」を発揮するに不足があることが推測される。他面、他の会派には認められていない権利を付与される以上、それに見合う責任を伴うことになるだろう。その結果、責任を免れた自由を失うことになる。そうであれば、まず、既存の付与された権利や配分された権利を十全に活用し、何が不足しているのか、吟味が必要となるだろう。

四　立法機能と統制機能

国会審議は、法案・予算、条約などの「議案審議」と「国政調査」の二つからなり、通常、常任委員会を中心にすすめられる。議案の提出（発議）→委員会付託→委員会審査（議案の趣旨説明→質疑→討論→表決）→本会議審査（委員長報告→討論→表決）というプロセスを経て、議院の意思が形成され、原則として、両議院の議決が一致したときに国会としての議決が成立する。国会に法案が提出される回路は、内閣提出（内閣の法案提出権を否定する立場も理論上ありうる）と議員発議の二通りである。内閣提出法案の場合、事前の与党審査で法案の内容が確定されており、国会提出後は、与党議員がひたすら法案成立に走る。「党議拘束」が審議の最初からかけられていると、最初から結論ありきの審議になる。それゆえ、国会審議の充実のためには、従前から指摘されてきたように「国会審議活性化」の諸方策(14)が講ぜられなければならないことはいうまでもない。

第一段階の議案の趣旨説明にあたっては、これを簡略化せず、できるだけ詳細かつ明確にするよう補足説明を求める。第二段階の質疑では、政策の目的・目標と、その遂行手段、その効果の測定のための指標を明らかにする。政策の途中・事後の評価を行うのであれば、法律の中に、指標となるものを規定することが望ましい。実際には、これはかなり困難なことで、法律の規定は抽象的なものにとどまることが多い。そこで質疑を通じて、政策目標とその実施の手段をできるだけ具体化していく必要がある。たとえば、そのような政策を立案するにいたった立法事実（予算審議ではその予算の前提となっている経済予測など）を明確にさせる。実施手段については、代替案を提示させて、そのメリット、デメリットの比較を求めてもいいだろう。委員会の審議は、現状をふまえての未来予測、シミュレーションであるから、どの程度の確実性で成果を見込んでいるのか、情勢が変化した場合にはどのような措置を講ずる用意があるのか、質疑を行う。参考人・公述人からの意見聴取・質疑は、基本的には意見や事実の説明を求めるものだが、専門家としての政策評価を求めることも可能である。法案・予算審議では、政府との公開の対話を通じて、提案者からできるだけ多くの情報を引き出す。「専門知識もない」国会が——そしてその対話の公開を通して国民が——理解可能なように、提案者に説明責任をはたさせることが重要である。それが国民に対する国会の責務である。提案者に説明義務を果たさせるために、政府提出法案に「影響調査（étude d'impact）」[15]の添付を義務づけることも、制度改革の選択肢となるだろう。

このように、法案審議を通じて国会は政府の統制及び公共政策の評価を行う。国政調査権は、その有力な手段である。これを有効に活用するためには、調査の結果を報告書にまとめ、国民に公表する必要がある。国政調査権の発動には多数決を要するのが原則であるため、政府統制・行政監視機能の一環であるにもかかわらず、その発動に与党の賛成を要するという矛盾をはらんでいる。国政調査権ほどの強制力を望まなくとも、所管委員会にはかなり強力な権限が与えられており、もてる資源を十全に活用することで、省庁別の事業仕分けなど政府統制・行政監視機能の充実・強化を図り、国会の公開機能を通じて国民に対して情報を発信することは十分に可能である(16)。

現代は、モニタリング・デモクラシーの時代といわれている。「モニタリング」とは、国民が恒常的に視ていること、いつでもどこでも組織あるいはネットワークが権力の行使を視ていることをいう。そうであれば、国会審議そのもの、委員会や本会議での審議・質問制度を通じて日常的に実行される政府統制・行政監視を通じて、国会が情報を発信することが重要である。国会は、政府（内閣・行政）の活動の情報を集め、対話し、その評価を行うことによって、国民による政府批評を喚起するのである。そのことによって、選挙時点での「民意」が時間の経過の中で再活性化されるのである。

二〇一四年一二月から施行された特定秘密保護法は、右にいうモニタリング組織を沈黙させる効果を狙った側面を有する。国会は、特定秘密に関する監視活動を行うため、衆参両院に、情報監視審査会を常設した（国会法一〇二条の一三以下）。同審査会は、年に一度、特定秘密の指定・解除、適正評価の実施状況について報告を受ける。同審査会は秘密会を原則とする。運用は、メンバーの多数を占める与党の委員次第ということになるため、監視の実効性に疑問が持たれている。今後注視すべき点である。

（1）　V. Bruno Daugeron, *La notion d'élection en droit constitutionnel : Contribution à une théorie juridique de l'élection à partir du droit public français*, Dalloz, 2011.

（2）民主党が勝利を収めた直後の大臣就任会見の際の、「八ッ場ダム」の建設中止発言は、このことの問題性を浮き彫りにしたものとして記憶に新しい。糠塚「〔法律時評〕マニフェストは『民意』なのか」法律時報八二巻三号（二〇一〇年）一頁以下を参照。

（3）Bernard Manin, *Principes du gouvernement représentatif*, Flammarion, 1995, pp. 223 et s.

（4）糠塚『現代代表制と民主主義』（日本評論社、二〇一〇年）序章を参照。

（5）『憲法理論叢書⑲　政治変動と憲法理論』（敬文堂、二〇一一年）二四三頁以下。

（6）長谷部恭男「世代間の均衡と全国民の代表」奥平康弘＝樋口陽一編著『危機の憲法学』（弘文堂、二〇一三年）二一八－二一九頁。

（7）糠塚・前掲注（4）序章を参照。

（8）高橋和之『立憲主義と日本国憲法〔第二版〕』（有斐閣、二〇一〇年）三一三頁。

（9）そうであれば、公共圏と議会制の接合のルートは、制度化されない。選挙と議会制のチャンネル外のルートからの監視や批判によって、政治への影響を及ぼす「カウンター・デモクラシー」（Pierre Rosanvallon, *La Contre-démocratie, La politique à l'âge de la défiance*, Seuil, 2006）や、「モニタリング・デモクラシー」（ジョン・キーン〔森本醇訳〕『デモクラシーの生と死（上・下）』みすず書房、二〇一三年）が、今日勃興していることは、現代代表制の討議的傾向と適合的である。

（10）この改正の主題については、曽我部真裕「議会内における野党会派の位置づけについて―フランスの二〇〇八年憲法改正を素材として―」法学論叢一六四巻一―六号（二〇〇九年）五五二頁以下を参照。

（11）Pierre Avril,《La reconnaissance constitutionnelle de l'opposition》in Jean-Pierre Camby, Patrick Fraisseix et Jean Gicquel, *La révision de 2008 : une nouvelle Constitution ?*, LGDJ, 2011, pp. 27-28.

(12)　二〇〇六年六月七日の決議による下院規則改正は、立法作業の質の改善と、与党会派と野党会派の概念導入と野党会派に属するとされた会派に、いくつかの権利を付与することを内容としていた。憲法六一条一項による必要的審査によって、憲法院は、後者の内容について違憲判断を下した。「会派間に正当化できない取扱いの差異を設ける」効果があることが理由であった(Décision n° 2006-537 DC du 22 juin 2006, cons. 13)。

(13)　Comité de réflexion et de proposition sur la modernisation et le rééquilibrage des institutions de la Ve République, *Une Ve République plus démocratique*, 2007, p. 65.

(14)　「党議拘束の緩和」、「質問時間」制度、「固定的審査方式」(発言順・発言時間の割り当て)の再考、内閣の法案修正権、与党審査を国会審議に持ち込んで、政策決定の透明性を確保する工夫などがある。委員会審議を与野党議員と内閣との自由闊達な議論に委ね、法案修正を経たうえで、採決について「党議拘束」をかけるという方法もあるだろう。大山礼子は、党派的駆け引きを離れた地道な審議の実施によって、「内閣と与野党会派とのコンセンサス形成をめざした」審議の多様化を図ることを提唱する。内閣にとっての重要法案であれば、与党議員の同意を得るために「法案と内閣信任決議案を同時に提出する」ことが考えられるとする(大山礼子『比較議会政治—ウェストミンスターモデルと欧州大陸型モデル』(岩波書店、二〇〇三年)二五〇―二五二頁を参照)。

(15)　環境アセスメントして導入済みの手法であるが、これを法案全般に広げるものである。いわゆる「立法の質」の改善策として、ヨーロッパにおいて「影響調査」が導入されている。フランスでは、二〇〇八年憲法改正時に、憲法に基礎をおく制度として導入された。フランスにおける「影響調査」については、糠塚「立法手続における『影響調査』手法の可能性——『よりよき立法プロジェクト』への寄与のための試論」(高見勝利先生古稀記念『憲法の基底と憲法論』(信山社、近刊）所収）を参照。
(16) 大山礼子『日本の国会―審議する立法府へ』（岩波書店、二〇一一年）二三二―二三四頁。

司法の独立についての覚書

京都大学教授
曽我部真裕

一　はじめに

全国憲法研究会が発足した一九六五年は、憲法をめぐる状況こそ、この研究会の発足を促すような緊迫した時期であったが、裁判所の司法行政の観点からは、「田中コートの激動期と、やがてやってくる石田コートの大波乱の間にはさまれた、比較的静穏な時期」にあたっていた(1)。樋口陽一によって、戦後司法の「二つの分水嶺」(2)と位置づけられた両コート期が、日本における裁判官の独立および司法府の独立に関する議論を決定的に規定したことは異論のないところであろう。

すなわち、田中耕太郎最高裁長官（一九五〇年－一九六〇年在任）の時期には、政治部門による司法府への干渉がたびたび問題となった。憲法学では、浦和事件における国政調査権行使をめぐる参議院と最高裁との対立がよく知られているが、一九五〇年代半ばにくすぶり続けていた裁判所法改正問題も重要である(3)。いずれにしても、これらの問題を大過なく乗り切った司法府は、政治部門に対する一定の独立を獲得することとなった。その反面、最高裁事務総局を中心とする司法行政の強化はこの時期から始まっていた。

石田和外長官(一九六九年-一九七三年在任)の時代には、一九六七年の恵庭事件判決以降、与党からの偏向判決批判や、それと結び付けられた青法協問題を背景に、司法府内部で最高裁による裁判官の統制が強化されることになる。

こうした経緯を踏まえ、憲法学においては、司法府の独立に関しては政治部門、特に内閣に対する最高裁の自律性を強調する解釈が志向される一方で、裁判官の独立に関しては最高裁(事務総局)の統制からの裁判官の独立の確保に焦点が置かれることとなった。

その後、二〇〇〇年代初めには、これら「二つの分水嶺」と並ぶ戦後司法の第三の分水嶺というべき司法制度改革が行われたが、こうした議論フレームには大きな変化はないように思われる。

本稿では、裁判官の独立について、従来の議論フレームを確認した上で、司法制度改革期になされた議論も踏まえつつ、ささやかながら異なる観点を提示しようとするものである。

二　従来の議論フレーム

1　従来の問題把握

冒頭に述べたように、司法府の独立に関して学説は、政治部門、特に最高裁長官の指名権（憲法六条二項）、最高裁裁判官及び下級裁判所裁判官の任命権（七九条一項、八〇条一項）を有する内閣の裁量権を限定し、あるいは最高裁の自律性を確保することに関心を寄せてきた。また、裁判官の独立に関しては、従来の学説の主たる関心事は、司法部内での独立、すなわち、最高裁（事務総局）による統制からの解放であり、そのための憲法解釈論や制度改革論が展開されてきている。

それによれば、最高裁による主たる統制手段としては、究極的な手段である再任拒否のほか、人事配置によるもの、昇給ペースのコントロールによるもの、情報による統制（裁判官会同・協議会や調査官解説による最高裁の「公式見解」の伝達）といったものが挙げられる。

2　憲法解釈

1で述べた問題把握に対応して、憲法解釈論としても、大要以下のように説かれてきた。まず、六条二項、七九条一項については、最高裁裁判官を内閣が自由に任命することには疑念が示され、戦後初期に存在した裁判官任命諮問委員会のような機関の設置に好意的な見解が有力になっている（答申の拘束力は一般に否定されている）(4)。ただし、この制度は内閣の裁量権を限定するものではあっても、最高裁の自律性確保には直結しない。

次に、下級裁判所裁判官の任命は、最高裁の指名した者の名簿によって内閣が行うこととされている（憲法八〇条一項）が、この規定の解釈について、任命すべき裁判官数と同数の候補者を登載し、内閣の選択権がないような名簿であっても許容されるとされ(5)、あるいは、内閣は候補者について拒否権を有しないとする解釈が有力である。これらの解釈は要するに、下級裁判所裁判官の任命権を最高裁が握っているとするものである(6)。このことは、内閣に対する最高裁の自律性を強調するものであるとともに、司法部内での最高裁の影響力への統制の契機が存在しないことをも意味する。

さらに、八〇条一項の再任規定は、一九七一年の宮本判事補事件を契機にクローズアップされ、諸説が主張されたが、ここでは、再任名簿の登載は自由裁量処分であるとする最高裁の見解に対してこれらの諸説が一致して批判的であり、司法部内における裁判官の独立への配慮が強調されていることを確認しておきたい。

なお、憲法七六条一項の裁判官の「良心」の解釈については、従来、上記のような問題把握の文脈ではなく、より一般的な裁判官の独立の観点からの解釈論が中心であったが、近年、司法部内における裁判官の独立を確保するための実践的な解釈として、裁判官の「良心」は、裁判官の特権であるとする見解が主張されている(7)。

3　制度改革論

次に、1で述べた問題把握に基づいて、法改正や運用改善のレベルで制度改革論も主張されているが、主なものとしては次のようなものがある。

まず、抜本的な改革論として、法曹一元論があり、弁護士会を中心として、根強い支持がある。もともと、憲法八〇条一項によって下級裁判所裁判官に任期制が導入されたのは、占領初期のニュー・ディーラーの影響のもとに法曹一元制が予定されていたためであるとも言われる(8)。実際にはそこまで断言することには躊躇されるが、少なくともその着想源の一つが法曹一元論的な発想にあるということは言えそうである。その意味では法曹一元論には憲法上の根拠があるといえる。

しかしながら、職業裁判官制度は戦前以来強固に確立されており、戦後の憲法や裁判所法による改革は、司法行政権を最高裁に移管した点を始め、職業裁判官制度を前提にその改革を図るものと受け取られた面もある。こうした枠内では、むしろ戦後改革の原点回帰としての裁判官自治の復権を基調とした改革案が主張されている。

ここでは、この方向での一つの到達点とも言いうる新藤宗幸の改革案によってその概要を見てみたい(9)。新藤は司法行政の包括的な改革を訴えているが、その核心となるのは、司法行政権を最高裁事務総局およびその系列化にある高裁長官、地裁所長等から、各裁判所におかれている裁判官会議へと取り戻し、裁判官の「自立」「裁判官平等」に基づく分権的なものとすることである。

新藤によれば、「裁判所の司法行政事務を合議体である裁判官会議にゆだねることは、まさに戦後司法改革の理念を具体化するもの」であり、新藤の主張は、いわば原点回帰をいうものである。

そして、各級裁判官会議が形骸化している基本的要因は、裁判官人事が最高裁事務総局に実質的に握られているからであり、裁判官会議の復権のためには人事システムの抜本的な改革が必要だとして(10)、地裁と高裁の裁判官会議、さらには学識経験者を含む市民代表が委員の過半数を占める新設の地域裁判官人事諮問委員会が協働する高裁区域単位の分権的な人事システムを提案する(11)。また、高度職業人としての裁判官の人事評価、研修については、大学の研究者をモデルに、相互評価・自己研鑽を重視した制度への転換を主張する(12)。報酬についても、現在の多段階区分は高度職業人の報酬制度に相応しくないとして簡素化すべきであるとする(13)。そのほか、裁判所の情報公開と市民参加の促進として、行政機関並みの情報公開制度の確立と、司法制度改革によって設置された裁判所委員会の活性化を提案している(14)。こうした改革後の最高裁事務総局からは職業裁判官は去り、裁判官会議を主体とする司法行政の補助・補佐に文字通り徹することとなる(15)。

以上が、「司法民主主義」の実現に向けた新藤のシナリオである。

三　検討

1　憲法解釈論について

第一節では、憲法解釈論と制度改革論とに分けて従来の議論フレームを紹介したが、このうち憲法解釈論については、筆者は今のところ、大きな変更が必要だとは考えていない。最高裁長官および裁判官の任命についてのみ一言しておくと、憲法解釈レベルでは内閣の広い裁量を否定することは困難であるが、運用レベルでは、憲法の想定とは異なっていること[16]は理解しつつ、現在のように最高裁の「自律性」を尊重する運用が望ましいのか、あるいは、より「政治化」すべきかについては、違憲審査のあり方とも関係して困難な問題であるが[17]、この問題はむしろ国会の審議、統制機能のあり方と関連していると思われる。

2　制度改革論について

(1)　司法行政の担い手について

新藤の議論を始めとするこれまでの制度改革論のうち、個別には首肯できる点も多い。裁判所は多様性と開放性をもっと備えるべきであるし、そもそも裁判官の数は少なすぎる。司法制度改革審議会も、従来の司法行政批判をかなり取り入れた内容になっていることからも分かる通り、こうした認識については広くコンセンサスがあるのではないか。ただ、従来の改革論については、なお検討すべき余地があるようにも思われる[18]。

まず、司法行政についてである。司法行政とは、「狭義の司法権がその本来の使命を十分に達成しうるように、それに必要な人的、物的機構の供給、維持、事務の合理的、効率的運用等のいわゆるハウスキーピング的な仕事をその主たる内容とする」[19]等とされるが、このうち、特に重要なのは人事と予算であろう。

裁判所法上、最高裁の司法行政権は、各裁判所に置かれる裁判官会議に委任されている（憲法七七条三項、裁判所法二〇条、二九条、三一条の五）。しかし、実際には裁判官会議は形骸化しており、司法行政権が事実上最高裁事務総局に掌握され、裁判官に対する一元的な管理がなされているというのが新藤を始めとする論者の批判であり、その処方箋として裁判官会議の復権による司法行政の分権化が主張され、最高裁事務総局の「解体」（補助・補佐機構化の徹底）が目指されることになる。

裁判官に対する管理が過剰ではないかという指摘は広く行われており、その改善が必要であることには異論はない。しかし、裁判官会議の復権による司法行政、とりわけ人事の分権化（高裁単位の人事）の現実的な機能可能性の問題は措くとしても、こうした改革論は、事務総局およびそれを掌握する「司法官僚」と一般裁判官との裁判所内部の関係に考察を限定していることによって、他の側面をそぎ落としてしまっているのではないかとも思われる。

確かに、下級裁判所裁判官の人事は、裁判所内部の問題であるとも言えるが、例えば、人事と並んで重要な予算について言えば、裁判所内部で完結する問題ではないはずである。予算案の編成と国会提出は内閣の権限であり、裁判所予算もその一部として、「内閣における予算の統合調整」（財政法一七条）の対象となるわけであるが、教科書的な説明では、そこでも司法府の独立への制度的配慮があるとされる（裁判所法八三条、財政法一七条－一九条）。もっとも、これらの条文は実際には用いられず、死文化している。

このことは、内閣が裁判所の自律性を尊重し、十分な予算措置を行っているということを意味するものではないだろう。むしろ、裁判所の政治的資源が不十分であるがゆえに、財政法の特例を活用して予算編成過程での影響力を発揮することができていないと見るのが穏当だろう。

このような事態は、司法行政を裁判所内部の「ハウスキーピング的な仕事」と見る司法行政観とも密接に関連しているように思われる。非政治的・非専門的な仕事であるからこそ、裁判官が裁判事務の傍ら、裁判官会議において処理しうるという見方になるのではないか。実際には、司法行政には、より政治的、能動的な内容が含まれるのではないだろうか(20)。今見た予算の問題はその際たるものであるし、そもそも、このような側面が欠けていたからこそ、司法制度改革のような大きな外部介入を招いたということもあるかもしれない。

ところで、このような司法行政観と関連する憲法解釈論として、裁判所の規則制定権の理解がある。すなわち、憲法七七条一項が定める規則制定権の範囲は、「訴訟に関する手続、弁護士、裁判所の内部規律及び司法事務処理に関する事項」である。この規定は一般に、憲法上には明文のない最高裁の司法行政権の憲法上の根拠の一つとされているが、上記事項のうち、「訴訟に関する手続、弁護士」は「ハウスキーピング的な仕事」としての司法行政の範囲には含まれないように思われる。この点、憲法制定直後には、裁判所の規則制定権が英米に由来するものであることを踏まえ、より広い司法行政権理解に通じる見解が示されていたことが興味深い(21)。

以上、司法行政をどのようなものとして捉えるべきかについては、今後さらに検討が必要だろうが、さしあたり予算の問題を念頭におけば、司法行政の担い手の問題を裁判所内部の問題としてのみ捉えるのではなく、他の国家機関との関係をも視野に入れた司法行政の担い手を構想する必要があるのではないか。

(2) 裁判官の独立の議論の仕方について

次に、裁判官の職権行使の独立に関して、新藤を始めとする改革論者の主張では、最高裁事務総局の権力を徹底的に縮減する必要性が強調される。しかし、こうした処方箋は唯一のものではなく、裁判官の側の基盤強化によって統制に対抗するという視点もありうるのではないか。

周知のように憲法八〇条一項は下級裁判所裁判官の任期制を定めている。この規定の趣旨は必ずしも判然としないところがあるが、前述のとおり、少なくともその着想源の一つが法曹一元論的な発想にあるということは言えそうである。

そうだとすれば、下級裁判所の裁判官は、有力な弁護士から選任されることが想定されていたと言えるが、このことは、個々の裁判官がプロフェッション的な正統性の基盤を有することを意味する。このような事態を前提とすれば、裁判官会議に象徴される「裁判官平等原則」も無理なく理解可能であるし、最高裁の司法行政権に対抗して職権行使の独立性を確保することも可能であると思われる。

しかし、現実には、このような事態が実現することはなかった。制憲議会において既に、戦前からの職業裁判官制が継承されることが前提とされており、再任拒否事由の限定が関心事となっていた。その後、宮本判事補事件の影響もあり、解釈論においても関心はこの点に集中した。また、憲法制定と並行して検討された裁判所法制定過程においても、裁判官会議制度はおかれたものの、判事補制度を含め、職業裁判官制度が前提とされていたようにも思われる。そこでは、樋口陽一の周知の批判(22)にあるように裁判官の地位は不安定化し、本稿前半で触れたような裁判官への統制の前提となった。

このような状況は、今日でも基本的には変わっていないが、本稿では、司法制度改革によって導入された国民の参加制度が、こうした状況に風穴を開け、裁判官に新たな正統性の基盤を与える可能性に着目したい。

二〇〇九年に発足した裁判員制度は、二〇一四年には発足五周年を迎え、それを契機にこの制度が刑事裁判にもたらした変革や課題の検証が行われたが、本稿のここでの関心からは、次に掲げるような裁判官アンケートへの回答が注目される。

裁判官が裁判員と対等に評議等をすることが、裁判官に対して、新鮮な刺激を与えたこと、国民の常識に対面し、従来の法曹の常識がそのままでは通用しなくなったこと、裁判員等に裁判官の考えを理解してもらうためには、従来よりももう一歩深いところからものを考えざるをえないことなど、人間的な訓練を含めて様々な良い影響をもたらしている(23)

このような回答からは、これまで疑問視されてこなかった刑事裁判の運用について、結果としてそれを改めるかどうかは別として、裁判員に対して説明を求められる。しかし、上記のアンケート回答はさらに進んで、このような説明の機会が、裁判官が改めてそうした運用の理由と正当性を考える契機になっていることが伺える。こうしたプロセスを通じ、社会常識、あるいは市民の考える公共性の有り様が裁判官に伝達されることになり、あるいは、個々の裁判官が自発的に行動様式を修正する可能性も生じる(24)。

これまでの議論でも、裁判員制度におけるコミュニケーションの要素は重視されてきた。ただ、一般には、コミュニケーションは良き裁判の実現に資するという見方が中心であり(25)、その他には討議民主主義からこの点に着目する見解(26)もあった。

これらの見方はそれぞれ重要であるが、先に引用したような回答をさらに敷衍すれば、裁判官の独立を強化するプロセスとしてこのコミュニケーションを捉えることも可能ではないか。やや誇張して言えば、裁判所の官僚的統制に対して、コミュニケーションの成果を通じて自律性を獲得するプロセスである。

裁判官が国民に接する機会を得ることで、上記のようなプロセスが中長期的に裁判官の行動様式に影響を及ぼす可能性も少なくないと思われる。

四　おわりに

これまでのところは顕著な変化があるとは言い難いが、司法制度改革の柱の一つであった司法の国民的基盤の強化は、司法府の国民への開放性の向上により、より能動的な司法行政をもたらす可能性もあったものと思われる。

その反面、それは対内的にはこれまでの司法行政の体制の維持強化をもたらす可能性もあった。これについては、裁判官の人事評価の透明化や下級裁判所指名諮問委員会の設置による若干の改善がなされたほか、次の点が注目される。すなわち、司法制度改革により、裁判員制度以外にも調停等を含めた広い意味での裁判作用や司法行政に関連する場において、裁判官が国民と直接接触し協働する機会が大幅に拡充された。こうした協働の実践によって、従来の「上からの統制」に対して「下からの対抗」の基盤が形成される可能性があるのではないか。そしてそれが裁判官の独立性を高めるのではないか、今後の動向に注視していく必要性があると思われる。

（1）樋口陽一『比較の中の日本国憲法』（岩波書店、一九七九年）一六一頁。
（2）同書一四〇頁。
（3）牧原出「政治化と行政化のはざまの司法権　最高裁判所1950-1960」公共政策研究六号（二〇〇六年）一七頁以下。
（4）宮澤俊義（芦部信喜補訂）『全訂日本国憲法』（日本評論社、一九七八年）六三八頁。
（5）同書六六一頁。
（6）同書六六一頁。
（7）南野森「司法の独立と裁判官の良心」ジュリスト一四〇〇号（二〇一〇年）一一頁以下。
（8）芹沢斉ほか（編）『新基本法コンメンタール憲法』（日本評論社、二〇一一年）四二三頁（小貫幸浩）。
（9）新藤宗幸『司法官僚　裁判所の権力者たち』（岩波書店、二〇〇九年）。また、元裁判官である西理も最近、裁判官会議の復権を軸とする改革案を主張している（西理「司法行政について（上）（中）（下）」判例時報二二四一号三頁以下、二二四三号四五頁以下、二二四四号（いずれも二〇一二年）一七頁以下。

(10) 新藤・前掲注(9)一九六頁。
(11) 同書一九九頁以下。
(12) 同書二〇五頁以下および二〇九頁以下。
(13) 同書二〇七頁。
(14) 同書二一一頁以下。
(15) 同書二二五頁以下。
(16) 今関源成「最高裁裁判官の任命慣行の問題点」ジュリスト一四〇〇号（二〇一〇年）二七頁以下（二九頁）。
(17) 見平典「憲法学と司法政治学の対話　違憲審査制と憲法秩序のあり方をめぐって（憲法学のゆくえ2－1）」法律時報八六巻八号（二〇一四年）九三頁以下、拙稿「イントロダクション（憲法学のゆくえ2－1）」同号八七頁以下。
(18) なお、以下については、拙稿「司法制度　司法制度改革と裁判所・裁判官像の転換」笠原毅彦（編）『戦後日本の統治システム再考』（ミネルヴァ書房、近刊）も参照頂ければ幸いである。
(19) 最高裁判所事務総局（編）『裁判所法逐条解説（上）』（法曹会、一九六八年）一〇三頁。
(20) この点、「むしろ将来において必要なことは、ルーティンの司法行政事務の処理のみではもはや追い付かない、根本的な裁判所制度の脱皮が迫られつつある現在、その課題の達成に必要な体制を速かに司法部内に確立すること」とする三ヶ月章の先駆的な指摘（三ヶ月章「裁判所制度比較私法制度論の立場からの一考察」田中二郎（編）『日本国憲法体系(5)　統治の機構（Ⅱ）』（有斐閣、一九六四年）七三頁以下〔一二九頁〕）は、今日においても顧みられる価値があると思われる。

（21）規則制定権を憲法で規定することの意義について高柳賢三は、「この制度を特に憲法で規定するということはこれら事項について、国会の立法権を排除するという意味にとれるのである。それは国会にたいする司法部の自治、いわば司法権独立の二〇世紀的形態であるともいえるわけである。反面からいえば司法の能率的運営について、司法部に全責任を負わせるということである」とした（高柳賢三「司法権の将来　継受法と大陸的伝統との相克」法律時報二四巻一〇号〔一九五二年〕三頁以下〔六頁〕）。また、高柳の憲法制定時の貴族院議員としての質疑については参照、大石眞『憲法史と憲法解釈』（信山社、二〇〇〇年）一六二－一六四頁。

（22）樋口陽一「裁判の独立」樋口陽一（編）『講座憲法学5　権力の分立1』（日本評論社、一九九四年）四一頁以下（四九－五〇頁）。

（23）浅見宣義ほか「日本裁判官ネットワーク・シンポジウム 司法改革10年、これまでとこれから第二部 パネルディスカッション 司法改革の現状と裁判官等の評価」判例時報二一六八号（二〇一三年）三頁以下（二一－二二頁）。

（24）参照、井上達夫「司法の民主化と裁判員制度——裁判官に期待されるもの」司法研修所論集一一四号（二〇〇五年）一〇四頁以下（一三七－一三八頁）。

（25）土井真一「日本国憲法と国民の司法参加」長谷部恭男ほか（編）『変容する統治システム（岩波講座憲法4）』（岩波書店、二〇〇七年）二三五頁以下（二七八頁）、佐藤幸治「司法改革の経緯、成果、そして課題」判例時報二一六七号（二〇一三年）三頁以下（九六頁）等。

（26）柳瀬昇『裁判員制度の立法学』（日本評論社、二〇〇九年）

日本型違憲審査制の現在

東京大学教授
宍戸常寿

一 「日本型」違憲審査制の可能性

最高裁は、一九四八年、日本国憲法により与えられた違憲審査権は、憲法の最高法規性（九八条）、裁判官の良心（七六条三項）、公務員の憲法遵守義務（九九条）の各規定から「十分に抽出され得る」ものであり、憲法八一条はアメリカでMarbury v. Madison判決（一八〇三）以来確立した違憲審査権を「明文をもって規定した」ものと述べた（最大判昭和二三・七・八刑集二巻八号八〇一頁）。そして警察予備隊事件判決（最大判昭和二七・一〇・八民集六巻九号七八三頁）は、裁判所に「現行の制度上与えられているのは司法権を行う権限であり」、その発動のためには「具体的な争訟事件」の提起が必要であるから、それが提起されないのに「将来を予想して憲法及びその他の法律命令等の解釈に対し存在する疑義論争に関し抽象的な判断を下すごとき権限」を持たないところ、最高裁も下級裁判所もともに違憲審査権を「司法権の範囲内において行使」するにとどまり、憲法八一条は最高裁が「憲法に関する事件について終審的性格を有することを規定した」に過ぎず、最高裁が「固有の権限として抽象的な意味の違憲審査権を有する」と考えることはできない、と述べた。

このように、日本国憲法の違憲審査制をアメリカ型として捉えることは、憲法八一条の成立過程からも素直であり、いまも一般的な理解である。しかし、この理解が「接ぎ木」された先は、大陸型の司法権理解、職業裁判官制度、そして実定裁判制度であった。その結果、最高裁による違憲審査権の行使はあまりにも消極的なものにとどまってきた。違憲審査制の運用が「独自に消極主義的で独特に主観訴訟の伝統に固執」し、アメリカ型と大陸型の二つのモデルから遠く隔っている、という奥平康弘の批判は、的を射たものだったといえる(1)。他方、樋口陽一は、専門法曹としての職業裁判官が具体的な生活関係における憲法の意味を示し、かかる下級審の判断の積み重ねが最高裁判例として成熟していく、という「第三の類型」として、日本の違憲審査制が発展する可能性を指摘した(2)。

一転して、近時は「違憲審査の活性化」が目覚ましい(3)。そのことは、最高裁による法令違憲の判断九件のうち四件、「一票の較差」に関する違憲状態の判断七件のうち四件が、世紀転換期以降のものである事実に、顕著に示されている。その他にも、憲法上の論点について充実した評議がなされたことを推測させる裁判例も、増加している。とりわけ堀越事件判決（最判平成二四・一二・

七刑集六六巻一二号一三三七頁）が、公務員の政治的行為の一律制限を合憲とした猿払事件判決（最大判昭和四九・一一・六刑集二八巻九号三九三頁）を踏襲しなかったことは、注目に値する。こうした違憲審査制の発展において、樋口が予想したとおり、下級審の裁判官の貢献は大きい（4）。そのことを前提としつつ、本稿では、最近の最高裁判例に見られる、「専門法曹としての職業裁判官」による違憲審査権の在り方を検討し、憲法学がどう向き合うべきかを、考えることにしたい。

二　「違憲審査の活性化」の諸相

(1)　目的達成手段の審査

基本権の制約の合憲性が問題となる多くの場面で、問題の法令を立法目的とその達成手段に分解して捉えた上で、目的の正当性と手段の合理性・必要性を検討するという判断枠組みは、学説・判例を問わず、広く受け容れられている。

判例において注目すべきは、立法目的達成手段の合理性の審査に力点が置かれている点である。例えば、郵便法事件判決（最大判平成一四・九・一一民集五六巻七号一四三九頁）は、民営化前の郵便事業について書留郵便物の逸失等についての国を責任を免除・制限する規定について、目的達成手段の合理性を否定した。国籍法事件判決（最大判平成二〇・六・四民集六二巻六号一三六七頁）は、準正子かそうでないかの区別を、日本国籍を有する父から生後認知された婚外子に対する国籍付与の根拠となる日本国との密接な結びつきの指標として合理的関連性がないものとして、否定している。さらに衆議院議員小選挙区選挙の一票の較差に関する平成二三年判決（最大判平成二三・三・二三民集六五巻二号七五五頁）は、国政の連続性・安定性を確保する激変緩和措置としての合理性が失われたとして、一人別枠方式が違憲状態にあると判断した。これらの判決は、立法目的達成のために選択された手段が適合的でないという点を咎める点で、法律の「法」としての内容的な整合性を問題にするにとどまっている。

もっとも、在外国民選挙権事件判決（最大判平成一七・九・一四民集五九巻七号二〇八七頁）が選挙権行使を制限しうる事由を著しく限定し、先の一票の較差に関する平成二三年判決が、過疎地への配慮が衆議院の議席配分における正当な考慮事由にならないと判示した点は、国会の追求し得る目的に憲法上の枠を嵌めたものと捉えることができる。さらに堀越事件判決は国家公務員法上の政治的行為を憲法適合的に解釈した上で（後述三(2)）、その禁止・処罰の合憲性を認めたが、かかる解釈を施さなければ「必要やむを得ない限度」を超える制限になることが前提されており、証券取引法事件判決（最大判平成一四・二・一三民集五六巻二号三三一頁）と同じく、目的達成手段を憲法上制限したものと評価できよう。加えて、婚外子法定相続分事件決定（最大決平成二五・九・四民集六七巻六号一三二〇頁）は、立法目的と差別の合理的関連性を問わず、従って目的手段審査の枠組みを採用しないまま、端的に旧民法九〇〇条四号ただし書を合理的根拠のない差別であると判断した点が、注目される(5)。

(2) 立法事実の変化

次に、制定された時点における合憲性を承認しつつ、その後の立法事実の変化により、判断時において法律の規定が違憲であったとするロジックは、一票の較差では定番であったが（最大判昭和五一・四・一四民集三〇巻三号二二三頁参照）、近年の憲法判例で多用されている。例えば在外国民選挙権事件判決は、在外国民に選挙権行使を一切認めなかったこと、一九九六年の公職選挙法改正によって参議院比例代表制にのみ在外投票を認めたことは、いずれも当初は合憲であったが、一定の時期から違憲となったという形で、違憲判断の遡及を避けた。国籍法事件判決も、制定当初の旧国籍法三条一項は合憲であったとしながらも、その後の日本における社会的・経済的環境の変化や家族生活・親子関係の意識・実態の変化があったとして、立法目的と区別の合理的関連性を否定した。

このような立法事実の変化論は、最高裁にとって、判例変更を回避できるというメリットがある。最高裁は、衆議院小選挙区制部分における一人別枠方式を合憲としてきたが（最大判平成一一・一一・一〇民集五三巻八号一四四一頁、最大判平成一九・六・一三民集六一巻四号一六一七頁）、先の平成二三年判決は、この方式は国政の安定性・継続性を図るものとして合理性が時限的に認められてきたに過ぎないとして、小選挙区制が安定した二〇〇九年総選挙時点では、合理性が失われたとの結論を導いた。さらに婚外子法定相続分事件決定は、旧民法九〇〇条四号ただし書の合憲性を認めた先例（最大決平成七・七・五民集四九巻七号一七八九頁）を維持したまま、社会の動向、家族形態の多様化や国民の意識の変化等から「家族という共同体の中における個人の尊重がより明確に認識されてきた」ことを理由に、二〇〇一年七月時点では違憲となっていたと判断したものである(6)。

(3)　部分無効

郵便法事件判決、在外国民選挙権事件判決、衆議院の一票の較差に関する平成二三年判決は、いずれも法令の規定のうち違憲となる部分と合憲となる部分を可分なものと捉えた上で、違憲となる文言ないし適用の部分のみを無効とした。

これに対して国籍法事件判決は、旧国籍法三条一項ではなく同条項のもたらす区別が違憲であるとした上で、同条項の「合憲的で合理的な解釈」として結果的に準正子要件を無視して、それ以外の要件を満たす子に届出による国籍付与を承認している。これは、藤田宙靖裁判官の意見が指摘するとおり、規定の適用範囲を縮減するのではなく補充する「合憲拡張解釈」と実質的に等しいものである。立法の「書き換え」に当たるかどうかについて、最高裁内部で議論が戦わされた上で、正面から正当化のための説明がなされたという点は、注目に値する(7)。

(4)　判例法理の再編成

政教分離原則については、津地鎮祭事件判決（最大判昭和五二・七・一三民集三一巻四号五三三頁）以来、目的効果基準が採用されてきたが、その基準としての有用性にはしばしば疑問が呈されてきた。第一次空知太事件判決（最大判平成二二・一・二〇民集六四巻一号一頁）は、目的効果基準の前段階の規範である、「信教の自由の保障の確保という制度の根本目的との関係で相当とされる限度を超えるもの」かどうかという出発点に立ち戻った上で、宗教団体への公有地の無償供与という事案類型に即した審査枠組みを定立し直している。もっともこれは、政教分離原則違反が問題となる他の類型についてまで、目的効果基準を撤回したものではない（最判平成二二・七・二二判時二〇八七号二六頁参照）。堀越事件判決も、先行する判例法理をその前提に立ち戻って組み替えたという側面を有している。猿払事件判決における合理的関連性の基準の導出の前提である「公務員の政治的中立性を損うおそれのある公務員の政治的行為を禁止することは、それが合理的で必要やむをえない限度にとどまるものである限り、憲法の許容するところである」という命題に戻った上で、政治的行為の概念が「公務員の職務の遂行の政治的中立性を損なうおそれが、観念的なものにとどまらず、現実的に起こり得るものとして実質的に認められるもの」に絞り込まれた、と見られるからである(8)。

他方、衆議院の一票の較差について、従来の判例は投票価値の不平等が「一般的に合理性を有するものとはとうてい考えられない程度に達しているとき」にはじめて立法裁量を超えるものと評価されるとしていたが、平成二三年判決は、国会の考慮できる事由を限定した上で、端的に国会の「裁量権を考慮してもなおその限界を超えており、これを是認することができない場合に、初めてこれが憲法に違反することになる」というシンプルな定式を採用して、立法裁量の統制密度を高めた。さらに平成二五年判決（最大判平成二五・一一・二〇民集六七巻八号一五〇三頁）は、〈投票価値の平等との抵触―合理的期間論―事情判決〉という従来の判例法理を、「単に事柄の重要性に鑑み慎重な手順を踏むというよりは、憲法の予定している司法権と立法権との関係に由来するものと考えられる」として新たな理論的正当化を図ると同時に、「憲法の投票価値の平等の要求に反する状態に至っている旨の司法の判断がされれば国会はこれを受けて是正を行う責務を負う」と指摘している。

このように「違憲審査の活性化」の舞台裏で、最高裁は、先行する判例法理を再編成する作業を、同時に行っている。もっともそれが、(2)の立法事実の変化論と相俟って、判例（法理）の変更という明確なかたちを取らない点に、問題が潜んでいるように思われる。

三　日本型違憲審査制の評価

(1)　法の支配

このような「違憲審査の活性化」の多面性を評価する上で一つの手掛かりとなるのは、最高裁が「弱者保護」ないし「社会の中の正義」の実現に徹しているという、棟居快行の「小さな司法」論である(9)。

確かに最近の判例では、在外国民選挙権事件判決における公法上の当事者訴訟の活用にも見られるように、公法訴訟全般において私権救済の志向が目立ってきている。この点で興味深いのが、一連の君が代起立斉唱訴訟である。最高裁は、校長の起立斉唱命令が、教師の思想良心の自由の間接的制約に当たることを認めつつ、その合憲性を認めた（最判平成二三・五・三〇民集六五巻四号一七八〇頁等）。しかしその一方で、「国民の権利利益の実効的な救済」と「司法と行政の権能の適切な均衡」の観点から、懲戒処分の差止め等の適法性を認め（最判平成二四・二・九民集六六巻二号一八三頁）、さらに職務命令違反者に対する減給処分を違法とした例がある（最判平成二四・一・一六判時二一四七号一二七頁）。ここには、思想良心の自由という抽象的な人権には冷たいが、具体的な輪郭のある権利利益には救済の手をさしのべるという、いわば民事的な感覚の公法領域への浸透を見ることができよう。

他方、法的安定性を重視する傾向も、「小さな司法」論とは表裏にあるものと考えれば、納得がいく。第一次空知太事件判決が、神社施設の撤去以外の政教分離違反状態の解消手段を認めたのも、当該神社施設の撤去という現状変更が氏子集団の信教の自由の侵害をもたらすことに加えて、全国の公有地上に多数の宗教施設が残存しているという現状への考慮が働いていよう。婚外子法定相続分事件決定における、判例の「事実上の拘束性」の限定は、むしろ法的安定性への顧慮こそが、これまで最高裁が当該差別に対する違憲判断を差し控えてきた真の理由であったことを物語っている。

これまで見てきたことと考え合わせれば、「違憲審査の活性化」の大勢は、司法裁判官が「法の支配」を維持・達成する手段として違憲審査権を活用している、と理解できよう(10)。それは、付随的違憲審査制の建前に素直な発展と評価することもできる。

(2) 憲法裁判の側面

他方、近時の「違憲審査の活性化」には、立法・行政のみならず裁判官をも拘束する憲法規範の優位の貫徹という側面は、皆無でないとしても希薄である。一票の較差に関する一連の判決、国籍法事件判決や婚外子法定相続分事件決定における判決の尺度は、国家権力に対抗する特段の保護を特定の内容の自由利益に提供する個別的な人権条項ではなく、伸縮自在で司法裁判官にとって使い心地の良い、平等条項である。

他方、そもそも違憲審査基準論は、司法審査の正統性という問題意識から出発して、憲法裁判における裁判官の判断に枠を嵌めるものであったが、これに対して判例は一貫して冷淡である。在外国民選挙権事件判決は厳格審査基準を採用したものと取ることが可能であり、泉徳治元判事に代表される少数意見の一部にも、審査基準論に好意的な傾向が見られることは確かである。しかし全体としてみれば、裁判所自身を縛る「基準」を定立することなく、個別の事案に即して人権に好意的な結論を導いたりそうでなかったりするというのが判例の大勢であり、堀越事件判決の千葉勝美判事補足意見はそのような姿勢を率直に表明したものといえる。

また、堀越事件判決は、公務員の「国民としての政治活動の自由」に言及するが、そこから政治的行為の禁止について部分違憲、適用違憲や合憲限定解釈といった手法を採らず、むしろ国家公務員法の規定を憲法適合的に解釈するにとどまる(11)。婚外子法定相続分事件決定も、直截に憲法の掲げる個人の尊重と婚外子差別が矛盾するというのではなく、「国民の意識」の変化というクッションを噛ませており、裁判官が憲法上の規範ないし価値の内容・範囲を確定した上で事案を解決するという判断の仕方を避けている。これらの事態は、司法裁判所に通常の法解釈と併せて憲法判断を委ねながらも、その実は憲法裁判を例外的なものとして扱う現行制度とその運用の特徴を、良くも悪くも露呈するものといえよう。

四　学説の課題

現在、「違憲審査の活性化」を踏まえて、また法科大学院教育の蓄積とともに、判例法理の分析・検討が進んでいる(12)。それに加えて、芦部信喜が説いていた、①「憲法判例における訴訟手続上の問題を整理し検討すること」、②「政治過程における一つの現象として政治学的観点から考察すること」が、ますます求められているといえよう(13)。

①について言えば、婚外子法定相続分事件決定を機に、憲法的救済法に関する具体的な議論の手薄さが痛感されたところである。また、憲法訴訟の提起についても、例えば一票の較差訴訟について、現在の公選法二〇四条の限界を踏まえれば、違憲確認ないし違憲警告の方法での純化を図るか、義務づけ・差止め訴訟等の可能性を再検討する必要があるのではないか。さらに、従来は全農林事件判決（最大判昭和四八・四・二五刑集二七巻四号五四七頁）を念頭に置いて憲法判例の変更が許されるかどうかが論じられてきたが、憲法判例の現状に鑑み、今後の憲法訴訟論は、最高裁による憲法判例の参照や組み替えの限界、憲法判例を明示的に変更すべき場合をも、論じる必要があるのではないだろうか。

他方、②の違憲審査制に関する政治・社会学的考察は、近時、最高裁判事経験者が積極的に在任中の経験を語っていることもあり(14)、急速に深まりを見せている(15)。そうした研究も踏まえつつ、政治部門と司法部門の間の「対話」という観点から、立法裁量の縮減を志向する規範的な理論の提唱も見られるところである(16)。調査官制度や少数意見制度、下級裁判所（特に行政部）との相互作用をも視野に入れつつ、憲法の運用プロセス全体の中で果たすべき違憲審査制の機能という観点から、「専門法曹としての職業裁判官」による違憲審査権の発展を促すような研究が、求められているように思われる。

＊本稿は、これまで筆者が公表してきた論文に多くを依拠しており、とりわけ「最高裁と『違憲審査の活性化』」法律時報八二巻四号五七頁以下（二〇一〇年）、「日本における違憲審査制の発展」國分典子＝申平＝戸波江二編『日韓憲法学の課題と対話Ⅰ——総論・統治機構』二二九頁以下（尚学社、二〇一二年）と重なる記述が多い。参考文献については、右記論文に掲げたものも参照して頂ければ幸いである。

（1）　奥平康弘「憲法訴訟の軌跡と理論」『憲法裁判の可能性』五六頁（岩波書店、一九九五年）。
（2）　樋口陽一「違憲審査制と裁判官像」『転換期の憲法？』一七八頁（敬文堂、一九九六年）。
（3）　例えば土井真一＝蟻川恒正ほか「〔座談会〕日本国憲法研究⑬　違憲審査制と最高裁の活性化」論究ジュリスト二号一六〇頁以下（二〇一二年）参照。
（4）　樋口陽一＝山内敏弘ほか『新版　憲法判例を読みなおす——下級審判決からのアプローチ』（日本

評論社、二〇一一年）参照。
（5） 高橋和之＝大坪丘ほか「〔座談会〕非嫡出子相続分違憲最高裁大法廷決定の多角的検討」法の支配一七五号五頁以下（二〇一四年）、特に一五頁以下を参照。
（6） 立法事実の変化論については、宍戸常寿「立法の『質』と議会による将来予測」西原博史編『立法学のフロンティア2　立法システムの再構築』七〇頁以下（ナカニシヤ出版、二〇一四年）参照。
（7） この手法については、宍戸常寿「司法審査―部分無効の法理をめぐって」辻村みよ子＝長谷部恭男編『憲法理論の再創造』一九五頁以下（日本評論社、二〇一一年）参照。
（8） 蟻川恒正「最高裁判決を読む」法学教室三九一号一一二頁以下（二〇一三年）参照。
（9） 棟居快行「最高裁は何処へ？」『憲法学の可能性』一六九頁以下（信山社、二〇一二年）。
（10） 裁判員制度合憲判決（最大判平成二三・一一・一六刑集六五巻八号一二八五頁）は、この観点からは、国民の司法参加が「刑事裁判の基本的な担い手」としての裁判官の役割が確保されている限りで合憲であるとの条件を付けたものとして、理解できる。この点については別稿を予定している。
（11） これらの手法の異同については、宍戸常寿「合憲・違憲の裁判の方法」戸松秀典＝野坂泰司編『憲法訴訟の現状分析』六四頁以下（有斐閣、二〇一二年）参照。
（12） 例えば高橋和之「憲法判断の思考プロセス―総合判断の手法と分節判断の手法」法曹時報六四巻五号一頁以下（二〇一二年）参照。
（13） 芦部信喜「憲法判例の学び方」芦部編『憲法判例百選』五頁以下（一九六三年）。
（14） 滝井繁男『最高裁は変わったか』（岩波書店、二〇〇九年）、藤田宙靖『最高裁回想録』（有斐閣、二〇一二年）、泉徳治『私の最高裁判所論』（日本評論社、二〇一三年）、田原睦夫編著『裁判・立法・実務』（有斐閣、二〇一四年）等。

（15）　見平典『違憲審査制をめぐるポリティクス』（成文堂、二〇一二年）、見平＝曽我部真裕ほか「〔座談会〕憲法学のゆくえ②　憲法学と司法政治学の対話」法律時報八六巻八号八七頁以下、九号一〇二頁以下、一〇号一〇四頁以下（二〇一四年）参照。

（16）　佐々木雅寿『対話的違憲審査の理論』（三省堂、二〇一三年）、佐々木＝長谷部恭男ほか「〔座談会〕日本国憲法研究⑭　対話的違憲審査」論究ジュリスト一二号二〇六頁以下（二〇一五年）参照。

改憲論の底流

青山学院大学教授
芹　沢　　斉

はじめに

言うまでもないことかもしれないが、本稿にいう「改憲論」とは、①時期的には、一九五二年四月二八日、日本国が講和条約の発効により主権を回復して以降に主張され、②内容的には、その間、長期にわたって政権を担当してきた政治勢力、具体的には自由民主党や同党を支える勢力が現行の日本国憲法に改変を加えようとして展開してきた主張のことである。

このような限定を加えるのはなぜか。まず、①については、手続上、大日本帝国憲法の改正として成立を見た日本国憲法が実はマッカーサー草案という別の起源に発していたということをある程度知っている人々にとっては、日本国憲法の改変を心の底では願っていても、主権回復以前にあっては占領軍若しくは連合国の意向を慮り、自己主張としての憲法改正を唱えることは躊躇される状況があり、そのような重しがとれて自由に改憲を論ずることができるようになって以降の改憲論を取り上げなければ、改憲の主張をその本来の姿において論ずることができないからである。そして、②については、これこそが単に「改憲論」というとき多くの論者の念頭に置かれるものであり、かつ、今日において、凡百の改憲論のうちで最も検討を加える必要性の高いものだからである。

なお、「改憲論」とは、本来であれば明文改憲論として顕現するはずであるが、憲法第九六条の定める憲法改正手続のうち、国会の発議に必要な議席要件に遠く及ばないような政治的力関係の下にあっては、「改憲」の意思・意欲は、憲法より下位の規範という形態をもって発現することになるので、このような「改憲」の意思・意欲も「改憲論」の一環として考察の対象とする。

このような改憲論は、後述「一　改憲論小史」で見るように、三つの昂揚期をもち、かつそれぞれの時期において改憲主張の力点を変えてきている。しかし、その反面、いずれの時期においても共有している原理的な思想潮流もあると思われる。本稿では、これを「底流」と呼ぶことにしたい。

ところで、本稿が収められるのは、その規約において「平和・民主・人権を基本原理とする日本国憲法を護る立場に立って、学問的研究を行」うことを謳う憲法研究者集団としての全国憲法研究会（以下、全国憲という。）の設立五〇周年を記念する出版物である。そして、全国憲は、その立ち位置からして当然のことながら、改憲の動きに対しては鋭敏な反応を示してきている。そのことは、機関誌「憲法問題」や全国憲が編集に関わった雑誌の特集号等に所載の論考を見れば明らかであろう。そこで、本稿では、できるかぎり全国憲の会員が発信してきた情報に依拠して前叙の対象につき検討を加えることとするが、紙幅の関係もあり、参照した会員の著書・論文について個別には挙げない非をお許し願いたい。

一　改憲論小史

改憲論の歴史をたどると、三つの昂揚期のあることがわかる。最初のそれは、内閣に憲法調査会（以下「内閣憲法調査会」という。）が設置され、活動を開始した前後の時期である。すなわち、独立を回復して二年後の一九五四年に自由党・改進党が相次いで党内に憲法調査会を設置し、同年一二月に成立した鳩山内閣は自主憲法の制定を内閣の方針に掲げた。そして、いわゆる五五年体制の成立をはさんで、自由民主党憲法調査会が五六年四月に「憲法改正の問題点」を発表し、六月には憲法調査会法が制定されたのである。したがって、この頃、改憲論は明らかに最初の昂揚期を迎えていたといってよく、内閣憲法調査会は当初、改憲のために積極的な活動を行う機関、改憲派のための組織的基盤と考えられていた。そして、この時期の主張の力点は、占領下での憲法制定――以下では、この事象を「押しつけ憲法」という。――に反発する「自主憲法の制定」と、復古主義的色彩の濃厚な天皇制の復位、憲法第九条により保持を禁じられた戦力を再び保持すること、すなわち再軍備を可能にするための第九条改正とにあった。しかし、内閣憲法調査会は、五六年八月に行われた参議院選挙で改憲派が憲法改正に必要な三分の二に達しなかったことや社会党の不参加等により、翌年活動を開始したものの、当初の改憲目的とは異なる学術調査的性格を有する活動実態を呈し、一九六四年に発表された最終的な報告書においても積極的な改憲の提案にまで踏み込むことなく、数の上では多数を占める改憲派と少数でしかない護憲派（ないし改憲不要派）の意見を両論併記という形で盛り込むことで終わった——それは見方を変えれば少数派意見の過重な扱いともいえる——。したがって、内閣憲法調査会は、当初想定されていた役割からすれば思惑外れともいうべき結果に終わったのである。また、この内閣憲法調査会の活動期間中には六〇年安保闘争があり、激動の「政治の季節」が終わるや、改憲積極派の岸内閣からむしろ消極派ともいえる池田内閣への交代もあり、以降、「所得倍増」の掛け声のもとに高度経済成長政策が展開され、国民の生活水準が向上するとともに明文改憲論は沈静化してゆく。

第二の昂揚期は、一九八二年一一月に中曽根康弘が首相の座につき、「戦後政治の総決算」を唱えた中曽根内閣の在任期である。彼は政治の世界に登場して以降一貫して積極的な改憲派として鳴らしてきたので、彼の内閣在任中に改憲を実現することが改憲派から期待されたわけである。「戦後政治の総決算」論と結びついたこの時期の改憲論の力点は、六〇－七〇年代の高度成長の結果、世界有数の経済大国となっていた日本が、日米安保体制という基本的な国際関係構築枠組みの下ではあるが、政治大国化を志向するもので、そのことに対する障害となる憲法的拘束を取り除こうとするものであった。具体的には、「大国」の徴表として一定の規模を備えた自衛隊を憲法上承認することであり、また、靖国神社公式参拝に見られるように、「国家のための死」を称揚する国民精神づくりが追求された。しかしながら、この時期の改憲論は見かけほど強力ではなく、結果としてかつての内閣憲法調査会のような改憲のための国家機関の創出はなされず、ましてや改憲案の国会提出には至らなかった。

第三の昂揚期は、第二の昂揚期から暫時の停滞期を経て、冷戦の終焉——それはベルリンの壁の崩壊とソ連邦の瓦解によって象徴される。——後にやってきた。そして、この時期の改憲論の動向にはこれまでに見られない特筆すべき特徴がいくつか備わっている。まず、憲法、特に第九条を取り巻く内外の環境の変化は、経済界からの自衛隊の海外派遣の要請もあって、改憲のためのエネルギーを従前にないほどに蓄積し増大させてきており、政党レベルでいえば、改憲論に与しない政党の方が断然少数派なのである。かつ、このエネルギーは次に述べる理由で補充され続けている。すなわち、理由の第一として、これまで改憲動向に対して中立的な姿勢を崩さなかった報道機関が、読売新聞の「憲法改正試案」(第一次試案は一九九四年一一月三日、第二次試案は二〇〇〇年五月三日)に代表されるように、積極的な改憲論の担い手として登場してきたことである。このことは改憲派にとって改憲運動を高めるためのきわめて有力な手立てを味方につけたことを意味する。理由の第二は、政治指導層や有力ジャーナリズムによって、周辺諸国との間に領土問題や歴史認識をめぐる深刻な対立・反目が煽られ、その結果、「すぐそこにある危機」に対応すべきであるとの意識——これは、長い間国民の間に定着してきた、「自衛隊の存在は容認しつつ、しかし平和を支えてきた憲法第九条も変えてはならない」とする意識とは明らかに抵触する質のものであり、むしろそのような意識の基盤を掘り崩すものである。――が醸成されていることである。

こうしたエネルギーに裏打ちされた改憲論の第三昂揚期は、前例を見ない息の長さを示すとともに、長期にわたる昂揚のゆえに、改憲主張の内容面でのエスカレーションをも生み出している。息の長さについていえば、冷戦の終焉後ほどない一九九〇年代初めに始まり、ほぼ毎年途切れることなく改憲案――しかも部分改正ではなく全面改正型のそれ――が生まれ、二〇〇〇年に「日本国憲法について広範かつ総合的に調査を行うため」国会の衆参両院に五年の活動期間を予定した憲法調査会を設置し（以下「国会憲法調査会」という。）、国会憲法調査会が二〇〇五年四月一五日に報告書を提出してその役割を終えるや、二〇〇七年の国会法改正により、後継機関として常設の憲法審査会を組織し、二〇一二年一二月に民主党から政権を奪還した安部内閣にあっては改憲を公約し、国会における議員の勢力比ではむしろ改憲の現実的可能性を上昇させているのである。

では、内容面でのエスカレーションについてはどうか。冷戦の終焉直後にあっては、問題は、経済力の隆盛を誇る日本がこの国際秩序の激変にどう向き合うか、あるいは改憲派から「一国平和主義」と揶揄されるようなこれまでの安全保障政策を変えるのかであり、答えは「国際貢献」「国際協力」であった。すなわち、冷戦体制下で久しく機能不全に陥っていた国連の安保理が、冷戦の終焉後は、国際秩序の維持活動に一定の役割を果たすようになり、そのような現存秩序の維持は国際社会の共同利益――もちろんその中心には日本を含む大国や多国籍企業の既得権益が据えられている。――に通じるから、日本（の自衛隊）も「専守防衛」型を脱して国連の旗の下での活動に協力するべきではないかとのイデオロギーが広められていったのである。このように当初はあくまで国連が呼び出される必要があった。しかし、いわゆる日米同盟――この用語が用いられること自体が時代感覚・憲法意識の変化を思わせる。――の強化とともに、集団的自衛権の位置づけが改憲派にとって重要な課題となっていった。

二　改憲論の底流

以上、改憲論の歴史を概観した。異なる昂揚期の改憲論には力点の相違が見られたが、それらの底に流れる共通の思想潮流を確認し、それについての批判的検討に移ることにしたい。

1　「押しつけ（られた）憲法」論ならびに自主憲法制定論

最初に取り上げるべきは、改憲を主張する人々が好んで用いる「押しつけ憲法」論及びそのことを前提としての自主憲法制定論である。すなわち、「日本国憲法は占領軍によって押しつけられた憲法である」ことを指摘し、そのことから直ちに、「だから、日本人はそのような憲法を捨て去って、新たに憲法を自主的に制定すべきである」とする主張である。主張の前半と後半を結びつける論理を補うならば、「押しつけられた」イコール「自由な意思の発露が認められていない状況で同意を求められたのだから、法的にはその意思表示は無効であり、したがって無効なものは捨て去ってしかるべきだ」ということになろう。これはこれで筋の通った議論のしかたであり、この論法をあらゆる場面で徹底的に採用するならば、非難するには当たらない。問題は、改憲派がこの論法をつまみ食いしてはいないかということである。例えば、占領下、日本国民の自由な意思の発現が封じられている状況で、憲法以外にも押しつけられたものは公務員の労働基本権制限、団体等規正令、警察予備隊設置その他諸々の法制等数多くある。改憲論者はこれらに対し、押しつけられたものであるから無効だといったためしがあるだろうか。要するに、改憲派の言う「押しつけ憲法」論というものは、自由が束縛されている状況の下での意思行為であるがゆえに無効という一般法理ではなく、憲法は嫌いだから、「占領下で押しつけられた」ことを強調して無効の結論を導き、権利制限法制や自衛力保持は好ましいことであるから、「占領下で押しつけられた」ことには触れないでおこうという、単なる好き嫌いの議論にすぎないということである。したがって、この種の「押しつけ憲法」論にまともに付き合う必要はないが、「押しつけ憲法」論一般ひいては自主憲法制定論は、一定の説得力を持つものであることは確認しておきたい。

そうであるとすれば、本稿が次に取り組むべき課題は、憲法を自主的に制定する場合、その憲法の内容としてどのようなことが主張されるのかについての底流を探すことである。

2　近代立憲主義に対する無知若しくは近代立憲主義に対する嫌悪感

近代的憲法とは、国民が政治権力担当者に対して押し付けるものであり、権力の側から国民に対して憲法を守れというようなものではない。これは憲法学にとっての常識であるが、このことを前提として、憲法調査会に参考人として呼ばれた憲法研究者・浦部法穂は、「憲法というのは権力を縛るものなのだという発想をまったく持ち合わせていない議員が少なくない現実に、唖然としました。考え方の以前に、知識そのものがない。憲法の本質を何もわかっていないのです。」（斎藤貴男『ルポ改憲潮流』岩波新書五二頁）と述懐している。この述懐を、二〇一四年七月、安部内閣が、一九七二年以来保持されてきた集団的自衛権行使は憲法上認められないとの政府見解を実質的に破棄し、憲法解釈の変更という形で集団的自衛権行使の容認を閣議決定したことに重ねあわせるとき、両者は見事に符合する。ことほどさように、自民党議員たちにとって近代立憲主義は理解されていないのである。もしくは自分たちは支配者として国民に君臨する存在であり、自分たちを縛る憲法というものは嫌悪の対象でしかなく、それを遵守するなぞという思考は持ち合わせていないのであろう。だからこそ、自民党がこれまでに作成・発表してきた複数の改憲案を見ると、この常識が欠けているとしか思われない記述に遭遇するのである。

3　反・個人主義もしくは団体主義的個人像

二〇一二年に発表された自民党の「日本国憲法改正草案」（以下「二〇一二年自民党改憲案」という。）第一三条は、現行憲法第一三条の「すべて国民は、個人として尊重される」を「すべて国民は、人として尊重される」に変更している。「個人」を「人」に変えることで何を意図しているのか、これだけでは正確には分からない。しかし、文字面だけの考察でも、次のような危惧が浮かぶ。つまり、「個人」は多様であることが自明であり、多様性こそが尊重されるべき根拠となるのであるが、「人」はのっぺらぼうでもありうるのであり、そのような存在としての人が尊重されるということからは法的な意味が失われかねないのである。さらに、前文で日本国民は「和を尊び」とされていることとを併せ考えるならば、帰属団体内に整序され、当該団体の色に染まる限りで成員として尊重されるが、団体と折り合いの悪い人は尊重されなくても仕方がないという現代の日本社会のありようを追認する趣旨であると解することもできる。こう考えてくると、「個人」から「人」への変化は杞憂にはとどまらないこととなる。

4　人権制約原理が「公共の福祉」から「公益及び公の秩序」へ

現行憲法第一三条は、国民の権利自由について、「公共の福祉に反しない限り、……国政の上で、最大の尊重を必要とする」と定めているが、二〇一二年自民党改憲案は、「公共の福祉」に代えて「公益及び公の秩序」を採用している。この変更は何を意味するか。同「Q＆A」は、次のように説明する。すなわち、「学説上は『公共の福祉は、人権相互の衝突の場合に限って、その権利行使を制約するものであって、個々の人権を超えた公益による直接的な権利制約を正当化するものではない』などという解釈が主張されてい」るけれども、意味が曖昧な「公共の福祉」をやめて「『公益及び公の秩序』と改正することにより、憲法によって保障される基本的人権の制約は、人権相互の衝突の場合に限られるものではないことを明らかにした」と正直に告白する。再確認しておこう。個々の人権を超えた「公益及び公の秩序」によって、憲法上の人権といえども制約されることを明言しているのである。ところで、「公益及び公の秩序」における「公」の判定者は、冷徹に見れば、政治の世界における勝者のみであり、勝者はまた「公」に名を借りてそこに「私的」利益を押し込むこともできるのである。とすれば、このように人権制約原理を「公益及び公の秩序」とすることに躊躇を覚えない彼らは、常に勝者であり続けられると考えているとしか考えられない。確かに、これまで自由民主党は政権の座に長くあり、仮にその座から滑り落ちようとも、復権するまでの期間は短く済んできた。それは将来にとっても約束されていることなのだろうか。

5　自然権論＝天賦人権説否認

日米同盟を強調するとき、しばしば「基本的価値観を共有する日米両国は……」という言い回しが用いられるが、本当に日米両国は基本的価値観を共有しているのだろうか。日本国憲法とアメリカ合衆国憲法の定める国家像でいえば、確かに両国は基本的価値観を共有しているといえるだろう。つまり、人には生まれながらにして自然権＝天賦人権が付与されており、それを保全するために国家が設立されたという思想に基づいて国家と国民の関係が説明されているのである。ところが、二〇一二年に発表された自民党の「日本国憲法改正草案Q＆A」によれば、「天賦人権説に基づく規定ぶりを全面的に見直しました」（Q２の答）とか、「権利は、共同体の歴史、文化の中で徐々に生成されてきたものです。したがって、人権規定も、我が国の歴史、文化、伝統を踏まえたものであることも必要……。現行憲法の規定の中には、西欧の天賦人権説に基づいて規定されていると思われるものが散見されることから、こうした規定は改める必要がある」（Q13の答）と明記されているのである。そうであるとすれば、少なくとも自民党改憲派の議員は、アメリカと基本的価値観を共有することはできないことになろう。

6　大国主義もしくは「一等国主義」

自民党改憲論の歴史をたどるとき、日本国憲法制定のきっかけとなったポツダム宣言の受諾以前に日本国が世界秩序の中に占めていた座への郷愁が思い出される。それは大国主義であり、昔風の言葉を使えば「一等国主義」とでもなろうか。「普通の国並みの軍備」といっても、その「普通」はアジアやアフリカの小国ではありえないのであって、日本が肩を並べたいと考える国が想定されているのである。この発想法が最も明瞭に出るのが国連の安全保障理事会常任理事国入りの努力である。

7　天皇制

天皇制について言えば、一方に、明治憲法型天皇制の復活を求める復古主義的改憲論、それとは異なり現代風ではあるが、とにかく天皇の地位や権限を強化する改憲案があり、他方に、現行の象徴天皇制のあり方に一定程度満足を示し、天皇の地位・権限の強化には消極的な姿勢を示す意見等が見られ、そこには「底流」というほどの原理的な思想潮流を見出すことはできないように思われる。しかし、いずれの立場でも、天皇制の存続自体は確固たる信念に基づいているといえよう。

第四章

尊厳・自由・平等
――日本社会と憲法理論のゆくえ

普遍的道徳と人格形成の間

早稲田大学教授
長　谷　部　恭　男

はじめに

『荘子』［外篇］の「胠篋篇」に次のような一節がある(1)。伝説上の大泥棒、盗跖が、道徳概念と盗人稼業との深い関係について語っている。

故に跖の徒、跖に問いて曰わく、盗にも亦た道あるかと。跖曰わく、何（いず）くに適（ゆ）くとして道あることなからんや。夫れ妄りに室中を意（はか）かりて蔵を中（あ）つるは聖なり。入るに先きんずるは勇なり。出るに後（おく）るるは義なり。可否を知るは知なり。分かつこと均（ひと）しきは仁なり。五者の備わらずして能（よ）く大盗を成す者は、天下に未だこれ有らざるなりと。

盗人にも盗人なりの仁義の道があるという話である。大泥棒として名を成すには、うまく狙いをつけ、人に先んじて押し入り、しんがりを務めて仲間を助け、獲物は平等に分配しなければならない。こうした仲間内の互助意識とそれに応じた規範がなければ、盗賊集団であっても継続的な活動は不可能である。

荘子の意図は、仁義勇知聖等の道徳概念の実際上の内容や帰結が、人により立場により変化する、相対的なものに過ぎないことを示すことにある(2)。とはいえ、道徳概念や道徳法則の特質は、それが普遍的妥当性を標榜する点にある。たしかに人により、立場により、さまざまな意味を付与されることはあり得るが、人として生きる以上、誰もがとるべき行動を指し示すのが道徳法則の存在意義である。そうであるからこそ、荘子のようにその相対性を指摘することにも、相応の意味が見出される。

盗跖の言及する道徳原理に潜む問題は、その妥当範囲が盗人の仲間内に限定されていること、言い換えれば、盗人として生きることが人としての正しい生き方であることは、普遍的には承認されておらず、むしろ少数の特定の人々にとってのみ認められている点にある。彼は普遍的に妥当する、人としての生き方を実践しているわけではない。

それでも盗跖は、自らが行動するにあたっていかなる理由に基づいて判断を下すべきかについて、迷いはない。盗人仲間の仁義に従って生きることこそ、彼の誇りであり、彼の生きるべき道である。少なくとも、彼は、何の理由もなく、無茶苦茶な行動をしているわけではないし、生まれつきの障碍があったり、緊急の必要に迫られている等の特殊事情により、理由の軽重を衡量する能力が欠けているわけでもない。彼には彼なりの理由があり、その判断過程は彼なりに筋が通っている。それが世間一般にとっては困った理由に基づく困った判断であるというだけである。

普遍的な妥当（可能）性を有する道徳の要求する行動と、個人が属する集団や人間関係が要求する行動とが衝突を起こすことは、しばしば見られる。また、具体的な状況において自分に当てはまると当人が信じて疑うことのない理由が、普遍的道徳の要求と衝突することもある。周りから見て「困った人だなぁ」と思う人であっても、当人にはそれなりに理由があるものである。

こうしたディレンマに直面したとき、人がとるべき行動は何か。そもそもこうしたディレンマをどのように把握すればよいのか。本稿が検討するのは、こうした問題である。

一　カントの定言命法

こうした衝突について思い悩むこと自体、適切でないという立場はあり得る。カントの道徳理論に関する一般的な理解は、そうしたものであろう。カントは、人が実践的判断を行うにあたっては、行動指針となる格率（Maxim）を自ら設定するものだという。それは、同様の状況においてすべての人にとって妥当な格率であるよう彼自身が意図できるような格率でなければならない。つまり、すべての人がそうした格率が妥当していることを承知しており、それでも普遍的な法則として成り立ち得るような格率でなければならない。いわゆる定言命法（kategorische Imperativ）の要請である(3)。人はそうした普遍的に妥当し得る、つまり客観的道徳法則の候補となりうる格率に従って行動する必要がある。

起こり得る誤解に予め備えておく必要がある。第一にカントは、すべての人がそれぞれ普遍的に妥当するはずの格率を自律的に設定したとき、そうした格率の具体的内容がすべての人にとって同一に収斂すると考えていたわけではない。むしろ、人々の設定する格率はしばしば相互に矛盾・衝突するものであり、そこから生じかねない深刻な社会的対立・紛争を避けるためには、立法者が設定する客観的法規にすべての人が服従する必要があると考えていた(4)。

すべての人へ妥当することを自身が意図し得る格率を設定せよという定言命法の要請の意義は、むしろ、そもそも客観的道徳法則となり得ない行動指針を排除するとともに、そうした指針にしか依拠しえない行動を排除することにあった(5)。たとえば、彼の挙げる例で言えば、目前の窮状を脱するためなら、守るつもりもない約束をしても構わないという格率は、かりにそれが普遍的に妥当し、そのことをすべての人が承知しているとすると、そもそも「約束」なるものが成立し得なくなり、そのため、窮状を脱するための「約束」なるものも存在し得なくなる(6)。普遍的な妥当性を想定すると自己撞着を起こす格率は、そもそも格率になり得ない。

第二に、カントが「普遍的に妥当する」と言うとき、彼は厳密に、あらゆる場合に必ずそうすべきだ、という意味でそう言っているわけではない。たとえば彼は、嘘をつくことは自己の人間としての尊厳の放棄であり、嘘をつく人は欺瞞的に人の姿をしているだけであって、もはや人間とは言えないとするが(7)、その一方で、単なる礼儀としての不誠実、たとえば手紙のむすびに「従順なる僕より」と記したり、本の著者に対して「あなたの作品を気に入りました」と述べたりすることが正しいか否かという決疑論的問題を提起し、誰もこれで欺かれたりはしないだろうと述べる。つまり、彼の言う「普遍的妥当性」とは、標準的な場面を想定すれば、だいたいにおいてはそうすべきだ、という程度の意味である。

二　定言命法の空虚さ

そうだとすると、たとえカントの立場に忠実に従ったとしても、普遍的に妥当する（はずの）道徳原則と、個別の状況で道徳主体として理由があると考える行動とが衝突することはあり得るのではないだろうか。決疑論的問題設定という形で、カント自身がそうした可能性を認めているし、また、人の設定する格率が、普遍性を標榜しながらも、人それぞれの多様な内容であり得るのであれば、やはりそうした衝突は起こり得るように思われる。

ただ、その論点について結論を出す前に検討しておかなければならない前提問題がある。それは、カントが、格率を設定するにあたって人は、自己の性格、性向、感情、欲望、趣味・嗜好等を考慮すべきではないと主張していた点である。自分では統御し得ないこうした「外部の」要因に一切、拘束されることなく、普遍的に妥当すべき法として自由に定立した格率に従ってはじめて、人は「自律的」と言い得る。たとえば、憐れな境遇にある友人を同情心から助けるのは、自律的な行為ではなく、十分に道徳的とは言えない(8)。正しい行為は、傾向性等の「外部の」因果的要因によってではなく、あくまで義務に基づいてなされるべきである。自由であることはすべての理性的存在者の特性であり、そうした存在者は自らの行動原理を自分以外の何ものによっても影響されることなく、自由に創設する主体でなければならない(9)。

このカントの立場についてはさまざまな批判が考えられるが——たとえば、同情心から困っている友人を助けるよりも、純粋な義務感から助ける方が道徳的だというのは、あまりに非人間的ではないか等(10)——本稿の問題意識からして重要なのは、格率の設定にあたって、普遍的に妥当する法則たり得るかという定言命法の形式的要請のみに条件を純化して、内容に関わる指針をすべて排除してしまうと、当人として設定すべき格率の内容を確定しようがないというデイヴィッド・ヴェルマンの批判である(11)。

前節で述べたように、定言命法の要請のみでは、自己撞着を起こす行動指針を排除することは可能ではあるものの、人により種々様々な格率を定立することが可能である。そのうちいずれを選ぶべきかを、定言命法の形式的要請は指示することはない。つまり、どんな格率であっても、定言命法の要請に応えているなら、構わないことになる。全くの道徳的真空において、自己撞着を起こす自己撞着を起こすことなく普遍的妥当性を標榜するという要請のみを念頭に置きつつ、「自由に」行動指針を決定することが理性的存在者たる人の本来のあり方だと言われても、納得する人はそう多くはないであろう。具体的にどう行動すべきかが、これでは全く決まらない(12)。

個別具体の状況での決断を正当化し得る理由でなければならない以上、一定の普遍性を備えていなければならないはずだというだけでは、そうした普遍的格率の内容を特定することにはならない。ウィトゲンシュタインが指摘するように、個別の事例をいくら積み重ねたとしても、それを一貫して整合的に説明するルールを無数に思いつくことが可能である(13)。しかも、一旦設定した以上は、人は格率を変更し得ないというわけではない。いかなる変更を行うべきかについても、定言命法の要請は、内容的に空虚な要請にとどまる。

普遍的に妥当すべき格率という形で予め行動指針を設定するか否かはともかく(14)、行動するにあたってその理由を考慮し、決断に至る際には、人は生来の素質に加えて、自身に与えられた環境、過去の教育と経験、とくに人生の節目、節目においてどのような選択をしたか、そして、そうした選択を通じて形成された(15)性格や性向——自分はどのような人間であることを選んできたか——という認識を前提として考慮を重ね、判断するものであろう。

そうした性格・性向は、今の自分に妥当する種々の理由は何か、それぞれがどの程度の重みを持つか、互いに打ち消し合うことがあるかないか等を基本的に方向づけている。人はそうした理由を互いに衡量して理由に適った、つまり自分にとって合理的な行動が何かを見極める。自分がどういう人間かという認識自体が、自分がどのような人間として行動するかを方向づける。

衡量の結果、「合理的」行動がただ一つに決まるとは限らない。複数の選択肢が、それぞれ十分な理由によって支えられており、しかも、相互に打ち消し合うことのない状況、つまり比較不能な状況もある。そうしたとき、人は選択を通じて、自分がどのような人間であるか、つまり自分の性格（人格）が何かを決める。そうして形成された人格は、人の行動を過去に向かって正当化するだけではなく、将来に向けて動機づけ、方向づける。空虚な定式が許容する無数の選択肢ではなく、特定の範囲の選択肢のみが自分にとっての選択肢であると自然に考えるようになる(16)。

他人から見て「彼はそんなことをする人ではない」、あるいは「彼女なら信用できる」という判断がそもそも可能となるのも、そのためであるし、自分がビスマルクであったら、あるいは紫式部であったらどうしただろうと考えるときも、性格の脱落した希薄で自律的理性主体であったらどうしただろうと考えているわけではなく、特殊な人格を備えた人物が自分と同じ状況に直面したらどうしたであろうか、と考えているはずである(17)。

三　普遍的道徳と人格の衝突——その一

カントの思想に基本的に忠実であろうとするならば、こうした人格形成の余地とその意義は認めつつも、形成される人格は、定言命法が排除する行動を「合理的」なものとして正当化するような人格であってはならない、という結論が導き出されるはずである。たとえば、盗跖が実践するような盗人稼業は、すべての人に妥当する普遍的法則によって正当化されることはあり得ない。すべての人が盗人であり、そのことをすべての人が承知している社会においては、そもそも財産権の相互保障があり得ず、したがって、盗人稼業そのものが成り立ち得ないからである(18)。

盗人としての行動は、直接には盗人の人格によってある種の「合理化」がなされるが、究極的に、理性的存在者の行動として正当化されることはない。

とはいえ、一旦形成された盗人としての人格は、そう簡単に大きく変わることはない。人格が変わることがあり得ないというわけではない。しかし人格は、変わるとしても、徐々に、そして部分的に変わっていくものであろう(19)。そうした非柔軟性は、悪しき結果のみを生み出すわけではない。白波五人男の頭目である義賊、日本駄右衛門のように「盗みはすれど非道はせず」という人格は(20)、それが規範的硬直性を帯びることが、社会一般にとって部分的には善き効果を及ぼすはずである(21)。そして、盗人の人格がそう簡単に変わらない理由の一端は、それが冒頭で紹介した盗跖の述懐に示されているように、それなりの合理的理由と組織内の互助意識によって支えられているからであり(22)、しかも、本人の選びとったそうした人格が、本人にこの世での生き方を指し示すものであり、その人格が失われるとどう生きていけばよいかが分からなくなってしまうから、である。

現代を代表するカンティアン(23)であるクリスティン・コースガードが描くマフィアの一員の性格と行動にも、こうした特質があらわれている。マフィアは自己の属する組織には徹底して忠誠を誓い、その名誉を守ろうとするが、組織外の人間に対しては冷酷残忍であり、ときには殺人を犯すことも厭わない。コースガードは、マフィアの行動を嚮導する理由づけ（の集合）は、単なる仮想の理由ではなく、マフィアを規範的に拘束する真正の実践的理由なのだと言う。それは、自分や自分の親族の名誉を守るために決闘を行う貴族の理由づけが、真に貴族を規範的に拘束することと同様である(24)。

もちろん、マフィアの行動倫理は、より深層にあるはずの、人間一般に妥当する普遍的道徳とは両立しない。すべての人がマフィアの行動倫理を採用し、しかもすべての人がそのことを承知していたとすると、ホッブズ的自然状態が現出し、人間らしい社会生活はそもそも不可能となるであろう。しかし、だからと言って、マフィアの行動倫理が実は倫理と言うに値しないというわけではない。それは真正の倫理である。

とはいえ、最終的にはマフィアの行動倫理は、理性的存在者として定立する道徳法則として普遍化し得ないものであり、道徳とは両立し得ない。したがって、中長期的な社会一般の利益からすれば、マフィアには、その人格を変え、行動倫理を放棄するよう促し、必要であればそれを強制する必要がある。

ここで社会の側がとる一つの態度は、人間本来の理性的判断からすれば許容し得ないはずの行動が理由のある行動だと考えるような人格を形成してしまった、そのことについて責任を問うというものであろう。定言命法の要請に反する非理性的な行動を「合理的」な行動だと考える性向を有する人、社会生活を可能とする実定法秩序と両立し得ない行動を常習的にとる人は、たまたま不注意でそうした行動をとってしまった人とは異なる。

一見明瞭であるが、これは故団藤重光教授が提唱した人格形成責任論とパラレルな考え方である。「犯罪行為は人格そのものの現実化である」(25)とする人格形成責任論については、こうした反社会的性格を形成してしまった人に対して、より重い責任を問うことが果たして正当化可能かという疑問が提起されることがある。一旦形成された人格は、簡単には変わらない。そして、その人格によって反社会的な行動を「合理的」だと自然に考えてしまうような人であれば、むしろ、責任を問うことは困難となるのではないか、という疑問である。また、こうした人の行動について非難可能性がより大きいと言えるについても疑問が提起され得る。彼らも彼らなりに真正の倫理判断を行っており、しかもそれに拘束されるものと真摯に考えて行動している。

とはいえ、困難であるとはいえ、矯正は必要である。少なくとも、定言命法の要請に反しない範囲内の人格への矯正が。そして改善の困難な犯罪常習者の人格をあえて改善するためには、自由刑であれば、より長期にわたる刑期が必要となるという判断は自然なものであろう。刑罰の目的が法益の保護と犯罪者本人の更生にあるのだとすれば、こうした人により重い刑を科すことも正当化され得るように思われる(26)。また、非難の対象が行動そのものではなく、その背後にある人格の形成過程に向けられているのであれば(27)、それがより強い非難に値すると言い得る余地もあるように思われる(28)。

もちろん、そうした非難が可能なのは、常習的な犯罪者も、現在の人格から距離を置いて、普遍的な道徳法則のあり方を理性的に判断すること、他者と社会生活を共にするメンバーとして可能な範囲での人格を形成することが、少なくとも潜在的にはできるはずだという前提があるからである。

四　普遍的道徳と人格の衝突――その二

道徳の普遍性要求と個々人の人格に基づく行動とが衝突することは、盗人やマフィアのような反社会的集団のメンバーに限ったことではない。数々の決疑論的問題を提起することで、カント自身もこうした衝突の可能性を認め、ときには道徳の普遍性要求が譲歩すべきだとしたことは、上述の通りである(29)。いかなる意味で道徳は譲歩すべきなのだろうか。

チャールズ・フリードが提示する事例を素材に、バーナード・ウィリアムズが展開する議論を見てみよう。フリードが提示するのは、下記のような事例である(30)。

もしある人が、自分は何らのリスクを負うこともなく、危険に晒されている人を一人、あるいは二人助けることができるとして、危険に晒されている人々の中に彼の妻が含まれている場合、すべての人を公平に扱うべきだ――たとえばコイン投げで誰を助けるかを決める等――と主張するのは馬鹿げている。一つの答え方は、当人が船長であるとか、健康対策にあたる公的立場にあるというのでない限り、そうした危険の発生自体が公平性の要請に十分に対応する無作為的偶然性たり得るのであり、彼が親友や妻を優先的に助けることは許されるというものである。しかし、当人が公的地位にあるのであれば、そうした人的な繋がりは無視すべきだという議論は受容可能であろう。

ウィリアムズが批判的に指摘するのは、フリードが道徳の普遍性要求を排除しようとする側に立証責任を負わせようとしている点である(31)。道徳の要求する公平性は、コイン投げに典型的に示されるような無作為的偶然性を要求するのであり、誰かが自分の知り合いであることどころか、自分の妻であるという事実さえ、道徳の要求に優越する理由とはなり得ない。当人が「公的地位」にあることは、あたかもそうした個人的事情を無視することを許す「救い relief」であるかのようである(32)。

救助者の妻が助かって他の人が助からないのは、本来、後者にとって許しがたい不公平なのだが、大惨事の発生自体がコイン投げと同程度の無作為的な偶然性なので、公平だと言い得る——この大惨事では救助者には特定の人を助けるべき特別の理由があり、別の大惨事では別の人を助けるべきやはり特別の理由があったのかも知れない、というわけである。ウィリアムズは、「別の大惨事では別の人を助けるべき特別の理由があったのかも知れない」というだけでは、公平性の要請に適うとは言い得ないだろうと言う。大惨事の偶然性は、何らかの行動を正当化する事情というよりは、むしろ、あらゆる正当化を超える例外的状況の存在を示すものと考えるべきである(33)。

こうした状況で、危険に晒されているのが自分の妻であることは、救助者にとってそもそも「正当化理由 justification」を要求する事態ではないとウィリアムズは言う。それを正当化理由（の一部）として構成すること、こうした状況では道徳原則の要求にもかかわらず自分の妻を助けることも許されるのだと考え、そう述べることは、行為者本人にとって「余計な理屈 one thought too many」である(34)。自分の妻へのコミットメントの深さは、当人がこの世にいること、生きることの意味を形作っている。それは、普遍的な道徳原則の要求によって支えられること、あるいは、道徳原則の要求と衝突しないことの証明を必要としていない(35)。

当人がその人生において行ってきた数々の選択、コミットメントによって形成された人格は、ときに普遍的な道徳原則と衝突する(36)。そして、あらゆる衝突場面において、道徳原則から逸脱することが正当化されなければならないわけではない。そこまでの普遍的妥当性を道徳は標榜し得ない。

私の判断、私の行為は、常に普遍的な根拠で支えられなければならないわけではない。道徳にも限界がある。それが、ウィリアムズのメッセージである(37)。

むすび

道徳は普遍的妥当性を標榜する。しかし、普遍的妥当性という形式的要求だけでは、道徳の具体的内容は決まらない。他方で、個別具体の状況におけるアドホックな判断の積み重ねのみが実在するわけでもない。人は、日々理由を衡量し、ときには比較不能な選択肢の中からの選択を通じて、自分が何者であるかを自ら決めていく。そうして形成された人格は、当人にとってこの世を生きる意味そのものと結びついている。そうした人格は、ときに道徳の普遍性要求を遮断し、ときには道徳の故に変化・矯正を求められる。

本稿はそうした問題をめぐるいくつかの局面をスケッチしたものである。

（1）『荘子』［外篇］第二冊、金谷治訳（岩波文庫、一九七五年）四六頁。

（2）『荘子』は引用部分に続けて、聖人の道は善人の役にも立てば、盗跖のような悪人（不善人）の役にも立つのであり、世の中には善人よりも悪人の方が多いのだから、結局、聖人の道は善人を助けて世の中をより善くするよりは、悪人を助けてより悪くする方が多いと結論づけている。もっとも、この議論は聖人の道の帰結の相対性を指摘する一方で善と悪との区別を固定して論ずるもので、さほどの説得力はない。

（3）最も標準的な定言命法の定式は、「自己の格率が同時に普遍的（道徳）法則となることを、自身が意欲し得るような格率に従ってのみ行動せよ」というものである（『人倫の形而上学の基礎づけ』平田俊博訳、岩波書店カント全集7（二〇〇〇年）五三－五四頁［A 421］）。

（4）この点については、拙著『憲法の円環』（岩波書店、二〇一三年）第四章参照。

（5）「意思の自律と両立できる行為は許されるし、そうではない行為は許されない」とするカントの言明を参照（『人倫の形而上学の基礎づけ』八一頁［A 439］）。

（6）『人倫の形而上学の基礎づけ』二五－二七頁［A 402-403］。

（7）『人倫の形而上学』樽井正義・池尾恭一訳、岩波書店カント全集11（二〇〇二年）三〇二－三〇六頁［A 429-431］。

（8）『人倫の形而上学の基礎づけ』一九－二一頁［A 398］。アイザイア・バーリンは、このカントの道徳的自律性に関する独特の観念が、反啓蒙主義、ロマン主義、民族主義をはじめとするその後のドイツの思想潮流に強い影響を与えたことを指摘する（Isaiah Berlin, 'The Counter-Enlightenment,' in his *Against the Current*, ed. Henry Hardy (Princeton University Press, 2001), pp. 15-16）。

（9）『人倫の形而上学の基礎づけ』九二－九三頁［A 448］。

（10）フリードリヒ・シラーの警句は、カントの道徳哲学が与えるディレンマを示す例とされることが多い（Friedrich Schiller with Johann Wolfgang Goethe, *Xenions*, trans. Paul Carus (Open Court, 1896), pp. 114-15）。

友よ、君たちを助けるのは何という喜び。でも、私は自ら欲してそうしている。これでは私には何の徳も認められず、きわめて悩ましい。
どうすればよいだろうか。君たちのことが嫌いになればいいのだ。そうすれば、嫌悪の情を抱きつつ、義務の命ずることを君たちにしてあげられる。

もっとも、こうした批判については、カントは義務の遂行と衝突する感情や事情がある場合でもなお義務を遂行することの尊さを説いただけで、感情と義務とが一致することを否定的に評価しているわけではないとのアレン・ウッドの指摘がある（Allen Wood, *Kantian Ethics* (Cambridge University Press, 2008), pp. 25-32 and 176-78）。もっとも、このウッドの反論は、本文で述べたカント理論の限界にはさして影響を与えない。カントにおいて、愛情や同情それ自体が道徳原則を基礎付けるわけではないことは、ウッドも認めている。

（11）David Velleman, 'Willing the Law,' in his *Self to Self* (Cambridge University Press, 2006), pp. 292-94. 同様の批判は、ヘーゲル『法の哲学　上』上妻精・佐藤康邦・山田忠彰訳（岩波書店、二〇〇〇年）二一四頁［一三五節補遺］において、すでになされている。カントがこうした極端な純化に走った背景には、内容を持つ実践的原理はすべて自愛ないし自己の幸福追求に過ぎないという彼の前提が隠れている可能性がある。たとえば『実践理性批判』坂部恵・伊古田理訳、岩波書店カント全集7（二〇〇〇年）一五〇頁［A 22］参照。

（12）極端な例を挙げるならば「郷に入れば郷に従え」という格率もそれ自体は普遍的言明であり、かつ、普遍的に妥当していることをすべての人が心得ていたからと言って、自己撞着を起こすわけでもない。この点については、Bernard Williams, 'Relativism, History, and the Existence of Values,' in R. Jay Wallace ed., *The Practice of Value* (Oxford University Press, 2003), p. 103 参照。

（13）Ludwig Wittgenstein, *Philosophical Investigation* (Blackwell, 2nd ed., 1958), s. 201. これは単なる個別の事例判断の積み重ねとして判例の拘束力を説明することが原理的に不可能であることをも帰結する。何らかの一般的な性向を具体的事例とは離れて備えることによって、はじめて判例は判例として機能し得る。

（14）実際には、人は行動するにあたって、カントが想定するように普遍的格率を事前に定立するわけではなく、個別の状況に応じて何かが正しいかを判断するものであろう。カントが提示する決疑論的問題の数々は、現実世界ではカントの描くようには道徳判断はなされないことを彼自身が認めていたことを示しているように思われる。これは、裁判官が紛争を解決するにあたって、何が良識に適った適切な具体的解決となるかをまず考えることと同様である。この点については、拙著『憲法の円環』第一二章『裁判官の良心・再訪』注42［二二二頁］参照。

(15) 本稿では以下、ある人に備わった個々の「性向 inclination」の総体を「人格 personality」と呼び、「性格 character」と人格とを相互互換的に用いる。言うまでもないことであるが、ここでの人格は、権利義務の主体という意味での人格とは異なる。

(16) 自分がどういう人間かが分からなくなると、人はアイデンティティ・クライシスに陥る。

(17) ベッケンフェルデは、ニクラス・ルーマンに依拠しつつ、「人格の同一性 Identität der Persönlichkeit」を保持することが「良心 Gewissen」の役割であるとする (Ernst-Wolfgang Böckenförde, *Staat, Gesellschaft, Freiheit* (Suhrkamp, 1976), pp. 273-77)。こうした理解は、良心の自由として実定法に反してでも許される行動が何かを見分ける上では一定の役割を果たしうるが、次節以降で見るように、人格による方向づけは必ずしも普遍的道徳の要求とは整合しない。このため、良心の機能は人格の同一性の保持とは一致しないし、それはベッケンフェルデの言及する (ibid., p. 296, n. 21) カントの個人の自律性の観念とも異なる。

(18) 『人倫の形而上学』一八〇頁 [A 333] 参照。

(19) これは、性格があらわれると言われる文体についても言い得ることであろう。

(20) 河竹黙阿弥『弁天小僧――青砥稿花紅彩畫』(岩波文庫、一九二八年) 一二九頁 [四幕目　稲瀬川勢揃いの場]。

(21) 「世に盗人は非義非道、鬼畜のやうに言ふけれど」「かうして見れば素人より遙にまさつた仁義の道」と黙阿弥は、白波五人男を描いている (『弁天小僧』一二三頁 [三幕目　雪ノ下濱松屋奥座敷の場])。

(22) 『荘子』[外篇]「盗跖篇」で盗跖は、真人間に立ち戻るよう説得に訪れた孔子を逆に論破している (『荘子』第四冊、金谷治訳 (岩波文庫、一九八三年) 九三―一一四頁)。

(23) ここで言う「カンティアン」は、カントの道徳理論の研究者という意味である。他方、功利主義に代表される帰結主義者と対比して「カンティアン」という言葉が使われる際には、社会全体としての功利計算には解消しきれない価値や存在意義を個々人に認める人々という意味で使われることが多い。後者の意味でのカンティアンは、必ずしもカントの研究者ではなく、また、カントの道徳理論と親近性のある議論を展開しているとも限らない。

(24)　Christine Korsgaard, *The Sources of Normativity* (Cambridge University Press, 1996), p. 257. 自己の名誉を守ろうとする、いわば自己中心的な貴族の行動が、結果として人民一般の自由と権利を守る効果を生み出し得ることは、モンテスキューがこれを指摘している。この点については、拙著『憲法の円環』第八章「比較の中の内閣法制局」一三五－一三七頁参照。なお、組織犯罪集団としてのマフィアと盗賊団との間には、トマス・シェリングが指摘するように、相違点もある（Thomas Schelling, *Choice and Consequence* (Harvard University Press, 1984), pp. 179-94）。組織犯罪集団（organized crime）は、賭場の開帳者、売春婦、レストラン経営者等に「保護」サービスを与える代償に金銭の支払いを強要する。保護サービスである以上、地域独占を求めて、競業者を暴力的に排除することを厭わない。他方、盗賊団が地域独占を求めることはなく、互いに殺し合うことも稀である。

(25)　団藤重光『刑法綱要総論〔第三版〕』（創文社、一九九〇年）三九頁。なお、同書二五八頁以下をも参照。団藤博士はときにカントを援用することがあるが（同書三二一、三三五頁）、行動の背後に人格を見る点において、博士の人格形成責任論とカントの道徳理論の間には距離がある。団藤教授の議論については、そこで言う「人格」の意味や範囲についても疑問が提起されることがあるが、本文で述べたように、本人にとっての選択肢の幅を方向づけ、何が合理的で理由のある行為であり得るかについての第一次的な枠組みを与えるものを「人格」として捉えるならば、その形成について責任を問うことがおよそ考え難いとまでは言えないであろう。

(26) これは、堀内捷三「團藤先生と人格形成責任論」論究ジュリ二〇一三年冬号二四頁以下で展開される人格形成責任論の「再構成」の驥尾に付す理解である。

(27) もっとも、団藤博士の理論では、「人格は具体的な行為において現実に露呈される」ことから、「まず第一次的に行為意思責任が問題とされるべきで、これを裏づける人格形成責任が問題とされるのは第二次的」(『刑法綱要総論〔第三版〕』三九頁)だとされている点に留意が必要である。

(28) 以上の叙述は道徳理論として見た人格形成責任論についてであって、刑事法の観点から見たときにどの程度、有効で説得力を持つか——たとえば、刑務所により長期間収容すると、人格がより善い方向へ変化する可能性がそれだけ増すのか——とは別のレベルのものである。他方、カントは刑罰に関しては厳密な応報刑論を標榜し(『人倫の形而上学』一七九頁[A 332])、それがいかなる善き結果をもたらすかという帰結主義的な議論には与しないかに見えるが、彼が真正の応報刑論者と言い得るかについては、アレン・ウッドにより深刻な疑問が提起されている(cf. Wood, supra note 10, chapter 12)。

(29) 前掲・注(7)に対応する本文参照。以下の本文で述べる問題状況について、デイヴィッド・ヴェルマンは、ウィリアムズが問題としているのは、救助者の妻への愛(love)ではなく、信じ合う伴侶としての関係と普遍的道徳との衝突だと言う(Velleman, 'Love as a Moral Emotion', in his *Self to Self*, pp. 108-09)。愛は、理性的存在としての他者への対応の一つ——情緒的防御を解き放った対応——であり、ある人を愛することは、それ以外の人々を理性的存在として尊重することと全く矛盾しない(ibid., pp. 100-01)。しかし、かりにヴェルマンの言う通りだとしても、ウィリアムの提起した問題自体がなくなるわけではない。

(30) Charles Fried, *An Anatomy of Values* (Harvard University Press, 1970), p. 227.

(31) Bernard Williams, 'Persons, character and morality', in his *Moral Luck* (Cambridge University

Press, 1981), p. 17. 緊急時において自分の配偶者を優先的に救助すべきだという格率は、普遍化した際に自己撞着を起こすわけではない（その結果、配偶者なるものが存在し得なくなるというわけではない）。フリードの求める普遍性要求は、カントの定言命法の要求よりもさらに強い。

（32）「個人的事情を無視したとき、彼はコインを投げて誰を助けるかを決めるのだろうか」とウィリアムズは問う（'Persons, character and morality', p. 17）。

（33）'Persons, character and morality', pp. 17-18. 圏点は、原文では引用符による強調。前掲・注（6）に対応する本文で述べたように、カントは、こうした非常事態でいかに行動すべきかを示すことが道徳哲学の課題であるとは考えていなかったように思われる。この点についてはさらに、拙著『憲法の円環』六二頁注11参照。

（34）'Persons, character and morality', p. 18. 妻の側から見れば、「彼女は私の妻だ」ということが彼の行動の理由であるべきで、「彼女は私の妻だが、こうした状況では彼女をまず救助することも許される」ことが行動の理由であるべきではない。

（35）緊急事態において、各人がその配偶者を救助することにすれば、結果として多くの人が救われることになるという中長期的帰結に関する功利計算によって「正当化」されるわけでも、もちろんない。こうした議論は端的に too many thoughts である。また、およそ人はその配偶者を優先的に助けるべきだとの道徳原則が個別の功利計算を超えた普遍的妥当性を標榜しているというわけでもない。問題は道徳ではない。

（36）カントが提示する決疑論的問題のうち、自殺をしてはならないという普遍的道徳原則にもかかわらず、捕虜となって身代に領土の割譲を要求されないようにいつでも自死する用意をしていたフリードリヒ二世の事例は（『人倫の形而上学』二九五頁［A 423］）、こうした状況にあたるように思われる。そうした状況でおめおめと捕虜となることは、フリードリヒにとって、自らの人格（自分が何者であるか）の否定であったはずである。またカントは、友人を追う殺し屋に「お前の家に逃げ込んではいないか」と問われたときも、嘘をついてはならないと言うが（「人間愛からの嘘」谷田信一訳『カント全集13 批判期論集』（岩波書店、二〇〇二年）二五六頁）、それが逆に、真実を残らず述べなければならないことを意味するとは限らない。この点については、拙著『続Interactive憲法』（有斐閣、二〇一一年）第二一章「嘘はつかない」参照。

(37) 善く生きることと普遍的道徳との対立の可能性については、拙著『憲法の境界』（羽鳥書店、二〇〇九年）第三章「人道的介入は道徳的義務か？」でも扱った。道徳と善とは完全に調和することはない。

憲法研究者の研究・教育の自由
――天皇機関説事件八〇周年

早稲田大学教授
水島朝穂

一　はじめに――歴史は繰り返す？

二〇一四年は、この国の大学にとって試練の年だった。戦争の歴史に関係する授業の内容や担当教員（専任、非常勤講師）の人事に対して、さまざまな圧力がかけられるようになったからである。

この年の五月、広島大学総合科学部のオムニバス講義で、従軍慰安婦問題に関連する映画を上映した准教授について、『産経新聞』がキャンペーン「歴史戦」のなかでこれを非難する記事を一面に掲載した(1)。これを契機に、「広島大学の反日講義」「大学に巣食う韓国人工作員」等々、憎悪と偏見に満ちた書き込みやツイートが広まり、大学に抗議電話やメールが殺到した。この記事に便乗して、衆議院内閣委員会で、「維新の会」（当時）の議員が当該授業を問題にして、文科政務官から、授業内容について調査をしていること、「文科省として大学に対して必要な助言を行う」という答弁を引き出した。

七月には、慰安婦問題をめぐる『朝日新聞』のいわゆる「誤報」問題に関連して、この記事に関与した記者がネット上で攻撃され、一人は帝塚山学院大教授を辞職せざるを得なくなり、もう一人は早期退職して就職しようとした神戸松陰女子学院大学から教授の雇用契約を解消されただけでなく、北星学園大学における非常勤講師の職まで失う寸前までいった（一二月に大学は雇用継続を決定）。このように、授業内容や学科目の配当（非常勤講師をあてるか否か）、教員人事に対して、脅迫を含む外部からの激しい力がはたらき、大学教育の現場が萎縮したことは、戦後の大学においてかつてなかった事態である。

そもそも大学の授業においては、いかなる課題や対象を選択するか、その問題処理の仕方、方法論の選択、結論の提示など、そのすべてが担当教員の「教授の自由」に属する。「教授の自由」は、学問研究それ自体の自由、研究成果発表の自由と並んで、憲法二三条の「学問の自由」の一内容を構成する(2)。広島大学のケースでは、授業の中身の問題点やその改善は、あくまでも教員と学生との間で、また科目担当者間の議論を通じて行われるもので、大学の管理機関が介入すべきものではない。いわんや、文科省が調査に乗り出し、是正を勧告するといった筋合いのものではない。だが、学問の自由に対する抑圧には近年さまざまな形態があり、巧妙な手法や技法が開拓されている。

憲法研究者の憲法・憲法学の研究やその教授の自由も、決して安泰ではない。憲法・憲法学について、自らの方法論や識見に基づいて自由に研究し、それをさまざまな媒体で自由に発表し、さらに学生に自由に教えることができなかった時代がかつてあった。天皇機関説事件後の日本の大学がそれである。そこから教訓を引き出すことは、日本の現状との関係で、いま特に重要になってきているように思われる。

二　天皇機関説と天皇機関説事件

天皇機関説とは、法人としての国家が主権の主体であって、君主は国家の最高機関であるとする考え方をベースに、天皇は法人としての国家の最高機関であると位置づける学説、とひとまず定義しておこう。これは、G・イェリネックの国家法人説を応用した、きわめてオーソドックスな理論構成である。国家法人説は、国家を、統治権をもつ法人とみて、君主をその国家の一機関と相対化することによって、王権神授説に対抗するとともに、社会契約説的な説明をも拒否するものだった(3)。端的にいえば、立憲君主制の正当化理論である。

大日本帝国憲法の理解をめぐっては、当時の憲法学界では、大きく二つの流れがあった。一つは、東京帝国大学の憲法担当教授であった穂積八束とその後継者、「夕映えの上杉慎吉」ら神権学派である。彼らは、憲法はその国に固有の「国体」の法であるとして、近代立憲主義の考え方から徹底して距離をとった。これに対して、帝国憲法を可能な限り立憲主義的に解釈・運用しようとしたのが、同じく東京帝国大学の美濃部達吉を中心とする立憲学派であった。一九一二年にこの二つの学派の間で、天皇機関説論争が展開された。この段階での論争は、あくまでも学問的性格のものだった。

大正デモクラシー期に入り、美濃部ら立憲学派の影響力が強まっていく。立憲学派は、東京学派の美濃部らと、京都学派の佐々木惣一らに分かれたものの、全国の大学では、憲法の講義では、国家法人説の説明はごく普通に行われていた。なお、政府によるロンドン軍縮条約締結の際、軍部は、統帥権を侵害するものだと主張した（「統帥権干犯」問題）。立憲学派は、帝国憲法に立憲主義的解釈をほどこし、内閣の輔弼責任を導出して対抗した。軍部のなかに、美濃部を中心とする立憲学派に対する怨念が生まれ、これが後の事件の伏線となる。

一九三五年二月一八日、貴族院で、菊地武夫議員（予備役陸軍中将）が、美濃部の「天皇機関説」を「国体に対する緩慢なる謀叛」と公然と非難した(4)。すぐに「論壇」や政治団体などから、美濃部非難の大合唱が始まった。四月四日、陸軍の真崎甚三郎教育総監が、「国体明徴」の訓示を行った。四月九日には、『逐条憲法精義』など美濃部の著書三冊が発行禁止になった。八月三日には軍に続き、政府も「国体明徴」の声明を行った。九月一八日、美濃部は貴族院議員を辞職した。

国家法人説を応用した、「穏和な」美濃部説が、一九三五年という時点において、立憲主義的傾向を根絶やしにするための「スケープゴート」にされたわけである。国家により一憲法学説が葬りさられていく。それが非合理的な「国体」観念を過剰に押し出す契機となり、やがて軍や政府全体に伝播して、この国を破局にまで導いたのである。

ところで、特定の憲法学説が抹殺される過程で、大学における憲法教育もまた、大学の内と外から破壊されていった。それを次に見ていこう。

三　天皇機関説事件後の憲法学者と憲法学説

1　文部省による憲法学説の調査

文部省が全国の憲法学者に圧力をかけて、天皇機関説という特定の学説を一掃するため動いたことは忘れてはならない。教科書については改訂や絶版という方法で、表に出ない形で行わせ、また憲法講義の担当から外すなどの方法を使って、全国の大学から一つの学説を抹殺したのである。それを明らかにするのが、文部省思想局の秘密文書だった(5)。共同通信ワシントン特派員が米議会図書館で発見したもので、『秘・各大学ニ於ケル憲法学説調査ニ関スル文書』（文部省思想局）と墨で書かれた表紙には、手書きのローマ字でタイトルが入っている(6)。GHQが文部省から押収して本国に送った際

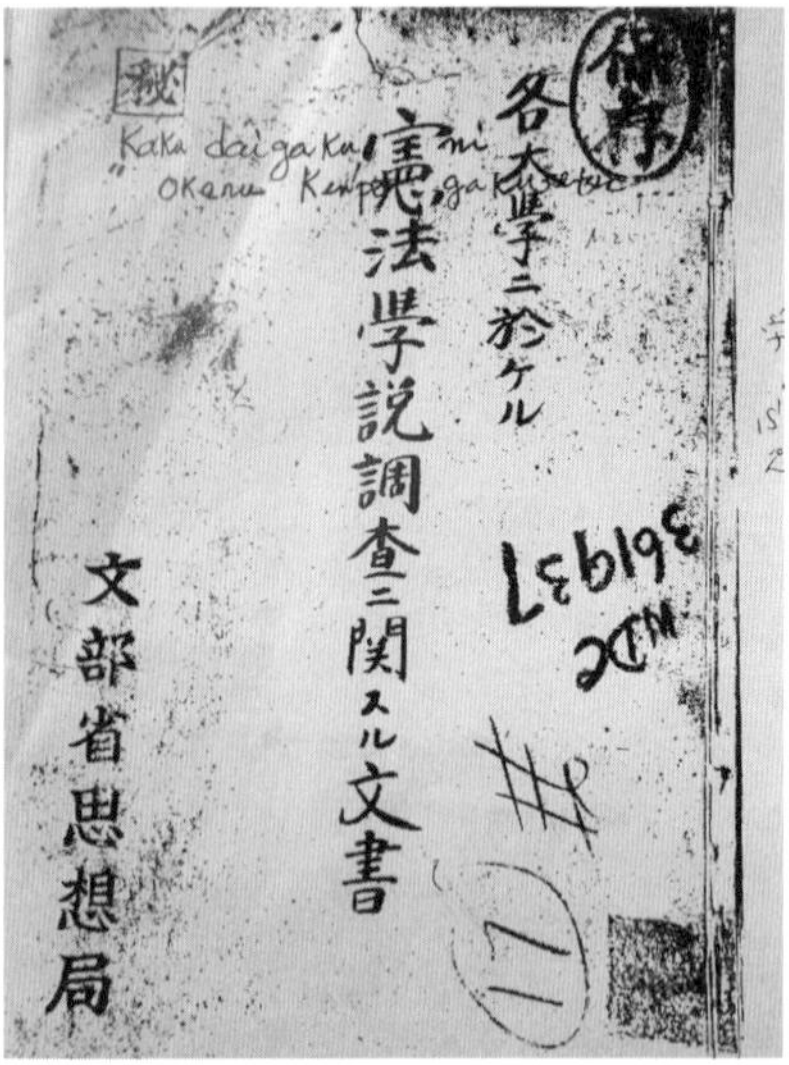

に書き込んだものだろう。

文書の日付を見ると、調査は一九三五（昭和一〇）年一〇月から一一月にかけて集中的に行われたことがわかる。資料の多くは「文部省」と刷り込んだ専用の原稿箋を使用している。見返しには、思想局長、専門学務局長、思想課長とあり、それぞれ押印してある。文部省の思想統制部門と、専門科目の学務セクションとが一致協力して取り組んだことがわかる。

調査の目的は何か。文書の冒頭部分に、「内閣声明」が添付してあって、「八月三日付声明」「岡田総理大臣談」「一〇月一五日付声明」と続く（注・文書の旧漢字は常用漢字に書き換えてある。以下同じ）。八月三日付の声明は、「大日本帝国統治の大権ハ厳トシテ　天皇ニ存スルコト明ナリ。若シ夫レ統治権ガ　天皇ニ存セズシテ　天皇ノ之ヲ行使スル為ノ機関ナリト為スガ如キハ、是レ全ク萬邦無比ナル我ガ國體ノ本義ヲ懲ルモノナリ」としている。「国体明徴声明」として知られるものである。これで、文部省思想局の調査の狙いが見えてくる。全国の憲法学者と大学の憲法講座から天皇機関説を一掃することである。

2　憲法学説の「分類」

文書は、憲法学説を、学問的傾向によって色分けしている。「憲法学説ノ系統分類」と題したリストを見ると、⑴天皇主体説と⑵天皇機関説とにまず大きく分けられる。天皇主体説としては、穂積八束（東京帝大）、上杉慎吉（東京帝大）、筧克彦（東京商大など）、清水澄（中大）、佐藤丑次郎（東北大）、山崎又次郎（慶大）ら一三人が列挙されている。これは天皇機関説と明確に対立するので、調査の対象外だった。天皇機関説の方は、①「唯物論的傾向」として、中島重（関西学院大）、田畑忍（同志社大）の二人が、②「民主主義的（急進的）傾向」として副島義一、森口繁治（立命館大など）、野村淳治（東大）の三人、③「純粋法学的傾向」として宮澤俊義（東大）、中野登美雄（早大）、浅井清（慶大）の三人が挙げられている。それ以外に、「傾向」を挙げずに、佐々木惣一（立命館大）、渡辺宗太郎（京大）、河村又介（九大）、田上穣治（東京商大）ら一三人の名前が並ぶ。

文部省思想局が最も重視したのは、関西学院大の中島重、同志社の田畑忍、東大の宮澤俊義ら八教授（講師も）だった。学説調べは徹底していて、教科書や著書、講義案などから、関係する文章が徹底してピックアップされている。例えば、「厳重注意」の佐々木惣一について、『日本憲法要論』のなかから、「天皇を機関とすること」「帝国憲法の解釈」「立憲主義」「国人」の四項目にわたり、問題となるフレーズが抜き出されている。

なお、この文書に美濃部達吉の名前がないのは、美濃部がすでに著書を発禁にされ、不敬罪の告発を受け、貴族院議員も辞職させられており、調査するまでもなかったからだろう。事実、「極秘」扱いの「憲法関係著書ニシテ発禁、改訂、絶版トナリタルモノ」という文書のトップに美濃部の名前が挙がっている。美濃部は「発禁」で、田畑忍以下の憲法学者たちは「絶版」の扱いである。美濃部一人だけはいかに厳しく対処されていたかがわかる。

3　憲法講座の調査——学生のノートまでチェック

憲法講座に対する調査も周到をきわめた。「帝大、官公私大ニ於ケル憲法講座ノ現況」という文書には、官立大、公立大、私立大で行われている憲法講座の担当者名、地位、学説の立場などが書き込まれている。宮澤俊義は「講義案改訂」、河村又介は「改説」とある。早大の二教授は、「論文ニテ改訂」、「著書絶版」という処置だった。東大の宮澤に対して、改説を迫る執拗な圧力は、一一月一九日付の「思想局長口授」という文書に詳しい。他の教授たちについても、同じような文書があり、それぞれに大学を通じて、あるいは同僚たちを介して圧力がかかっていることが読み取れる。

講義に出席している学生たちも利用された。慶大の浅井清については、学生のノートからの写しが添付されている。毎回の授業は学生を通じてチェックされ、当局を通じて圧力がかかる。結局、浅井は、機関説を放棄するために、国家法人説を採用しないと宣言せざるを得なかった。「国家を以て元首の統治権の客体を為す説（客体説）を採る予定なり」という、学問的にはかなり苦しい「弁明」まで文部省に行っている。

関西学院大学の状況について記した思想局メモ（八月一〇日）によれば、中島重は、「機関説は講義しない。改説ではなく、自省して同説を説かない」という。まさに筆を折ったわけである。中島に対しては文部省もすぐには信用せず、「中島氏の思想は大いに注意を要する。機関説は説かないとしているが、根本を改めなければ無意味である」「大学担当者はこの注意を了承。学内で調査、協議をし、幾分にても危険があれば、担任を憲法以外に変更するか、退職させる二途の一を執る」とした。他に、「機関」という言葉を将来ともに使わないという誓約までした学者の上申書も含まれている。憲法の講義を行うのに、「機関」という言葉を使わないで、どうするのだろうか。「天皇機関説」排撃を恐れるあまり、過剰なる迎合的な反応が憲法学者や大学のなかに生まれていったのである。

4　大学当局者の忖度と迎合

文部省が直接圧力をかけるというよりも、大学当局を通じて直接、間接、さまざまな手法で圧力がかかっていったことが、今回の資料から読み取れる。実に陰湿である。明治大学では教務課長が、非常勤講師採用に関して、「専門分ノ憲法ヲ担当セル宮澤俊義氏ヨリ時節柄自発的辞退シタキ旨申出アリタル…」として、講師の差し替えを行い、宮澤には「行政法ノ講義ヲ嘱託シ」と思想局に報告している。学科目の配当は、当該年度の重要な教務事項であり、当然、教授会の議を経るものである。だが、教務部門の判断で、文部省に報告がどんどん上がっていく。大学としての権威も誇りもそこにはない。

関西大学当局が、吉田一枝に対してなした措置も、文部省資料で明らかとなった。学科目の配当を決定するときに、「憲法」担当ではなく、「政治学史」に変更させられているのである（一〇月三日付書簡）。

5　一九人の憲法学者の「処置」

これらの調査に基づいて、文部省思想局は、一九人の憲法学者に対して「処置」を決めた。文部省はまず、①「速急の処置が必要な者」として、中島重、宮澤俊義、田畑忍、浅井清、中野登美雄、副島義一、森口繁治、野村淳治の八人を、②「厳重な注意を与えることが必要な者」として、佐々木惣一、渡辺宗太郎、河村又介ら八人を、③「注意を与えることが必要な者」として、田上穣治ら三人を挙げている。①にランクされた学者八人は、先に見た学説分類のなかの、「唯物論的傾向」、「民主主義的傾向」、「純粋法学的傾向」と重なる。「純粋法学的傾向」ですら危険視された当時の日本の状況は、やはり立憲主義崩壊の兆候を示すものとして記憶されるべきだろう。なお、後に早大の第五代総長となる中野登美雄もこの八人のなかに入っていた。教授の学説がここまで徹底的に調べられ、圧力が加わる。まさに大学と学問の終焉であった。

四　天皇機関説事件からの教訓

1　学問の自由のトータルな否定

この文書から浮かび上がってくるのは、天皇機関説事件後の憲法学者に対する思想統制の生々しい実態である(7)。学問・研究の自由は、①研究の自由（研究対象の選択と研究方法の選択を含む）、②研究成果発表の自由、③研究に基づく教授の自由からなる。特定の学説について、これを研究することも、著書で触れることも、講義で語ることも許さないというのは、学問の自由に対するトータルな否定にほかならない。

文書を通読して驚くのは、思想統制に関わる人々が、実にさまざまな手法を駆使したことである。美濃部に対しては、著書の「発禁」という強面の手法を使いながら、他の憲法学者に対しては「絶版」「改訂」という手法を用いている。「発禁」と違って、抑圧の構図は外部から見えにくい。「改訂」

は教科書類では日常茶飯事だから、天皇機関説の叙述を削除しても、気づかれることはまずない。だから、「客体説」といった珍説に書き換えて、何事もなかったかのように講義を続けた教授もいたわけである。美濃部に対する見せしめ的な措置の威嚇効果は十分だった。

この文書については、共同通信から全国の加盟各社に配信され、二〇〇六年一二月一七日付のブロック紙や地方紙に掲載された(8)。新聞各紙は「転向」という言葉を使っている。筆を折り、自説を曲げさせるという意味では、憲法学者にとっては「転向」の強制であっただろう。ただ、「転向」という言葉にこだわれば、すべての憲法学者にとって、それほど重大な思想的転換だったのかどうか、私は疑問に感ずる。「弁明書」を見る限り、軽やかに天皇機関説を捨て、主体説に転換した者もいる。法律学の場合、甲説から乙説への転換は、思想的な葛藤や理論的深みなしに行われることも少なくない。美濃部に対する徹底した攻撃と弾圧を目撃して、なだれを打って権力に迎合していく。教授ポストを失うことにも連動しかねないとなれば、天皇機関説から距離をとることなど、さほどむずかしいことではなかったのだろう。「機関」という言葉はもう使わないと誓約する者まで出てきたことも、驚くに値しない。権力が要求していないことまで先回りして行い、ご機嫌をとる。こういう人間は、いつの時代にもいるからである。

教授としての地位は確保しても、主担当科目から外され「生殺し」状態になることへの恐怖もあっただろう。学科目の配当で憲法担当を外されたり、非常勤講師の場合は雇い止めをされたりするなど、大学内における人事や教務事項などを通じた圧力のかけ方は実に巧妙であった。大学当局者が文部省思想局にお伺いをたてながら、非常勤講師の不採用などを報告しているさまは、おぞましいとしかいいようがない。主担当科目を外され、憲法から政治学史に、あるいは憲法から行政法に変えさせられる「痛み」は、世間の人にはなかなか理解してもらえないだろう。それだけで、憲法学者にとっては大きなプレッシャーになる。文部省は決して露骨に、「こういう人物を採用するな」とはいっていない。天皇機関説をとる憲法学者には憲法科目を担当させないという措置は、大学当局によって「自主的」に進められていった。とりわけ関西大学の当局者の手紙からは、教授会や教務主任（教授）らの議論を経ないで、事務当局だけで、文部省の意向を過剰に斟酌し、先回りするような措置を実施することで、文部省のご機嫌をとる様子がうかがえる。

学生のノートを常時チェックして、思想局に報告するというやり方もおぞましい。教室が密告の場になっていた。今回の秘密文書には出てこないが、研究費や、さまざまな学内的便宜が、天皇機関説を捨てないと与えられないというような圧力もあったに違いない。

2　天皇機関説事件の時代からの教訓

文書に掲載されている時期は、一九三五年秋が中心である。そのわずか六年後に太平洋戦争が始まり、研究者も戦争に総動員されていくことになる(9)。いま、戦前と同様のことは起こらないと考えている人が多いだろう。確かに「文部省思想局」といった仰々しい名前のセクションが存在する余地は現代にはない。だが、形を変え、手法を変え、ニュアンスを変えて、同じような効果を発揮することが、いま、大学や研究者に対して行われている。あくまでも「自発的」に、「自主的」に、研究資金の配分などを通じて、である。学生の授業評価というものさえ、やり方と機能の仕方次第では、大学当局が学生のノートを文部省思想局に渡していたのと同じような役回りを演ずるおそれなしとしない。

二〇一四年〇月、学校教育法九三条の改正が行われ、これまでの政権がさすがに直接には手をつけられなかった「大学の自治」のコアに権力が踏み込んできた(10)。この改正は、大学運営の中軸である教授会の権限を弱化させるものである(11)。

このように診てくると、八〇年前とは大学のありようやその環境も大きく変わっているとはいえ(12)、時代の「空気」は何とも似た道をたどっているように思えてならない。

天皇機関説事件より少し前、ドイツの大学も、台頭してくるナチズムに対してほとんど抵抗をしなかったために、ナチスの「統制」は、極めてスムーズに行われたことが想起させられる。「大学教師や学生の大多数は、ナチの権力掌握を、黙って、あるいは大手を広げて、受け入れていった。……ナチの権力者たちは、一九三三年、大学に対して根本的な形で介入する必要はなかった。大学側が唯々諾々とほとんどなんの反対もなくナチの統制に従ったからである。大学自治の理想は、ドイツの大学をナチズムに順応させるためにことさら取り崩す必要はなかったのである」(13)。また、「大学の内容上の統制は、スパイ・システム、大学教師相互の間に組織的に掻き立てられた不信感、教授陣や図書館の蔵書の『粛清』、試験、学位、教授資格、招聘の政治的コントロールによって行われた。カリキュラムも教授法も行政的に変更されたわけではなかったが、教授や講師たちの大多数は、自主的にナチの要求に教授内容を迎合させるようになる」(14)。日独ともに共通する特徴は、大学人の沈黙と迎合である。

五　むすびにかえて——憲法研究者に求められているもの

天皇機関説事件から八〇年。憲法改正の動きが本格化するなか、かつての立憲学派が追い込まれていった事態がまったく起こらないとは断言できない。いま、憲法研究者に求められるものは何だろうか。

何よりも、憲法と憲法学の研究と教育に対して誠実に向き合うことである。そして、「規範的なるもの」に対する軽視、無視、蔑視、さらには嘲笑の気分や気運が高まっているなかで、憲法ないし「規範的なるもの」にことさらこだわって、憲法と「規範的なるもの」の意味と重要性を説きつづけることも重要な仕事だろう。批判力の低下は、社会の「免疫力」の低下といえる。個人の領域に権力が踏み込むケースも増え、今後、個人の良心が直接問われる時代になるだろう。この方面で憲法研究者の果たす役割は小さくはない。

ここで、二〇年近く前に樋口陽一が指摘したことを想起するのが有益だろう。それは、何か新しいことを主張しようとするあまり、「学説の常識に挑戦しようとする強迫観念が、社会の大状況の場面でのコンフォーミズムと全面的に同調する結果を引き出すという逆説」を伴うことがあるということである。そういった場合、「あえて知の世界での常識をくりかえすという凡庸さに耐えることによってこそ、批判的でありたいという要請にこたえることができる。当たり前のことをだれも言わなくなったとき、その当たり前のことを語りつづけることこそが、批判的かどうかの試金石となるだろう」[15]と。胸に刻みたい言葉である。

（1）『産経新聞』二〇一四年五月二一日付。なお、以下の叙述は、水島朝穂「学問の自由が危ない——広島大学で起きたことへの憲法的視点」(http://www.asaho.com/jpn/bkno/2014/0602.html) 参照。
（2）学問の自由については、特に高柳信一『学問の自由』（岩波書店、一九八三年）四三—一三七頁参照。
（3）以下の叙述は、水島「『戦前の古稀』に思う」(http://www.asaho.com/jpn/bkno/2005/0214.html) 参照。伊ヶ崎暁生『学問の自由と大学の自治』（三省堂、二〇〇一年）七六—八〇頁。
（4）天皇機関説事件については、宮沢俊義『天皇機関説事件——史料は語る』上・下（有斐閣、二〇〇三年）参照。
（5）以下の叙述は、水島「憲法研究者の『一分』とは（その1）」(http://www.asaho.com/jpn/bkno/2007/0101.html) 参照。
（6）文部省思想局『秘・各大学ニ於ケル憲法学説調査ニ関スル文書』（調査ノ性質上私文書、昭和一〇年）。共同通信外信部・出口朋弘氏提供。
（7）以下の叙述は、水島「憲法研究者の『一分』とは（その2・完）」(http://www.asaho.com/jpn/bkno/2007/0108.html) 参照。
（8）『高知新聞』『熊本日日新聞』『琉球新報』『中日新聞』『中国新聞』『徳島新聞』『河北新報』二〇〇六年一二月一七日付などに、水島のコメントを付けて掲載された。

（9）「決戦非常措置ニ連ナルモノ」（内閣関係資料、昭和二〇年）。これについては、水島「研究者が戦争に動員されるとき」（http://www.asaho.com/jpn/bkno/1999/0315.html）参照。
（10）「学校教育法及び国立大学法人法の一部を改正する法律案（新旧対照表）」（http://www.mext.go.jp/b_menu/houan/an/detail/__icsFiles/afieldfile/2014/04/25/1347347_04_1.pdf）参照。
（11）詳しくは、水島「『学長が最高責任者だ！』――学校教育法改正で変わる大学」（http://www.asaho.com/jpn/bkno/2014/0505.html）参照。
（12）水島「『消費者サービス』と『博士多売』の世界――わが体験的大学論」『現代思想』二〇一二年四月号二二四－二三八頁参照。
（13）ハンス＝ヴェルナー・プラール〔山本尤訳〕『大学制度の社会史』（法政大学出版局、一九八八年）二九九－三〇〇頁。
（14）プラール・前掲書三〇一－三〇二頁。
（15）樋口陽一「建設の学としての憲法学と批判理論としての憲法学」『法律時報』六八巻六号（一九九六年五月）四八頁（『憲法　近代知の復権へ』（東京大学出版会、二〇〇二年）に収録）。

なぜ「情報自己決定権」か

慶應義塾大学教授
小山　剛

一　自己情報コントロール権と情報自己決定権

1　公開を欲しない私生活上の事実の秘匿として誕生したプライバシー権は、情報処理技術、情報通信技術の発展により、転機を迎えた。学説では、従来のプライバシー権（以下、「古典的プライバシー権」と呼ぶ）を包含する形で提唱された自己情報コントロール権(1)が支持され、（裁）判例においても、この説が趣旨において採用されているように思われる。

その一方、例えばＮシステムについて法律（作用法）上の根拠は不要とされ、ＤＮＡ型データベースについても法律ではなく国家公安委員会規則に基づき運用されているなどの問題が残っている。さらに、形式的には法律上の根拠が存在する場合であっても、外国人の入国時の指紋押捺のように、その保存期間の定めがなく、指紋情報の利用可能な範囲の定めがないなど、規律密度が粗いものがある(2)。

ところで、古典的プライバシー権と個人情報保護との関係については、自己情報コントロール権説のように両者を一体的に把握する構成のほか、それぞれの保護を必要とする理由に応じて両者を別物として把握・構成する見解も有力である。連邦憲法裁判所の国勢調査判決(BVerfGE 65, 1)(3)以来、ドイツでは、「情報自己決定権」(Das Recht auf informationelle Selbstbestimmung)という権利が確立しているが(4)、古典的プライバシーと個人情報保護を二本立てで考える構成は、ヨーロッパで広く共有されていると思われる(5)。

2 情報自己決定権と日本における従来の実務との差異は、Nシステムによるナンバープレート上の情報の取得・保存や、公道における監視カメラの設置のような、それ自体は外部に表示されている情報の、法的・物理的強制を伴わない取得・保存・利用について顕著に生じる。

Nシステムの合憲性が争われた東京高判平成二一・一・二九訟月五五巻一二号三四一一頁がこの点で興味深い。本件の控訴人は、その前年のドイツ連邦憲法裁判所の違憲判決(後述)を援用し、Nシステムは違憲であると主張した。東京高裁は、「本件に直接関係するものではないが、念のため」として、ドイツの判決について次のように説示した(法律上の根拠に関する部分のみ抜粋する)。

「ドイツ憲法裁判決は、そのような公権力の行使は法律の定めに基づくことを要するとしていると理解されるが、我が国においては、警察は、警察法二条一項の規定により、強制力を伴わない限り犯罪捜査に必要な諸活動を行うことが許されていると解されるのであり、上記のような態様で公道上において何人でも確認し得る車両データを収集し、これを利用することは、適法に行い得るというべきである（最判昭和五五・九・二二刑集三四巻五号二七二頁等参照）」。

ところで、ここで引用された連邦憲法裁判所判決は、次のように説示していた。「自動車ナンバー自動記録は、法律による授権の特定性および明確性という法治国家の要請を充足しなければならない。問題の規定は、この要請を満たしていない」、「不特定の広範さゆえ、この規定は憲法上の比例性の要請も満たしていない」(6)。自動車ナンバー自動記録を授権する法律は存在したが、その規定の仕方が不十分だったということである。これに照らせば、警察法二条一項という組織法のみに依拠したNシステムは、当然に違憲となろう。

二　情報自己決定権

1　連邦憲法裁判所の国勢調査判決は、情報自己決定権を「自己の個人データの放棄および使用について、原則として自ら決定する権限」と記述し、その制約に際して、①優越した一般的利益、②規範明確性の要請を満たした法律上の根拠、③比例原則、④人格権侵害を予防するための組織・手続的予防措置、を要求していた。また、⑤統計目的のデータ取得については、統計というものの本質上、具体的な目的拘束を要求することはできないが、統計目的で取得したデータを法執行目的で利用する場合には、限定的で具体的な目的拘束が不可欠であり、規範明確性の要請が特に重要な意味を持つ。

国勢調査判決がこれらのことを要求したのは、次のような認識に基づくものであった。「申告の性質だけに照準を合わせることはできない。決定的であるのは、その有用性と利用可能性である。これらは、一方における取得の目的、他方における情報技術に固有の処理可能性および結合可能性に左右される。それにより、それだけを見れば些末な情報が、新たな位置価値を獲得する。その限りで、自動化されたデータ処理という前提の下では、『些末な』情報は、もはや存在しない」。

国勢調査判決の規準からすれば、入国する外国人に個人識別情報（指紋等）の提供を義務付ける日本の出入国管理及び難民認定法（参照同法六条三項）は、情報の取得についてのみ定めており、その保存期間、利用の範囲に関する明文の規定がないため、違憲とならざるを得ないであろう。

2　結構づくめに見える情報自己決定権であるが、なぜ単純な個人情報が……というそもそも論は、自明ではない。

すなわち、通信傍受、通信の秘密に対する制約であることに疑いはなく、したがって、法律（作用法）の授権を要し、制約が必要最小限であるべきことについて疑いはない。また、情報の濫用や、データベースへの不正アクセスを許した場合には、（それを情報自己決定権と呼ぶかどうかはともかくとして）何らかの権利侵害になることも明らかであろう。しかし、取得・保存・利用されるのが単純な個人情報であり、濫用等による具体的な被害も発生していない段階で、なぜ権利保護が必要なのかは、自明ではない。この疑問には、国勢調査判決も十分な解答を与えたとはいいがたい。国勢調査では、国民の側に報告義務がある（日本も同じ。統計法一三条二項）。国勢調査判決は、素材は新しいが、命令・禁止という古典的手法を用いているという点で、なぜすでに権利の制限なのかという問いに、答えずに済んだのである（7）。

いかなる基本権にも、固有の保護領域があり、一定の閾値を超えた国家の介入が制限とみなされる。監視カメラ等について、具体的害悪が発生しない段階で、なぜ情報自己決定権に対する制限となり、正当化が要求されるのか。情報自己決定権に関するその後の事案の中には、Nシステム類似システムや監視カメラのように、明文で保障された基本権の制約でもなく、命令・禁止という手法も用いられていない事案が含まれている。実際、ドイツでは、「ビデオ監視の事例でなぜ侵害があると認められるのかといえば、それは『データ保護論者』がその手段を拒絶するからである」とし、情報自己決定権は「法学上の誤った構成である」と断ずる論者もいる（8）。

三　秘匿性／強制性

1　「些末な」個人情報の保護に対する疑問の一因は、いうまでもなく、それ自体は秘匿性の程度が低いことである。「住基ネットによって管理、利用等される本人確認情報は、氏名、生年月日、性別及び住所から成る四情報に、住民票コード及び変更情報を加えたものにすぎない」、「そもそも自動車の所有者は、道路運送車両法によって、車両ナンバープレート（自動車登録番号標）を取り付けることが義務付けられており（同法一一条）、公道を自動車が走行する際には、常にナンバープレートが外部から容易に認識し得る状態となっているのであるから、走行車両のナンバー及びそのナンバーの車両が公道上の特定の地点を一定方向に向けて通過したとの情報は、警察等の公権力に対して秘匿されるべき情報とはいえない」[9]といった説示は、要保護性の程度が個人情報それ自体の秘匿性によって評価されていることを示している。

「宴のあと」事件[10]で問題となったような秘匿性の高い私生活上の事実であれば、公表は即、具体的被害を意味しよう。しかし、秘匿性の低い情報はそうではない。住基ネット判決は、京都府学連事件判決[11]を「参照」して、「憲法一三条は、国民の私生活上の自由が公権力の行使に対しても保護されるべきことを規定しているものであり、個人の私生活上の自由の一つとして、何人も、個人に関する情報をみだりに第三者に開示又は公表されない自由を有するものと解される」としている。取得・保存・利用の目的・方法が妥当であり、漏洩の具体的危険がなく、目的外利用が制限されていれば問題はない、というのが（裁）判例の考え方であろう。住基法のように具体的な保護規定があればなおさら、それがなくても、行政個人情報保護法があれば目的外利用制限の条件を満たすことになろう。

2　京都府学連事件判決について、刑事訴訟法学説には、強制処分の枠外で公権力を拘束する比例原則を確立した判例であると位置づけるものがある[12]。単純な個人情報の保護は、主観的権利の話ではなく、憲法上の客観原則からの帰結という位置づけなのであろう。警察行政法学でも、監視カメラについて「強制でないことは明らか」であるとしつつ、撮影録画が行われる場所、通行人への明示、利用目的や保存期間について限定を加える見解がある(13)。住基ネット判決も、同様の非権利論的構成がとられていると指摘されている(14)。

四　個人情報保護の非権利論的構成

1　日本の判例法理が非権利論的構成であると解せば、その構造は、一般的自由の保護と近い。憲法による明文の保障がない利益や自由には、種々のものがある。そのうちで、憲法による明文の保障がある権利と同等の重要性を持ち、輪郭が比較的明瞭なものについては、一個の独立した基本権（新しい人権）として観念されるが、そこからこぼれ落ちた行為等であっても、国家が恣意的な動機・合理性のない手段で規制を加えてはならない。一般的自由は、そのような諸々の行為に対して、正当な根拠のない規制からの保護を与えるものである。

最高裁の被拘禁者喫煙禁止事件（最大判昭和四五・九・一六民集二四巻一〇号一四一〇頁）は、①「喫煙の自由は、憲法一三条の保障する基本的人権の一に含まれるとしても……」としたうえで、②「拘禁の目的と制限される基本的人権の内容、制限の必要性などの関係を総合考察すると、前記の喫煙禁止という程度の自由の制限は、必要かつ合理的なものであると解するのが相当であ」ると判示している。その制約に当たり法律上の根拠が必ずしも要求されないこと、情報を取得・利用する目的・方法の正当性・妥当性にもっぱら焦点が当てられていることからすれば、(裁)判例における個人情報保護の実体は、一般的自由に対する客観法的な意味における介入限界論と、さほど異ならないものと見ることができる。

2 もっとも、これでは、判例法理の単なる追認となる。その他の客観法的構成を探すならば、候補となるのは「制度」[15]論であろう。学問の自由と大学の自治の関係のように、本体となる行為ないし利益を超えた憲法上の保障を観念することは可能であり、有益な場合がある。研究・教育活動に対する具体的害悪が発生していなくても公安警察による大学構内への立ち入り自体が違憲となりうるのと同じように、法律の根拠がなく目的が特定されていない個人情報の取得自体が違憲なのだ、という構成である。

このような意味の客観法的保障は、ドイツでも有力であるとされる[16]。例えば、ホフマン＝リームは、コミュニケーションの可能性の前提となるインフラストラクチャーという視点を唱える[17]。特定の行為・利益に対する具体的不利益ではなく、それが行われる空間自体の安全に着目するのは、大学の自治に限らず、通信の秘密、住居の不可侵、さらに放送の自由などにも通底する発想であると思われる。もっとも、ホフマン＝リームが連邦憲法裁判所判事として発案した「コンピュータ基本権」[18]であればこのような構想も理解しうるが、包括的情報自己決定権については、保護対象の実体が、今一つ捉え難いことは否めない。

五　萎縮効果論

1　権利論的構成に戻ることにしたい。三段階審査では、保護領域と制限は別の次元の問題として区別されるが、情報自己決定権については、区別は相対的・相関的とならざるを得ない(19)。特に、「萎縮効果」という言葉は、国勢調査判決ほかの比較的初期の判例では、この権利の基礎づけの文脈で用いられた(20)。

しかし、萎縮効果からの保護を情報自己決定権の本体とすることには疑問がある。エンデルスは、ビデオカメラによる集会の撮影は集会の自由に対する制約に当たるかを例に、「監視されていること」を理由とした「内心の集会自由」の縮減は「法治国家的憲法においては法的地位として承認されるものではない」としている(21)。確かに、「制約（Eingriff）」概念は拡張の傾向にあり、いわゆる「古典的侵害」にとどまらない種々の国家行為が形式的・実質的正当化を要する基本権制約とみなされているが(22)、萎縮効果をもって制約とみなすことには、一定の代償を伴うことを自覚すべきであろう。学説では、「侵害とは、基本権的自由の縮減を因果的にもたらす、あらゆる国家の行動である」と定義する見解も有力であるが(23)、ホフマン＝リームは、「国家の活動から生ずる不利益な作用のみに指向した侵害コンセプトが基本権審査の固有の基点」となるならば、「それぞれの自由権の基礎にある、各基本権の保障内容を刻印する秩序コンセプト」が失われるとして注意を喚起する。

萎縮効果は、基本権制約の強度を測定する要素ではあっても、情報自己決定権の直接の内容とはならないと考えるべきであろう。

2　この点をさておいても、萎縮効果に着目するのであれば、その都度問題となる個々の自由との関連で制約の合憲性を審査したほうが素直であろう。一連のＮシステム訴訟で原告側が「移動の自由」を問題にしたのは、そのようなものとして理解できる。

すでに国勢調査判決も、集会や市民イニシアティヴへの参加が官署によって記録され、それによってリスクが生じうるとすれば、「場合によってはその基本権（基本法八条、九条）の行使を断念するかもしれない」と説いていた。国による情報の取得・保存等は、集会の自由（移動の自由でも何でもよいが）といった個別の基本権よりも広がりのある問題であり、また、集会の自由に着目したのでは制約と認め難いところに保護を及ぼすことに、情報自己決定権の意義の一つがあるということができる。その一方、他の基本権に対する萎縮効果への言及は、「自己の個人データの放棄および使用について、原則として自ら決定する権限」を人格権のみで基礎づけることの限界を示唆しよう。不十分な基礎づけを掛け合わせて説得力が高まるとは限らないところに、情報自己決定権の悩みがある。

六　「前倒し」と機能化――結びにかえて

1　情報自己決定権の特徴の一つは、保護の前倒しである。「情報自己決定権は、すでに人格権に対する危殆という段階において保護が始まるという点において、行為自由や私事性に対する基本権的保護を拡張するのである。その種の危殆状態は、名指しできる（benennbarer）法益に対する具体的な脅威よりも前に生じうる。それは特に、個人関連情報が、当事者が見渡すことができず、阻止できない仕方で利用され、または結合される場合である」(24)。

具体的脅威よりも前で、というこの前倒し論は、具体的危険の発生を待たずに国家が基本権を制約しうるという議論と共通した要素がある(25)。リスク制御であれ、テロ対策であれ、情報収集や国家の規制的介入は、すでに具体的危険の前域において行われる。「具体的危険」という古典的要件を待つことができない理由はリスク制御とテロ対策とで異なるであろうが、メストルは、リスク制御は「構造的」不確実性の中で行われ、警察の情報収集活動は原理的に解明可能な危険状態についての「状況的」不確実性ゆえに行われるとしている(26)。この情報収集は、危険防御という主たる任務の履行のために行われるものであり、この主たる任務と結びついて、いわばその手段として位置づけられている。「予防的安全保障の手段としての危険防御のコンセプトは、これによって放棄されるのではなく、その反対である。危険防御は、……危険についての十分な予測を支える認識水準を要求するのであり、危険の前域において情報が獲得されうることを前提とする」(27)。

国家の介入と国家の介入からの保護をどこまでパラレルに考えることができるかについては慎重であるべきであろうが、情報自己決定権についても、人格権の実体的保護から情報自己決定権の機能的保護へという方向が支持されていることが注目される(28)。すなわち、些末な個人情報は、その情報ゆえに保護されるのではなく、人格権保護に道具的に結びついてのことであるという、「機能的・予防的」方向である(29)。

2　「ビデオ監視の事例でなぜ侵害があると認められるのかといえば、それは『データ保護論者』がその手段を拒絶するからである」とする冒頭の批判は、何が情報自己決定権によって保障されないか、という保護対象からの除外が見えてこないということにも一因があろう。

例えば、交通事故自動記録装置（常時撮影が行われ、スリップ音や衝突音を感知した場合にその前後数秒間を記録映像化する装置。衝突音等を感知しない場合には数秒後に映像は自動的に消去される）は、情報自己決定権に対する制約となるのか(30)。この問いに答えるには、情報自己決定権により何を保護したいのかを明確に（限定）することが必要であるが、機能的・予防的保障論は、その端緒となろう(31)。

（1）　佐藤幸治『現代国家と人権』（二〇〇八）二七一頁。さらに、同『日本国憲法論』（二〇一一）一八二頁以下。

（2）　立法過程における議論につき参照、藤乗一道「テロの未然防止と入管法改正」http://www.sangiin.go.jp/japanese/annai/chousa/rippou_chousa/backnumber/2006pdf/20060718.pdf 〈二〇一五年一月一日アクセス〉。

（3）　本判決につき参照、ドイツ憲法判例研究会編『ドイツの憲法判例Ⅰ〔第2版〕』（二〇〇三）六〇頁〔平松毅〕。

（4）判例については、高橋和弘「ドイツ連邦憲法裁判所による情報自己決定権論の展開」六甲台論集法学政治学編五九巻二号（二〇一三）五七頁、学説については、同「情報自己決定権論に関する一理論的考察」六甲台論集法学政治学編六〇巻二号（二〇一四）一〇五頁を参照。

（5）スイス憲法一三条は、一項の「私的生活……の尊重を求める請求権」とは別に、二項において「個人的データの濫用からの保護」を求める請求権を保障する。欧州基本権憲章も七条の「私的生活および家族生活、その住居とコミュニケーションの尊重を求める権利」とは別に、八条において「自己にかかわる個人情報の保護を求める権利」を詳細に保障する。

（6）BVerfGE 120, 378 [407, 427]. 本判決につき参照、實原隆志「ドイツ－Nシステム判決」大沢秀介＝小山剛編『自由と安全』（二〇〇九）二七四頁。

（7）*Ch. Enders*, Grundrechtseingriffe durch Datenerhebung?, in : FS Würtenberger, 2013, S. 655 (662).

（8）*K.-H. Ladeur*, Das Recht auf informationelle Selbstbestimmung : Eine juristische Fehlkonstruktion?, DÖV 2009, S. 46 (52).

（9）東京地判平成一三・二・六判時一七四八号一四四頁。

（10）東京地判昭和三九・九・二八下民集一五巻九号二三一七頁。

（11）最大判昭和四四・一二・二四刑集二三巻一二号一六二五頁。

（12）井上正仁『強制捜査と任意捜査』（二〇〇六）一二頁以下。

（13）田村正博『全訂　警察行政法解説』（二〇一一）三〇一頁以下。また、Nシステムについて、同書三〇八頁以下。

（14）増森珠美「最判解」法曹時報六二巻一一号（二〇一〇）一四七頁、一七〇頁脚注14は、自己情報コントロール権は「憲法上の人権とは認められないという判断を前提にしたもの」と指摘する。

さらに参照、中岡小名都「住基ネット合憲判決」自治研究八七巻九号（二〇一一）一三一頁。

(15) ここでいう制度は、制度体保障、法制度保障（石川健治）という厳密な意味ではない。

(16) 詳細な紹介・批判的考察として、高橋・前掲注(4) 六甲台論集法学政治学編六〇巻二号一二〇頁以下。

(17) *W. Hoffmann-Riem*, Informationelle Selbstbestimmung in der Informationsgesellschaft, AöR 123 (1998), S. 513, jetzt in : *ders.*, Offene Rechtswissenschaft, 2010, S. 499 (507 f.).

(18) BVerfGE 120, 274 ‐ オンライン捜索判決。詳しくは参照、石村修「ドイツ－オンライン判決」大沢＝小山編・前掲注(6) 二六一頁。

(19) 参照、*S. Tanneberger*, Die Sicherheitsverfassung, 2014, S. 224.

(20) 比較的最近でも、ある判例は、次のように説示している（BVerfGE 113, 29 [46]）。情報自己決定権は「さらに、それが直接に保障するものを超えて、他の基本権の行使に際して阻害をもたらしうる萎縮効果からの保護に奉仕する」。「自らの自己決定に基づき計画し、決心する自由は、これにより、根本的に抑制されてしまう」。

(21) *Enders* (FN 7), S. 661.

(22) 小山剛「間接的ないし事実上の基本権制約」中央大学法学新報一二〇巻一＝二号（二〇一三）一五五頁。

(23) 例えば、*M. Meister*, Das System des Freiheitsschutzes im Grundgesetz, 2011, S. 145. 続くホフマン＝リームの見解も含め、詳しくは参照、小山・前掲注(22)。

(24) BVerfGE 120, 274 (311 f.). さらに、BVerfGE 120, 378 (397 f.) も参照。

(25) *Tanneberger* (FN 19), S. 174.

(26) *M. Möstl*, Die staatliche Garantie für die öffentliche Sicherheit und Ordnung, 2003, S. 201 f. 詳

しくは、小山剛「憲法学上の概念としての『安全』」慶應義塾大学法学部編『慶應の法律学　公法Ⅰ』（二〇〇八）三二五頁以下参照。

(27) *Möstl* (FN 26), S. 209.

(28) *Tanneberger* (FN 19), S. 173 f., 174 FN. 351.

(29) *Tanneberger* (FN 19), S. 174 f. 機能的・予防的解釈は、「制限」の側から保護領域を確定するという面を持つことを否めないことも指摘されている。

(30) 田村・前掲注(13) 三〇二頁は、制限（侵害）に当たらないと解している。

(31) 連邦憲法裁判所は、少なくとも次の場合に、情報自己決定権の保護対象に含まれないとしている。①「そのデータが把握の直後に技術的に再び痕跡なく、匿名に、個人と関連付ける可能性なしに、除去されるのであれば、データの把握は危殆の要件を根拠づけるものではない」(BVerfGE 120, 378 [399])。②「公開の到達可能な情報を閲覧することは、国家に禁じられていない。これは、そのような方法で個人に結び付いた情報が取得される場合でも同じである」(BVerfGE 120, 274 [344])。

憲法論を逆用するレトリック

早稲田大学教授
中島　徹

一　憲法論の逆用

　憲法前文ならびに九条に規定される平和主義に「積極的」と形容詞をつけることで、従来の理解と正反対といってもよい意味を与え、それが集団的自衛権の行使を容認する解釈変更のレトリックとして用いられたことは、周知の通りである。外務省が作成したパンフレットによれば、「今や、どの国も、一国のみで自らの平和と安全を確保することはできません。国際社会もまた、日本が国際社会の平和と安全のために一層積極的な役割を果たすこと（を）期待しています。『国際協調主義に基づく積極的平和主義』は、このような現実を背景に、日本政府が掲げる日本の国家安全保障の基本理念です」という(1)。

ただし、上記一文に限らず、引用文書のどこにも、それが何を意味するのかについて「積極的」な定義はみられず、集団的自衛権という語も登場しない。この「積極的平和主義」なる語は、二〇一三年九月一二日の「安全保障と防衛力に関する懇談会」で安倍首相が言及し、その後の国連総会における演説で、日本の国際貢献について「新たに積極的平和主義の旗を掲げる」と述べたことで注目されたが、そこでも具体的な内容は示されていなかった。

しかし、国連での演説に先立ってハドソン研究所で行われた演説(2)では、「私は私の愛する国を積極的平和主義の国にしようと決意しています」と述べ、日本近海の公海上で米イージス艦が攻撃を受けても、「日本の艦船は、たとえどれだけ能力があったとしても、米艦を助けることができません」「もし助けるとそれは集団的自衛権の行使となり、現行憲法解釈によると違憲となってしまう」から、「こういった問題にいかに処すべきか、わたしたちはいま真剣に検討しております」と宣言した。その際、安倍首相は「今の時代、すべてがつながっています。……宇宙に国境なし。化学兵器は国境を超えて行きます。私の国はそんな中、鎖の強度を左右してしまう弱い一環であることなどできません」とも述べていた。

「真剣な検討」の結果が二〇一四年七月一日に行われた、従来の憲法解釈を変更して集団的自衛権行使を容認する閣議決定であったことは、改めて指摘するまでもないであろう。こうした文脈で理解すると、積極的平和主義とは、集団的自衛権を行使できるようにして海外での他国の戦争に、同盟関係に基づく「自衛」の名の下に参加することに他ならないことになるが、それを平和主義の名の下に語ったということになる。

「平和主義」という語は、広辞苑第六版によれば「①平和を理想として一切を律する思想上・行動上の立場。②狭義には一切の戦争（民族解放戦争などをも含めて）を悪として否定する立場」である。①を前提とすれば、平和実現の手段は特定されていないから、集団的自衛権の行使による「積極的平和主義」の立場も、「平和」の理解次第では成り立ちうる。他方、②では、自衛権の存在を前提に、それに自衛戦争が含まれると解する立場からすれば、狭すぎる定義ということになろう。

しかし、日本国憲法は、平和実現の手段を、戦争放棄と軍隊の不保持によることと定めた。その意味で、「平和」実現の手段は限定されており、「積極的平和主義」を前記のように理解すると、それは日本国憲法の採用する平和主義の名に値しないといわざるをえない(3)。それにもかかわらず、「平和主義」という、それ自体は日本国憲法に適合的な、その点でプラスイメージで捉えられてきた語を用いることによって、日本国憲法の三大原則の一角である平和主義が、正反対の概念へと転轍されたのであった。

こうした逆用は、もとより今に始まったことではなく、政治の世界だけにみられるわけでもない。たとえば、自衛官合祀最高裁判決(4)は、自衛隊地方連絡部の関与が憲法二〇条三項の禁じる宗教的活動に該当せず、合祀が神社の自主的判断であるとの認定を前提に、「信教の自由の保障は、何人も自己の信仰と相容れない信仰をもつ者の信仰に基づく行為に対して、それが強制や不利益の付与を伴うことにより自己の信教の自由を妨害するものでない限り寛容であることを要請している」

と述べて、個人が宗教団体の信教の自由へ「寛容」であることを説いた。寛容をこのように用いれば、個人の信教の自由が教団の自由の前に雲散霧消してしまうことは、改めて指摘するまでもないだろう(5)。

その他、神戸高専一審判決(6)において剣道受講拒否を認めない根拠として用いられた政教分離や、家永教科書裁判における教育の自由論を逆手にとっての「歴史」教科書問題(7)、あるいは小泉靖国参拝における総理大臣の信仰の自由論(8)等々、戦後憲法学(9)が築き上げてきた憲法論を逆用する議論は、「平和主義」だけでなく他の憲法原則についても見出すことができる。問題はしかし、これらの逆用を阻止する憲法論を――批判にとどまらず――戦後憲法学が構築してきたかどうかである。本小論は、この点を憲法一四条の平等原則との関係において検討する。

二　女性の登用論

政府は、二〇二〇年に指導的地位を占める女性の割合を三〇％にする目標を掲げる。それは、少子高齢化で減少する労働力人口を維持するために、官民で管理職や役員に積極的に女性を登用し、社会進出を促すために一定の強制力をもった仕組みが必要だという判断に基づく。具体的には、二〇一四年六月二四日に閣議決定された新成長戦略(10)で、全府省の次官級からなる「女性活躍・仕事と家庭の調和推進協議会」を新設し、官庁ごとの目標や計画を作成して、女性の採用や管理職への登用を進めるとともに、企業に関しては、有価証券報告書に役員の女性比率を記載するように義務づけることをうたった(11)。

しかし、その三カ月後、女性の社会進出を進めるための法制定を検討していた厚生労働省の労働政策審議会は、経団連など経営側からの反対もあって、企業に対し女性管理職の登用比率について数値目標の設定や比率の公表を義務付けない答申案をまとめる方針を固めた(12)。つまり、二〇二〇年に指導的地位を占める女性の割合を三〇％という目標は、早くも雲行きが怪しくなってきたわけである(13)。

こうした状況を、憲法論の観点からどのように評価すべきだろうか。男女平等の実現という観点からすれば、女性の登用論は表面的には遅きに失した感すらある。しかし、同時に上記のような政策に対しては、労働力の確保や出生率の上昇といった、女性を道具視するご都合主義的な主張という批判がなされてきたことも周知の通りである。

また、法的観点からみれば、以下で言及するポジティブ・アクションないしアファーマティブ・アクションの是非をめぐる問題があることも、改めて指摘するまでもない。本小論は、後者について屋上屋を重ねる議論を展開しようとするものではなく、前者について「憲法上のレトリックの逆用」という観点から、主としてアメリカ合衆国における歴史を振り返ることで、今日の憲法状況を考える上で重要な、しかし、ほとんど顧みられることがなかった問題を指摘することを目的とする。

三　ポジティブ・アクション／アファーマティブ・アクション

たとえば男女雇用機会均等法八条は、雇用の分野における性別を理由とする差別を禁止しつつ（五〜七条）、「事業主が、雇用の分野における男女の均等な機会及び待遇の確保の支障となっている事情を改善することを目的として女性労働者に関して行う措置を講ずることを妨げ」ないと定めており、女性労働者を優遇すること＝ポジティブ・アクション(14)を承認していると解されている。もっとも同法は、事業者の取り組みを推奨するにとどまり、不平等を解消するための措置を定めているわけではない。そして、そこにポジティブ・アクション（以下、PA）とアメリカ合衆国におけるアファーマティブ・アクション（以下、AA）との違いを見出す見解もある(15)。この区別に従えば、前記新成長戦略で打ち出された女性比率の義務づけ論は、頓挫したとはいえ、従来のPAからAAへと路線を転換させたものといえなくもない。

もっとも、アメリカでもAAをめぐっては、その強制力ゆえに反対論や違憲論が根強く展開されてきた(16)。この点、日本ではどうだったか。少なくとも、AAが日本に紹介され始めた一九八〇年代には、アメリカのそれを積極的に違憲と論じる見解はほとんど存在しなかった(17)。その理由を本稿で実証的に検証する紙幅の余裕はないが、要約すれば、もっぱらAAがもつ平等実現へ向けての起爆力に注目が集まったからである。ただし、日本の場合、黒人と白人の平等という人種的契機ではなく、アメリカのそれに特化した研究を除けば、もっぱら男女平等の観点からAAが取り上げられた点に特徴があり、その点は今日でも変わらない。

もちろんそれは、日米両国において平等が問われる局面が異なるからである。しかし、アメリカは機会の平等という個人主義的理念を社会の基本原則として掲げながら、黒人に関しては奴隷制ないし人種分離によって、黒人を集団として排除し機会を与えてこなかった(18)。だが、各個人に機会の平等を保障することと、集団を対象にAAを実施することは次元を異にする。前者は、競争の論理を含み市場経済への信念と結びつくが、後者は、特定の集団に属するがゆえに優遇され競争を無用化する点で、個人主義と異質な面をもつから、図式的には、いずれの側面を重視するかによってAAへの賛否が分かれる。

ただし、機会の平等は、歴史的には白人のそれを暗黙の前提としていたにせよ、排除されている側から機会の平等を要求されれば、それを拒否する論理を内包しているわけではない(19)。そうした要求の頂点をなすのは一九六〇年代の公民権運動であったが、AAの萌芽は人種別学を違憲とした一九五四年のブラウン判決(20)に既に存在していた。それが、時の経過とともに、以下にみるように結果の平等へと議論の焦点が移り変わることで、賛否両論の的となっていく。

AAの観点からみたブラウン判決の含意は、後に大学教育におけるAAの是非へと論争が拡大していく、教育による機会の平等保障にあった。その点で、アメリカは、集団としての労働者階級に向けての社会保障に財政支出の多くを割くヨーロッパ型の福祉国家の道ではなく、教育の機会均等を通じて(21)個人の社会的移動を促進させ、労働者の生活を向上させる道を選択したといってよい[22]。この道は、一九六〇年代の「偉大な社会」でも機会平等型のＡＡとして採用が説かれ、児童家族手当（ＡＦＤＣ）、公正雇用法（ＦＬＳＡ）や公正住宅法（ＦＨＡ）などと共に、偏見や機会を拒否する制度的な障害を解消するための「貧困との戦い」が繰り広げられたことは周知の通りである。

だが、実際には差別撤廃は順調には進展せず、ＡＡは機会の平等から結果の平等へと内容をシフトさせていく。これが、機会平等型とは異なる、日本では積極的「優遇措置」とか「差別是正措置」と訳されてきたＡＡであった。この割り当て型のＡＡを初めて採用したのはニクソン政権で[23]、黒人や左派、あるいは民主党が求めたわけではなく、むしろ公民権運動への共和党政権側からの「積極的」対応であった[24]点に着目する必要がある。

もっとも、ニクソン政権の下でこの政策を実現させたとされる政府高官[25]は、のちにこれが「不健全な政策」だったと述懐している。それに加えて、割り当て型のＡＡに対して、公民権法が「人種的割り当ての権限を与えるものではな」[26]く、黒人と白人の労働者を分裂させるものである等々の反対論を展開したのは、意外（？）にも黒人の公民権運動指導者や民主党議員、労働組合指導者などであった[27]。

その後、ニクソンはＡＡへの支持を一九七二年に撤回するが、その後も、保守・リベラルいずれの政権を問わず政策として推進され、バーガー・コートも同様の態度をとったこと[28]は、周知の通りである[29]。つまり、優遇措置に賛成したのは、概していえば、経済的にも身分的にも安定している高学歴のエリート白人であった(30)。もちろん、こう指摘したからといって、ＡＡを批判し、あるいは否定する意図は全くない。実際、黒人が白人と自由に競争すれば不利な立場に置かれる状況は残っているし、女性についても同様である。

とはいえ、少なくともアメリカの白人女性は、採用や昇進、大学入学者選抜等々について、州政府が少数民族と女性を対象に優遇措置を講じることを禁止するカリフォルニア州民投票提案二〇九号に関し行われた世論調査で六五％が賛成（つまり優遇措置に反対）していた(31)。もちろん、アメリカと日本では平等観も社会状況も異なるから、日本の現状分析や打開策を検討する上で、アメリカ流の個人主義的な機会の平等論の視点を強調しても、それだけで問題が解決できるわけではない。

四　憲法論を逆用するレトリック

自由主義と平等主義をめぐる古くからの問題について、私に答えの準備があるわけではない。のみならず、本稿はＡＡの検討それ自体を目的としたものでもなく、最近の日本における女性登用論の、一見したところの「進歩性」と、しばしば指摘される胡散臭さの両方を分析するための手がかりとして、従来もっぱら平等の違憲審査基準の観点から取り上げられ、考え方自体は肯定的に評価されることが多かったＡＡの、母国における原理的背景と出自の素描を目的とするものであった。ただし、以下の点だけは指摘しておきたい。

ＡＡには、過去において権利が奪われてきた人が共通のスタートラインに立てるようにして、あとは個々人の競争にゆだねる補償的側面と、競争の結果を予め決めてしまう優遇的側面がある(32)。アメリカでは、ニクソンが後者に力点を置いたＡＡを放棄した後、リベラル派が優遇措置を支持する傾向が強くなり、日本の憲法学は、その時期のＡＡ論を憲法の平等原理に適合的な考え方とみる傾向があった。

今日、それが逆用されて、将来的に不足することが予想される労働力の穴埋めと、出生率を上昇させ、社会保障制度の肩代わりを担う家事労働力としても女性を「登用」することが語られている。それを、憲法学の観点からどのように考えるべきなのか。これをＡＡの論理の枠内で論じる限り、上記のような女性登用論に回収されるだけであろう。本稿が、アメリカとヨーロッパにおける割当てをめぐってのＡＡとＰＡへの分岐を念頭に置いて、アメリカにおけるＡＡの背景に検討を加えたのは、逆用を批判する際に考慮すべき事柄を明らかにするためであった。

自民党教育再生実行本部が二〇一三年五月にまとめた学制改革に関する提言は、六・三・三制の弾力化、後期中等教育の複線化を念頭においた五年一貫職業教育の導入をうたっていたが、安倍首相直属の教育再生実行会議は、学制見直し論議を開始した。六・三・三制は、周知のように、第二次大戦後の学制改革で導入されたが、一九四六年の米国教育使節団による報告書に基づき、教育の機会均等を基本理念としていた。

戦前の義務教育は六年間の初等教育だけで、その後は特権階級だけに高等教育への道が開かれている階級的性格の強い複線型の学制であったが、それを単線型平等教育に変えたのが六・三・三制であった。これを複線型に再編成することが現在検討されているわけである。それは、上述のアメリカ型からヨーロッパ型への転換を意味する。アメリカ社会における割り当て型ＡＡは、教育の機会均等を通じて社会移動を可能にすることを念頭に置いていたことは前述の通りである。

これをイギリス流の複線型教育に転換させるのであれば、前述のパターン通りに考えると（そうしなければならない理由はないにせよ）、労働者の生活に配慮する社会保障制度を充実させる必要があるはずだが、実際には削減対象とされている。また、フランスにおける出生率の上昇は、さまざまな女性支援策を伴っているが、日本の女性登用論の場合、せいぜい育休を三年とれるようにするといった非現実的（女性の浦島太郎化）政策だけで、女性を労働力としてしか見ていないことが透けて見えるものでしかない。女性の登用論における割り当て制は、果たして男女平等の名に値するのか？　法理の是非を論じるだけでは、その点を明らかにすることはできない(33)。

（1）　外務省『日本の安全保障政策－積極的平和主義』（外務省、二〇一四年三月）二頁。

（2）　http://japankanteigo.jp/letters/message/20130925/hudsonj.html

（3）　Oxford Dictionary of English 3rd ed. (2010) によれば、平和主義にあたる英語の pacifism は、the belief that war and violence are unjustifiable and that all disputes should be settled by peaceful means. とされ、peaceful は not involving war or violence と説明されているから、マックス・ウェーバー『職業としての政治』に従って、軍隊を国家が独占する「暴力」のひとつと理解するのであれば、日本国憲法の選択と同義である。

（4）最大判一九八八（昭六三）年六月一日民集四二巻五号二七七頁。

（5）芦部信喜「自衛官合祀と政教分離原則」法学教室九五号（一九八八年）六頁、芦部信喜／井門富二夫／樋口陽一（鼎談）「自衛官合祀と信教の自由」ジュリスト九一六号（一九八八年）。

（6）神戸地判一九九三（平五）二月二二日行集四五巻一二号二一〇八頁。

（7）ここでは、主に『新しい歴史教科書』（扶桑社）をめぐる問題を念頭に置いているが、その後の自由社・育鵬社の中学歴史・公民教科書問題や八重山教科書問題等も含む。

（8）小泉元総理が二〇〇一年八月一三日に行った靖国参拝に関して、当時の福田官房長官は、総理大臣の靖国参拝違憲訴訟の提起について「小泉純一郎の信仰の自由」を侵害すると批判した。

（9）戦後憲法学とは何かを本稿で論じる余裕はないが、さしあたり日本国憲法の掲げる基本原理や価値に肯定的でその内容をさらに充実させようとする護憲派の立場と理解しておきたい。全国憲法研究会の出発点もそこにあったはずである。

（10）二〇一四年六月二一日公表の新成長戦略に盛り込まれた女性の活用支援策は、①国や自治体、民間事業者に対し、女性登用の「自主行動計画」を作成して情報を開示するように義務づける、②育児経験豊富な主婦らを「子育て支援員」（仮称）と認定する制度を設ける、③有価証券報告書への女性役員比率の記載義務づけ、④内閣人事局を中心に、国家公務員の女性採用や登用を拡大すべく、全府省の次官級で作る協議会を設置する、⑤配偶者手当や税制などについて新たな議論の場を設置し、年末までに見直しの方向性を打ち出すことなどであった。

（11）朝日新聞二〇一四年六月五日朝刊。

（12）同九月二七日朝刊。なお、二〇一四年一一月二一日の衆議院解散により、大企業に女性登用の数値目標を義務づけた（ただし、企業の実情に応じて数値を変更でき、公表内容の判断権も企業にある）、いわゆる女性活躍推進法案は、あっけなく（その経過について、朝日新聞二〇一四年一一月二六日朝刊参照）廃案となった。

（13）同上によれば、国内の企業や官庁における女性管理職の比率は、アメリカ合衆国の四三・七％、フランスの三九・四％と比べて、平均一一・二％とかなり低い。もっとも、アメリカでも二〇一四年の中間選挙で「女性の権利と社会進出」が争点となるなど、理想と現実との間には依然としてギャップがある。

（14）山川和義「雇用差別禁止法制の到達点と課題」法律時報八五巻三号（二〇一三年）三八頁。君塚正臣「改正男女雇用機会均等法の憲法学的考察――いわゆるポジティブ・アクション規定を中心に」関西大学法学論集四九巻四号（一九九九年）三一頁等。もとより、ポジティブ・アクションは、女性優遇に限定されるわけではない。男女共同参画基本法二条二号の「積極的改善措置」の定義参照。

（15）ＡＡは、アメリカにおける「逆差別などの厳格・強度な格差是正措置」、ＰＡは、それより緩やかな「ヨーロッパ型の措置や自主的・自発的な取組み」と区別する辻村みよ子「ポジティブ・アクションの手法と課題－諸国の法改革とクォータ制の合憲性」辻村編『世界のポジティブ・アクションと男女共同参画』（東北大学出版会、二〇〇四年）一二頁。

（16）平地秀哉「平等理論――「審査基準論」の行方」法律時報八一巻一二号（二〇〇九年）八〇頁以下は、平等に関する違憲審査基準に合理性基準を用いる日本の最高裁においては、皮肉にもアメリカのような「困難な道のりを歩かずに済む」可能性を指摘するが、義務づけへの抵抗の強さは、合理性基準が遭遇するかもしれない「困難な道のり」を示しているともいえる。

（17）横田耕一「平等原理の現代的展開――“Affirmative Action”の場合」小林直樹還暦『現代国家と憲法の原理』（有斐閣、一九八三年）、西村裕三「アメリカにおけるアファーマティブ・アクションをめぐる法的諸問題」大阪府立大学経済研究叢書66（一九八七年）、武田万里子「アメリカ合衆国における男女平等とアファーマティブ・アクション」早大法研論集四七号（一九八九年）、植野妙実子「アファーマティブ・アクションと平等原則」法学セミナー五四六号（二〇〇〇年）等。なお、違憲論に焦点を当てた大沢秀介「性差別とアファーマティブ・アクション」法学教室一九六号（一九九七年）、アメリカ合衆国最高裁におけるBakkeからGrutter、およびGratz各判決における違憲・合憲論の概観として、安西文雄「ミシガン大学におけるアファーマティブ・アクション」ジュリスト一二六〇号（二〇〇四年）、総合的な検討として、高橋正明「アファーマティブ・アクションの正当化根拠に関する憲法学的考察⑴〜⑶」法学論叢一七三巻一＆四号、一七四巻二号（二〇一三、二〇一四年）等参照。

(18) Seymour M. Lipset. Two Americans, Two Value Systems : Blacks and Whites, The Tocqueville Review 13, no.1(1992) pp. 137-177.

(19) Gunnar Myrdal, An American Dilemma(McGraw Hill,1962) pp. 462-466.

(20) Brown v. Board of Education, 347 U.S. 483(1954).

(21) OECD, Social Expenditure 1960-1990(OECD,1985) pp. 21, 24.

(22) Robert A. Shapiro and John T. Young, Public Opinion and the Welfare State : The United States in Comparative Perspective, Political Science Quarterly 104(1989) pp. 58-89.

(23) Hugh D. Graham, The Civil Rights Era : Origins and Development of National Policy(Oxford U.Pr., 1990) pp. 326-331., Tom Wicker, One of Us : Richard Nixon and the American Dream(Random House,1991) pp. 522-523. なお、本稿脱稿後に川島正樹『アファーマティヴ・アクションの行方』一一五頁以下（名古屋大学出版会、二〇一四年）、上坂昇『アメリカの黒人保守思想』（明石書店、二〇一四年）に接した。いずれも、本稿が直接の分析対象としなかったアメリカにおけるＡＡ推進の政治的背景を分析している。

(24) Paul C. Roberts & Lawrence M. Stratton, Jr., Color Code, National Review, March20, 1995, p. 48.

(25) Lawrence H. Silberman, The Road to Racial Quotas, The Wall Street Journal, August11, 1977, p. 14.

(26) Graham, supra note 23, p. 331. 実際、歳出予算案に付加された割り当てを禁止する条項について、民主党は一一五対八四で支持したが、共和党が一二四対四一で否決したため、割り当てが実現した。Id. pp. 339-40.

(27) Frederick R. Lynch, Invisible Victims : white males and the crisis of affirmative action(Greenwood Pr.,1989) p. 3.

(28) Supra note24, pp. 45-46.

(29) ただし、黒人集団に優遇措置を講じ、結果の平等を目指すべきだとの主張は、奴隷解放直後の一八七一年に、マーティン・デラニーによって主張されていた。Eric Forner, Reconstruction : America's Unfinished Revolution 1863-1877(Harper & Row,1988) pp. 67-68, 308-309.

(30) ニクソン政権当時、共和党下院議員だった父ブッシュは割り当て制を支持していたし、一九七〇年に上院議員選挙に出馬した際にも、有権者にその点を強調していた。Jefferson Morley, Bush and the Blacks : An Unknown Story, New York Review of Books, January 16, 1992, p. 25. See also, Robert Lerner, Althea K. Nagai, and Stanley Rothman, Elite Dissensus and Its Origins, Journal of Political and Military Sociology 18(Summer 1990) pp. 25-39.

(31) Proposed Anti-Affirmative Action Initiative Generating High Awareness and Initial Support, The Field Poll, March 7, 1995, pp. 1-2.

(32) Seymour Martin Lipset & William Schneider, The Bakke Case: How Would It be decided at the Bar of Public Opinion? Public Opinion I(March-April1978) pp. 38-44.

(33) 本稿は、早稲田大学特定課題研究費（二〇一三B—〇二九）による研究成果の一部である。

人権論における所得中心主義と潜在能力中心主義

早稲田大学教授
西原博史

一　「権利を振りかざす」者への社会的敵意

たとえば、手がかりをマタニティマーク論争に求めてみよう。厚生労働省雇用均等・児童家庭局が中心になって二〇〇一年から「健やか親子21」と呼ばれる「国民運動」が推進され、その中で二〇〇六年に、「妊産婦にやさしい環境づくりを推進する」ことを目的に「マタニティマーク」が制定された。ところが、このマークを着けて電車に乗る妊婦が暴言や嫌がらせを受けるケースが頻発し、胎児を守るためにマークを外す動きも進んでいると報じられた。そうした事例で、加害の名目としてつぶやかれるのが、「権利を振りかざしている」ことに対する敵意であるとされる(1)。

このような形式の「弱者保護」に対して、たとえばネット言論空間などで示される敵意は、安倍晋三政権下の現在、時代の風潮でさえあるかのように広まりを見せている。別の文脈では、在日朝鮮人に対して排撃運動を行う団体が「在日特権を許さない市民の会」を名乗り、なおも外国人として様々な法的・社会的差別の只中にある特別永住者が何らかの意味で「特権的」な、すなわち、特別な権利を付与された集団であるかのようなもの謂いを広めている。ここにも、一般市民レベルで共有されていない「権利を振りかざす」者に対する強烈な敵意が表れていると見ることもできるだろう。

こうした現象を前にして、「愚かな一般大衆」における人権意識のなさを嘆くことは簡単だろう。しかし、設立五〇周年を祝おうとしている全国憲法研究会は、こうした現象に対して苛立ちの一瞥を向けた上で、気を取り直して自分たちの本来の課題に向かう、という姿勢を取ることが許されるのだろうか。もう少し具体的に言うと、国民意識の底流において確認される、明らかに人権思想とは対極にあるこの発想自体が、全国憲法研究会五〇年の歴史、そして日本国憲法の制定に始まる日本における立憲主義理論の歴史の、一つの必然的な到達点であるか否かを検証する必要はないのだろうか。

アイリス・マリオン・ヤングは、遺作『正義への責任』の中で、帰責モデルに基づく過去遡及的な「罪」と社会的つながりモデルに基づく未来志向的「責任」というカテゴリーの適用場面を誤ることから生じる「自己防衛」反応に触れる(2)。彼女はそこで、現代アメリカでアフリカ系アメリカ人に対して立ちはだかる構造的不正への対処を課題とする際に、アメリカの議論で主軸となる

「過去の奴隷制による加害への償い」という観点のレトリカルな有効性を問い、加害者探しに向けた視点から組み立てられるこの観点が、未来志向で「社会変革と政策変更」を目指す動きにとってむしろ妨げになる場面が少なくないと指摘する(3)。ここで提起される論点は多面的だが、本稿では、人権理論における「集団」の位置に関わる問題として、このヤングの指摘に手がかりを求めてみたい。

というのも、「償い」概念が前提としているのは、現在の白人は白人であることによって過去の奴隷制受益者としての罪を分有しており、そのため奴隷の末裔である現在のアフリカ系アメリカ人に対する賠償に参加しなければならない、という極めて特殊な集団意識が存在するからである(4)。ここまで集団帰属に基づく責任と権利を言語化しないまでも、歴史を越えて連続性と同一性を保つ加害者・被害者集団を構成する観点は、全国憲法研究会として蓄積されてきた平等理論の中にも影響を与えている。また、理論的な検証を十分に経ないままであったとしても、組織された「弱者」集団に対する特権化を通じて問題を見えなくするような統治手法は、広く現実化され、すでに一九八〇年代には、日本社会の「謎（enigma）」に関わる問題として、指摘されていた。ジャーナリストのK・ヴァン・ヴォルフレンが一九九四年に日本社会の独自性を描き出した時、そこでは、いくばくかの「特別な便宜供与や助成金」を餌に馴致され、一見戦闘的に見えながら、実は確実に〈システム〉を支えるアウトサイダー集団の姿が描き出されている(5)。

上記の「権利を振りかざす者」への反感をヤングのいう「自己防衛」反応として受け止める見方

は、そうした反感、何らの罪もないのに抑圧者の地位を押し付けられ、それによって社会的不利を配分されたことに対する告発として説明する枠組を提供する。右肩上がりの経済成長が現実であった時代には、「弱者」グループへの配分を厚くすることによって、一方で差別構造を永続化しながら、それを隠蔽することが可能であったのかもしれない[6]。しかし、ナショナルミニマムの縮減が発生する低成長時代において、実質的平等を配分問題として位置づける視点を維持しようとすると、反面において、配分から排除された者の側に「弱者特権」に対する抵抗感を喚起することになる。そこにおいて、「権利を振りかざす者」への反感を表明することは、権利の何たるかをわきまえない無知な大衆の愚昧な妄動として整理することは適切ではなく、極めて正常な権利意識が、しかし正常ではない社会構造を前にして暴発したものと理解する必要があるだろう。そうした現象自身が、福祉の問題をグループ指向的な実質的平等に関わるものとして位置づけ、その過程において権利実現を配分問題として語ってきたことのツケが回ってきたものとも考えられる。

仮にそうであったとするなら、人権論はどこでボタンを掛け違ったのだろうか。理論のボタンをいったんはずして、それではどのような組み立てをすることが必要なのだろうか。本稿は、そこに伏在する矛盾をすべて解決する処方箋を描き出すことを目的とするものではない。ここでは、個人を単純にグループのための道具と把握する実質的平等論を乗り越えた人権の理論を構築する上で、にもかかわらず社会構造に参加する者として担う責任という観点を組み込むことによって、たとえば平等の理論に付け加えられるほんの小さな手がかりを探し求めていきたい。

二　戦後憲法学の出発点としての「精神科学」的生存権論・団結権論

大久保史郎が一九九五年に「人権理論の五〇年」を回顧した際、戦後初期の出発点において形成された「三つの原型」が描き出される[7]。この「三つの原型」とされたのは、①我妻榮の生存権中心主義[8]が宮沢俊義の人権「体系」論[9]の軸として取り入れられたとする説明であり、②労働法学を中心に構成された、労働者という主体の要求として、団結権・労働基本権を軸に基本的人権を捉え直す手法[10]であり、③個人が集団的行動において市民性を獲得する道筋を意識した、法社会学において形成された団結権の理論[11]である。

もちろん、憲法上の権利保障の中で憲法二八条を取り上げれば、そこに集団的モメントが組み込まれているとの認識は極めて自然であり、特別なものではない。ただ、ここでの大久保の提示した理論史の特徴は、基本的人権がいずれにしても自己目的としてでなく、何らかの集団的行使枠組の中における手段的有用性において日本国憲法体系の中に位置づけられた、とする認識を打ち出している点である。我妻の「協同体」主義的な――ヴァイマール期ドイツで形成された「精神科学的」方法に影響を受け、その意味で人間の権利をあくまで価値ある「文化的発展」への手段関係において保障する――理論枠組[12]が宮沢に受け継がれたかどうかに答えることは、本稿の課題ではない。また、後に最高裁が組み立てる、労働基本権は生存権のための手段であるとする認識枠組[13]が上記の戒能通孝によって批判された労働法学的団結権観とどのような連続性にあるかも、ここでは不問に付そう。

いずれにせよ、抽象的な「個人」の普遍的権利としての属性が基本的人権から剥ぎ取られ、特定社会集団の階級的要求充足の手段として憲法上の権利が理解されていくとするならば、日本国憲法下で基本的人権の実質化が遅々として進まなかったことも、無理からぬ理論的障壁に基づくものと整理せざるを得ないことになるだろう。

ここで本稿の趣旨は、過去の憲法学説を「現在の地点から外在的に断罪する」という「下策中の下策」[14]に従事しようとするものではない。むしろ、この「三つの原型」論に言及した目的は、現在の憲法理論の中において思考枠組を規定する集団主義的要素をもう一度意識化し、必要な場合に掛け違った第一ボタンを認識するためである。過去の縛りから自由になれるような理論的な高みには、我々はまだ到達していない。

三　権利の道具化が求める代償

二〇世紀中葉の「階級」を軸とした集団主義という理論モデルは、一九六〇年代以降の欧米における権利論の発展にも色濃く影響を投げかけた。差別の問題を、「黒人」「女性」といった歴史を共有し、アイデンティティを共有する集団に対する迫害の問題として描き出し、そのことを通じてグループ間に成立している「支配・従属関係」の克服こそが課題であるとする運動論の枠組が成立する際[15]、そこで認識される「グループ」は、マルクシズムにおける「階級」の後継者であった。

この立場を推し進めれば、問題解決の道筋は、両グループ間の経済的・社会的・政治的な観点における社会参加機会の均等化であり、最終的には両グループ間に権力パリティを成立させることによって達成されるものと位置づけられることになる(16)。

ここで「平等」という観点が主戦場となるのは宿命的である。グループ間パリティを指向する平等理解に先立って、差別問題を個人レヴェルで捉え、個人が「肌の色によってではなく、人格そのものによって評価される」(17)ことを平等実現の指標と捉える見方が通用していた。グループ・ライツ論は、一九六〇年代の公民権運動やフェミニズム運動などにより、一定の人種分離や明示的差別が克服された後になっても、なお被差別グループが様々な社会的排除の対象とされ続けた状況を受け、その状況に対応した新たな方向設定として力を得た理論である。

ただ、アイデンティティを共有する固有の集団が存在するという認識枠組を、特に男女の差異に関して持ち込むことは、排他的集団どうしの非生産的な権力闘争を唱道するという問題ばかりでなく、特に権利論として見た場合、グループの利益を基軸とした視点を設定することによる個人の道具化という難点を抱え込むことになる(18)。性別グループには当然、富める者も貧しい者も、人種的な多数派も少数派も、障害のある者もない者も属しており、様々な個性と多様性が認められる。にもかかわらずすべての女性が共通の歴史と運命を共有するものと観念され、一人の女性の獲得物が女性グループの獲得物という視点でのみ評価の対象となる時、この視点の設定こそが女性グループ内における強者と弱者の間に存在する抑圧構造を隠蔽するものと断罪されることには必然性がある。一九七〇年代以降の議論において、安易な五〇パーセント・クウォータを肯定するようなアファーマティヴ・アクション論が、差別の克服にとってむしろ有害とさえ位置づけられるようになるのも、グループ・ライツ論に組み込まれた、個人的権利の視点で見た場合の抑圧構造からすれば、自然な流れといえる。

日本の憲法学においては、グループ・ライツ論は直接の受容を見ていない。「女性という属性をもつ人間（個人）の権利」の問題を前面に押し出す辻村みよ子の理論[19]に代表されるように、ジェンダー的視点を強く意識する立場にあっても、権利主体を構成するのは常に個人であるとされ、集団的利益を前にして個人を道具化する動きは排斥される構造が維持されている。

にもかかわらず、他方において人種中立的・性差中立的な個人としての視点を軸にした差別禁止の理論でもって現実に存在する差別問題は克服できないと考え、「実質的平等」を実現するための国家的措置を求める主張の中に埋め込まれながら、グループ・ライツ的な視点はなおも日本の政治的・憲法学的な言説空間に影を落とす。憲法を価値として目的プログラム化することによる政治部門に対する――その規範的構造において極めて無定形かつ無責任に構築された[20]――規範的要請が安易に肯定される日本の通説的憲法学が示す理論的傾向と相まって、憲法一四条から社会的平等の作成に向けた政治部門に対する憲法上の抽象的な義務づけのようなものを導き出す理解は一定の広がりを見せており、そこにおける理念目標として、なおもグループ間パリティの発想が暗黙裡に政策を規定する可能性が残ることになる。

こうしたグループ・ライツ論が、あらゆる個人の等価性を基盤に置いていたはずの基本的人権に関する議論に入り込むことにより、議論は必然的に政治化する。国家秩序の中で保障されていなければならない権利の射程に関わっていたはずの議論は、排他的集団どうしの権力闘争の土俵に置かれ、道具化される。その場合には、グループの結束力・動員力と声の大きさが、権利として保障される結果の大小を左右することになるだろう。日本の裁判所に二〇世紀段階で確認されてきた極端な司法消極主義は、こうした憲法学における人権の政治化傾向と無縁ではなかろう(21)。

四　自らの権利を守れない者のための権利保障と平等権

本来、自ら権利を実現できる者の権利だけを守るに値するものと主張していくような理論には、憲法学の上で存在価値はない。人権保障は、自ら権利を実現できる者の権利の謂いではない。これは、二重の意味において妥当する。

まず近代的な意味において。近代以前の秩序を特徴づけていた重層的な既得権益の体系は、権力の分散によって一定の貫徹能力を踏まえたものであった。それに対して、物理的な暴力を国家に集中し、他方でその国家によっても侵し得ぬ基本的人権を承認した近代立憲主義の秩序にとって、権利は、個人に固有の属性として妥当するものであり、衆を頼って連合した個別利害の集合体が掲げる政治的要求とは縁もゆかりもないものとなっている。そうである以上、民主政を同時に配慮することにより、国民多数にとって有益な規範を、ただ国民多数にとって有益であるという理由をもって、基本的人権に関わるものと唱える推論は、基本的人権なる観念の適用場面を見誤るものと言わざるを得ない(22)。

しかし、憲法によって不可侵のものとして保障された「個人に固有の属性」は、任意の法体系の中で——そして実際には、所有概念を軸に組み立てられた資本主義の法体系の中で——権利実現の手段を投入して自らの利益を確保できる強者の主張をそのまま肯定するだけのものでもあり得ない。もう一つの現代的な意味においても、基本的人権は自ら権利を実現できる者の権利の謂いではない。財産を持って生まれるか、五体満足で生まれるか、リスクに出会わないだけの運の良さを持って生まれるか、などに依存せずに、あらゆる個人が対等な人間として尊重される権利を持っているはずであり、その意味において、具体的な苦境に直面して自らの力では自分を守れない瞬間にこそ、法的権利としての基本的人権が機能する場面がある。

たとえば、先に例に挙げた平等。確かに、たとえば雇用場面における明示的な性差別は克服されつつある。他の場面ではなお、法的差別が維持されており、少なからぬ現実的帰結を引き起こしていて、そうした法的差別に対する闘いは重要な課題となり続けている(23)。が、ここではもう少し先を展望していこう。仮に形式的平等に反する明示的差別の問題を乗り越えたとしても、実際には、すべての男性とすべての女性が自らの性差に無関係に自己決定を貫徹できる環境はなお遠い。恵まれた、また自身に対する投資に成功できた一部の女性が比較的恵まれた地位に到達できているとしても、それが、すべての女性たちに活躍の場を開くものでは決してなかった。現実には、グループ間の権力闘争など機能していない。

そうした中で、ＥＵ裁判所判例法の影響の下、ヨーロッパの国々では間接差別禁止法理が発展し、差別的な社会構造に無反省に依拠することによって特定の人々に被害を生じさせるような行為類型に対して差別認定を行うことが可能になっている(24)。そこにおいて、グループ・ライツ論に転落することをぎりぎり回避し、安易に政治的目標としての実質的平等という観念を実体化させる論法を避けながら、それでも、法秩序の中に仕掛けられた平等実現にとっての躓きの石に対して丁寧な検証の目を向ける権利保障の枠組に向けた模索が続いている。それと比べた場合、日本では、個人の自己実現を妨げる障壁を平等な機会の妨げと位置づけ、そうした障壁を設定するところに憲法一四条に反する国家の積極的な権利侵害行為を認定するための理論枠組を発展させる作業は際だった後れを見せている――その原因の一つとして、機会の平等という観念を芦部信喜が世界における用語法から逸脱して形式的平等と同義なものと定義した(25)ために概念的混乱の極致にある点は、指摘するに留めよう。

五　制度設計の中における原理と権利、そこに働く社会的排除という視点

二一世紀に入ってからの最高裁が違憲立法審査を活性化していく中で、憲法一四条が独特な役割を果たしている点も、この文脈と無関係ではない。あえて言えば、一時期の憲法学が従事してきた政治化された集団指向的権利論の枠組を離れ、独自の違憲審査の活性化方法を司法府が独自に掴み

取ってきた過程として、この時期の判例動向を位置づけることもできる。

特に興味を引くのは——典型的には、婚外子相続分差別に関わる最高裁大法廷二〇一三年九月四日判決(26)に見られるとおり——この時期の憲法判例において、憲法一四条が純粋な権利論としてでなく、立法委託を基礎づける他の憲法規程との関連の中で適用され、立法委託の実現の仕方に関わって一定の質を保障する機能を担っていることである(27)。具体的には、国籍法(28)と民法九〇〇条四号但書きがそれぞれ違憲とされた際、婚外子に対する差別的な効果が衡量の対象とされ、「わが国と密接な関係を有する者」への国籍付与という原理との結びつき、あるいは法律婚主義との結びつきという原理的選択を無媒介で維持することの正当性が問われた(29)。二〇世紀段階においては合憲判決に結びつくことの多かった立法裁量論に関わる論点設定をした上で、なおも最高裁が違憲の結論を導いたことの背景には、最高裁が果たしてよい政治的機能と果たすべきでない政治的機能の間を峻別した最高裁独自の視点があるものと想定できる。

このように、具体的に生じる社会的排除を手がかりに権利侵害を想定し、それが伝統的な法理の上に成り立つものであることをいったん踏まえた上で、なおも被害を正当化できるだけの規範的必然性があるか否かを問う視点が、二一世紀に入って様々な文脈で求められるようになってきている。たとえば、住居を求める権利を問題にする際、二〇世紀的な枠組では、公営住宅による救済を考えるか、それとも補助金の形で所得補助を行うことによって民間住宅市場内部で救済するかの二者択一的な解決策が模索されてきた。その前提にあったのは、所有という観念に対する揺るぎなき信念だった。それに対してサンドラ・フレッドマンは、そもそも賃貸住宅市場にあって家主が価格決定力を持っていること自体が法秩序の選択の帰結であり、一方において自ら使っていない不動産に対する所有権の保障、他方においてそこに住むことによって充足される他者の住居を求める権利の間の調整が、まずは立法者が責任を負うべき権利実現方法に関わる論点であることを改めて意識化させる主張を行う(30)。

ここには、権利侵害の捉え方についての一つの発想転換がある。実質的平等という観念を据えて差別や社会的排除の問題にアプローチしようとする場合、特に権力パリティといったような結果を理念とする枠組を採用すると、比較的簡単に、実現されるべき結果から見たマイナスを数える発想になり、個別の侵害が惹起する痛みに対して鈍感になる。そうではなく、あくまで個人に対して生じる社会的排除という侵害に光を当て、その責任を追求し、除去可能な原因に基づく場合に責任主体に救済を求める法的な道筋は、むしろ形式的平等の延長線に位置づくものである。

アマルティア・センは、社会的排除の状態／プロセスがケイパビリティ（潜在能力）の剥奪になる、あるいはその原因となる構造を類型化した(31)。このセンによるケイパビリティ・アプローチは、形式的な自由でも、所得そのものでもなく、自らの自由のために使える能力としてのケイパビリティを指標として、その剥奪状態を引き起すような不正義を問題とするものであり、その意味で侵害指向的な認識枠組である(32)。日本国憲法の枠組で言えば、実質的平等論が簡単に憲法二五条のパターナリスティックな理解と結びつき、上からの配慮による政治的対立の調整としての実質を持ち、結果として劣等処遇原則を裏口から取り込みがちであることとの対比で、国の法制度が特定の立場にある個人に対して自己決定を妨げる構造を突きつけているのではないかを問う理論モデルは、権利侵害状況を前にした国家の説明責任・改善責任を法的にも理解可能な規範に変換するものである。

冒頭に引用した著作でヤングは、誰も悪意を持つことなく成立している社会構造の上でも誰かがホームレスへと追いやられていく社会的不平等が機能し得ることから出発し[33]、その責任を、責任者に対する非難・過失につながる罪の問題（帰責モデル）と、皆が共通で負わなければならない政治的責任（社会的つながりモデル）に分割して解決の道筋を探る[34]。こうした観点を踏まえれば、社会的排除に対抗するための権利論は、たとえば間接差別・構造的差別や合理的配慮不履行に関わる侵害救済の法的可能性を形式的平等の延長線上において追求するところから始まることになるだろう。

（1）産経新聞二〇一四年一〇月七日。
（2）Iris Marion Young, RESPONSIBILITY FOR JUSTICE, Oxford U.P. 2011, p. 178＝アイリス・マリオン・ヤング／岡野八代＝池田直子訳『正義への責任』（岩波書店、二〇一四年）二七二頁。
（3）Young, *ibid*. p. 149＝訳（前掲注(2)）・二七三頁。
（4）アメリカのアファーマティヴ・アクションに関する初期の判例であるUniversity of California Regents v. Bakke, 438 U.S. 265 (1978) at 306 Fooknote 43でも、compelling interestとして持ち

出された「社会の中における不平等の帰結に対抗する取組」が「過去の差別に対する償い・埋め合わせ（compensation）」という項目と同視され、差別がなければ到達したであろう社会的・経済的地位を確保するという視点や、社会多数派による全体としての被害者グループに対する賠償（reparation）だとする位置づけなど、異なった説明枠組から組み立てられていることが指摘されている。

（5）カレル・ヴァン・ヴォルフレン『日本／権力構造の謎（上）』（早川書房、一九九四年）一七五－一八〇頁。

（6）西原博史『自律と保護』（成文堂、二〇〇九年）六七頁以下。

（7）大久保史郎『人権主体としての個と集団』（日本評論社、二〇〇三年）二九－五六頁。

（8）我妻榮「基本的人権」同『民法研究Ⅷ』（有斐閣、一九七〇年）五七頁以下。

（9）宮沢俊義『憲法』（有斐閣、一九四九年）一〇一－一〇三頁。

（10）代表的なものとして紹介されているのは、野村平爾『日本労働法の形成過程と理論』（岩波書店、一九五七年）三頁以下。

（11）戒能通孝「市民法と法社会学」『戒能通孝著作集Ⅶ巻』（日本評論社、一九七七年）一三〇頁以下、同「イギリスにおける団結権」『戒能通孝著作集Ⅱ巻』六五頁。

（12）我妻榮「新憲法と基本的人権」同・前掲『民法研究Ⅷ』一七二－一七三頁。この点に関して批判的に、西原・前掲注（6）五四－五五頁。

（13）全農林警職法事件最高裁大法廷判決一九七三年四月二五日刑集二七巻四号五四七頁。もっとも、労働基本権が憲法二五条の生存権を「基本理念」とするものだとの理解は、全逓中郵事件最高裁大法廷判決一九六六年一〇月二六日刑集二〇巻八号九〇一頁と変わらない。

（14）西村裕一「Leben und leben lassen!——平和の『科学』、自由の『科学』」憲法理論研究会編『憲法と時代』（敬文堂、二〇一四年）四〇頁。

(15) Catharine A. MacKinnon, Feminism Unmodified: Discourses on Life and Law, Harvard U.P. 1987; Catharine A. MacKinnon, Toward a Feminist Theory of the State, Harvard U.P. 1989.

(16) ドイツの文脈で、Vera Slupik, Die Entscheidung des Grundgesetzes für Parität im Geschlechterverhältnis, Berlin 1988, S. 77 ff.; Sibylle Raasch, Frauenquoten und Männerrechte, Baden-Baden 1991, S. 160. それを反従属原理に落とし込み、「グループに属する個人の権利」であることを強調するものに、Ute Sacksofsky, Das Grundrecht auf Gleichberechtigung, 2. Aufl., Baden-Baden 1996, S. 320, 335.

(17) Martin L. King Jr., I have a dream, delivered 28th August 1963, at the Lincoln Memorial, Washington D.C. 在日米国大使館レファレンス資料室編集『米国の歴史と民主主義の基本文書』(2008年8月) の日本語訳による。http://aboutusa.japan.usembassy.gov/j/jusaj-majordocs-king.html (2015.1.1 訪問)。

(18) ドイツのクウォータ論に関連した論争の紹介に、西原博史『平等取扱の権利』（成文堂、二〇〇三年）二八六頁。

(19) 辻村みよ子『ジェンダーと人権』（日本評論社、二〇〇八年）九頁。同旨、辻村みよ子『憲法とジェンダー』（有斐閣、二〇〇九年）六四頁。

(20) 西原・前掲注（6）一四頁。

(21) 戸松秀典は「筋のよい違憲訴訟」なる観念を持ち込んで批判を浴びた（戸松秀典『憲法訴訟〔第二版〕』（有斐閣、二〇一〇年）三八〇頁）が、権力闘争のために道具化された権利主張に対して裁判所が受容をためらうのは自然であり、その点において戸松の枠組は一定の説明能力を持つ。

(22) にもかかわらず日本の憲法学が目指した、「en blocとしての国民」（浜田純一「戦後憲法の中における『国民』」憲法問題七号〔一九九六年〕五二頁の用語）の権利の擁護という方向性と、その批判に関して、西原・前掲注(6)五三頁注(22)。

(23)　たとえば、遺族年金における——表面上は男性に対する、しかし専業主婦婚をモデルとすることで再生産機能を果たすことからいえば、女性に対するものとして問題になる——男女間の受給資格差別があり、地方公務員の制度に関して違憲訴訟が係属中である。大阪地判二〇一三年一一月二五日判時二二一六号一二二頁。

(24)　西原・前掲注(18)一三九頁以下、黒岩容子「ＥＣ法における間接性差別禁止法理の形成と展開(1〜2・完)」早稲田法学会誌五九巻一号八九頁（二〇〇八年）、二号一七三頁（二〇〇九年）。黒岩と西原の間の間接差別理解に関する論争につき、西原博史／黒岩容子「ＥＣ法における性差別禁止法理の発展と変容」比較法学四一巻二号（二〇〇八年）二二三頁注(66)。

(25)　芦部信喜『憲法〔初版〕』（有斐閣、一九九三年）一〇七頁。

(26)　民集六七巻六号一三二〇頁。

(27)　西原博史ほか「立法裁量領域における憲法上の権利」Law & Practice 9号（二〇一五年予定）印刷中。

(28)　最高裁大法廷判決二〇〇八年六月四日民集六二巻六号一三六七頁。

(29)　西原ほか・前掲注(27)第Ⅳ章1〔石川夏子執筆〕。

(30)　Sandra Fredman, Human Rights Transformed : Positive Rights and Positive Duties, Oxford U.P. 2008, pp. 12-13.

(31)　Amartya Sen, Social Exclusion : Concept, Application and Scrutiny, Asian Development Bank 2000, pp. 12-18.

(32)　Amartya Sen, The Idea of Justice, Allen Lane 2009, pp. 225-289 = アマルティア・セン／池

本幸生訳『正義のアイディア』(明石書店、二〇一一年) 三二七−四一七頁。この侵害指向性により、センの理論枠組にとっては剥奪 (deprivation) とその原因に対する責任が重要な要素となるが、厚生経済学上の指標設定を目的とする彼が権利論としての体系性を目指していないことにより、権利侵害の閾値に関する基準はセンの記述から得ることは難しい。マーサ・ヌスバウムはその欠点を補ってケイパビリティ・アプローチを権利論として受容しようとしたが (Matha Nussbaum, Constitutions and Capabilities : "Perception" against Lofty Formalism, 121 HarvLRev 4(2007), at pp. 17-33.)、結果試行的に国家の援助を求める、伝統的な実質的平等論に接合することによって、剥奪とその責任を問う侵害指向的な見方の優位性をかなぐり捨てる結果となった。そのため、本論文でケイパビリティ・アプローチという用語を用いる場合、ヌスバウムの理解と対極にあるセンのモデルを意識している。

(33) Young, *op.cit.* (note 1), pp. 43-52 = 訳・六二−七五頁。

(34) Young, *op.cit.* (note 1), pp. 95-122 = 訳・一四二−一八三頁。それに対してヌスバウムが峻別不可能性を説く (Matha Nussbaum, Foreword, in Young, *ibid.* (note 1), pp. xix-xxii = 訳・xxvi-xxx頁) のは、ヌスバウムの理論枠組において厳格化された帰責モデルによる権利侵害には必ず救済を保障する規範が構築されていないからでもある。

平等と自由
――婚外子法定相続分差別違憲決定の記念碑的意味

千葉大学教授
巻　美　矢　紀

はじめに

平等と自由は、近代立憲主義ひいてはリベラリズムにおいて、ともに基底的なものと位置づけられているが、両者はしばしば衝突するものと解されている。しかし、自由と平等はコインの表裏であり、強いていうならば後述のとおり、むしろ平等の方が基底的であると考える(1)。本稿タイトルが平等を先行させるゆえんである。

本稿は、全国憲法研究会五〇周年を前に出された婚外子法定相続分差別違憲決定（最大決平成二五・九・四民集六七巻六号一三二〇頁、以下「平成二五年決定」という）を通して、平等の根源的基底性を明らかにするとともに、同決定が、アメリカにおけるブラウン判決(2)のように、判例理論の展開において有する記念碑的意味を明らかにしたい。

一 平成二五年決定の論理

1 立法事実の変化の位置づけ

婚外子の法定相続分を婚内子のそれの二分の一とする旧民法九〇〇条四号但書については、一九九七(平成七)年に最高裁が合憲判断(最大決平成七・七・五民集四九巻七号一七八九頁)を示した。しかし、この大法廷決定には五人の反対意見と、合憲性に疑義を示しつつも立法府による対応に期待する四人の補足意見が付され、その後の最高裁の判断においても、必ず反対意見や合憲性に疑義を示す補足意見が付されてきたのであり、合憲とする結論を「辛うじて維持」してきたものといえる。そして平成七年決定から約二〇年を経た二〇一三(平成二五)年にようやく、裁判官全員一致により違憲判断が示されたのである。平成二五年決定は、「立法事実」の変化を理由に、遅くとも本件相続開始時である平成一三年七月の時点では、区別の合理的根拠は失われていたとして違憲と判断し、平成七年決定をはじめ最高裁による一連の合憲判断を判例変更することはなかった。

立法事実の変化を理由とする違憲判断は、近年では在外国民選挙権判決(最大判平成一七・九・一四民集五九巻七号二〇八七頁)や国籍法違憲判決(最大判平成二〇・六・四民集六二巻六号一三六七頁)でも用いられ、学界でも注目されている(3)。この手法のメリットは、立法当初は合憲であり、違憲の法律を制定したのではないとすることで、議会との緊張関係を緩和することにある。また平成二五年決定のように既に問題となる法令について最高裁による合憲判断が示されているような場合、判例変更しなくてよいというメリットがある。

もっとも、国籍法違憲判決において、横尾ほか反対意見がより詳細なデータを示して多数意見と対立したように、立法事実の変化を判断するのは難しい。そもそも立法事実の判断は本来、議会の役割なのである(4)。

この点、平成二五年決定は、わが国において「法律婚を尊重する意識が幅広く浸透しているということや、嫡出でない子の出生数の多寡、諸外国と比較した出生割合の大小」といった事実は、法的問題の結論に直結しないと釘をさす。他方、平成二五年決定は、諸外国の立法のすう勢(イ)（記号は同決定中のもの）、国際条約(ウ)、関連法制等の変化(エ)、最高裁による度重なる問題の指摘(キ)などを示して(5)、総合考慮により、「家族という共同体の中における個人の尊重がより明確に認識されてきたことは明らか」（以下、「認識」とする）であるとし、こうした「認識」の明確化に伴い、「子にとっては自ら選択ないし修正する余地のない事柄を理由としてその子に不利益を及ぼすことは許されず、子を個人として尊重し、その権利を保障すべきであるという考えが確立されてきている」（以下、「考え」とする）とした。そして、「以上を考察すれば」として、相続制度に関する立法府の裁量権を考慮しても、本件相続時には区別の合理的根拠は失われていたと判断したのである。

ここにおいて注目すべきことは、平成二五年決定の違憲判断は、純粋な立法事実の変化から直接導かれたわけではないということである。立法事実の変化は、「認識」の明確化を示すもので、「認識」の明確化に伴い「考え」が確立されてきた、という論理展開であり、「考え」が違憲判断の決め手となっている。高橋和之教授によれば、「考え」は、「個人の尊重」の意味の一つのルール化、いわば定義づけ衡量を提示したものとされる(6)。

2 「新しい人権」の承認とのパラレル性

平成二五年決定の論理展開に対しては批判があるが、同決定の論理は、「新しい人権」の承認に関するある見解とパラレルに考えれば理解可能である。その見解によれば、「新しい人権」については、裁判官の恣意を抑制すべく、少なくとも一般的な原理については、それに対する国民のコンセンサスが必要であるが、具体的な原理についてまでは必要ないとされる(7)。例えば、広義のプライバシーに関する抽象的な原理について国民のコンセンサスがあれば、具体的な原理として、堕胎や同性愛の権利について、国民の多数が反対するとしても、それは一般的な原理の展開、憲法解釈として裁判官により承認される。

この見解とパラレルに考えるならば、平成二五年決定は、「考え」が確立されてきている、すなわち一般的な原理について国民にコンセンサスがある以上、法律婚を尊重する意識が浸透しているとしても、法定相続分差別は「考え」の展開からすれば違憲である、としたものと理解可能である。さらに、平成七年決定以降、直近の最高裁の合憲判断についても、その時点では、いまだ「認識」の明確化を示す立法事実の変遷はみられず、「考え」は確立されていなかったとして説明可能である。

しかし、「個人の尊重」、「個人の尊厳」の原理を前面に打ち出す平成二五年決定は、民法研究者によって批判されているだけでなく、憲法研究者からも懸念が示されている。

二　「個人の尊重」の原理――地位の平等

1　「大文字の正義」の功罪

平成二五年決定の手法は、民法研究者の水野紀子教授によれば、「大文字の正義」として批判される。すなわち、「個人の尊重」といった「大文字の正義」は、諸々の正義を具体的に調整する民法の役割を無視し、家族における弱者たる女性配偶者の生存権をないがしろにしたとして、立法による解決を図るべきであったとする(8)。また憲法研究者の蟻川恒正教授は、同決定の手法を、個人の尊重がいまだ確立していない日本における一つの魅力的な法戦略と位置づけつつも、憲法一四条に関する関連性テストそのものを回避しようとしていること、また「個人の尊厳」が憲法一三条、二四条、民法二条などの条文と切り離されて法の一般原則として全方位的に用いられ、法的推論たる憲法論としての資格が疑われるだけでなく、「個人の尊厳」のインフレ化のリスクがあるとして批判する(9)。

たしかに、一般的に「個人の尊重」という抽象的な原理を決め手とすることは、政治哲学であればともかく、法解釈としてはその資格を疑われるものであり、厳に慎むべきである。しかし、婚外子法定相続分差別の問題について「個人の尊重」を決め手としたことは、的を射ていたと思われる。

この問題の本質は、しばしば婚外子側が主張するように、単にお金の問題ではなく、「本人に何らの責任のない事実によって、国から『おまえは二分の一の価値しかない人間だ』と宣言されている」ような感じ(10)、いわゆる「スティグマ（stigma）」を真面目に考えることだからである。

2　スティグマを真面目に考える

(1)　地位の平等

スティグマとは、劣等の烙印のことで、「自尊（self-respect）」を害する点で、「個人の尊重」に反する。スティグマは、ブラウン判決において違憲判断を導く鍵となったもので、人種別学はたとえ施設等が同等であるとしても、黒人の子どもたちにスティグマによる心理的害悪を生じさせるものとして平等条項違反であるとされた(11)。

安西文雄教授はケネス・カースト教授の見解などを参照し、いわゆる「平等エンプティ」論に対する反論、換言すれば「平等固有の意味」として、スティグマに着目する。アメリカの判例理論における「疑わしき区別」は、経済的自由に関する人種差別のように、「物的（material）害悪」としては審査がゆるやかな場合であっても、「表現的（expressive）害悪」としてのスティグマの押しつけ、市民的地位の格下げを問題にして、審査の厳格度を高めるものである(12)。

スティグマの問題性、裏を返せば、自尊の重要性を力説したのが、政治哲学者ジョン・ロールズである。彼によれば、自尊はリベラル・デモクラシーの「基本財（primary goods）」、しかも、その中で最も重要なものとされ、この見解は晩年の『万民の法』でも維持されている。自尊は、個人の自律および集団的自己統治の条件である。というのも、自尊がなければ、そもそも自らの善き生の構想に自信がもてず、それを遂行する自信ももてないため、個人の自律を実現しえない。ここにおいて、自尊、ひいては地位の「平等」こそが「自由」に先行することを理解しうるであろう(13)。また、他者に対する人格としての尊重、地位の平等がなければ、「相互性（reciprocity）」を前提とする自己統治も実現しない(14)。

(2)　共同体の承認

自尊と共同体との関係は、共同体論者マイケル・ウォルツァーによって分節化されている。彼によれば、「自尊（self-respect）」は「自尊心（self-esteem）」と異なり、共同体の基準によって生じる間主観的なものである(15)。そうであれば、自尊の裏返しとしてのスティグマも、共同体の基準によって生じるはずである。

共同体の基準に大きな影響を与えるのは、正統性（legitimacy）を有する国家のメッセージである(16)。そもそも、近代立憲主義において、均質的な国民としての地位、自尊をもたらす自由人としての地位は、国家によって一括承認されたことを想起されたい(17)。したがって、国家の意図としてはもちろん、効果としても、地位の格下げを意味するメッセージを送ることは許されない(18)。それは個人の自律だけでなく、地位の平等を前提とするリベラル・デモクラシーをも脅かすものであることに留意すべきである。

この点、平成七年決定の反対意見は、法の基本的観念の表示機能に着目し、次のように述べた。

「国民生活や身分関係の基本法である民法典中の一条項であり、強行法規でないとはいえ、国家の法として規範性をもち、非嫡出子についての法の基本的観念を表示しているものと理解されるのである。そして本件規定が相続の分野ではあっても、同じ被相続人の子供でありながら、非嫡出子の法定相続分を嫡出子のそれの二分の一と定めていることは、非嫡出子を嫡出子に比べて劣るものとする観念が社会的に受容される余地をつくる重要な一原因となっていると認められる」。

平成二五年決定もまた、法の象徴的・表現的機能に着目し、「本件規定の存在自体がその出生時から嫡出でない子に対する差別意識を生じさせかねない」ことを指摘している。もっとも、それは平成七年決定の反対意見のように合憲性を否定する文脈で正面から論じるのではなく、本規定の補充性の重視——平成七年決定の多数意見が広範な立法裁量を承認する理由の一つ——を否定する文脈で、しかも、なお書きとして、指摘されているにすぎない。そもそも平成二五年決定は、「考え」が示すように、婚内子／婚外子の区別それ自体を違憲としたものではないのである(19)。

三　平成二五年決定の限界性と展開可能性

1　憲法一四条に関する判例法理の再考

(1)　婚内子／婚外子の区別それ自体の問題

平成二五年決定の限界性は、同決定からわずか二〇日後に出された小法廷判決に端的に表れている。その判決とは、出生届に婚内子／婚外子の別の記載を義務づける戸籍法四九条二項一号を合憲と判断した判決（最小判平成二五・九・二六民集六七巻六号一三八四頁）である(20)。

住民票や戸籍の続柄記載については、平成二五年決定が指摘するように、既に婚内子／婚外子の区別が廃止されているが、その理由はプライバシー侵害にある。この点、出生届の記載は、最高裁判決が指摘するように、第三者に容易に知られ得ることはない。また法律婚を採用している以上、事務処理の便宜に資するとして、婚内子／婚外子の別の記載を義務づけることは合理性を欠くとは言えず、内部的な事務にとどまるということは一見、外部に向けていかなるメッセージも送らず、表現的な害悪すらないように思われる。

もっとも、日本国民としての承認申請という象徴的な場面において、他ならぬその区別を国家が要求しているということ自体が、真空であればともかく、歴史的社会的に形成されてきた一定の文脈、それを背景とした法律婚を尊重する意識の浸透と相まって、中立的なものではありえず、婚外子に対する市民的地位の格下げのメッセージを送ってしまっていると考えられる。しかし、平成二五年決定、出生届判決は、人の区別それ自体が一定の歴史的社会的文脈のもとでもたらすメッセージという問題まではとらえきれておらず、区別それ自体、それがもたらす表現的害悪をも、何らかの権利侵害、不利益との関係でとらえている。

(2)　人の区別と権利侵害との関連性

人の区別を権利侵害や不利益との関係でとらえるアプローチは、既に国籍法違憲判決で示されている(21)。同判決は、区別の指標が「自らの意思や努力によっては変えることのできない」事柄であることだけでなく、憲法上の権利そのものではないが、人権や利益の源である「重要な法的地位」としての国籍取得に関する区別であることにも着目し、「慎重な審査を必要とする」とした。平成二五年決定の場合もまた人の区別は、まずは相続における財産的利益との関係でとらえられている。それは、本規定の補充性の重視を否定する文脈であるが、「遺留分については明確な法的差別である」とされていることにも示されている。

もっとも、相続に関わる利益を財産的利益に限定することは、この問題を矮小化する。蟻川教授が指摘するように、相続の対象は積極財産に限られず、相続は被相続人の正統な承継人の地位の承認を求める闘いでもある(22)。だからこそ、それは婚内子と婚外子との争いにとどまらず、法律婚共同体と法律婚外共同体との、両者一歩も引けない闘いとなるのである。

こうした地位に関わる象徴的な問題は、実体的な憲法上の権利侵害として構成することは困難であるが、地位は包括的な利益の源であるだけでなく、人格的利益でもあることから、憲法上放置しえないものである。そもそも相続に関わる財産的利益でさえ、ミルのいう不労所得であり(23)、また相続制度自体が偶然的で、構造的格差の根源であり平等に反するとの見解もありうるところであり(24)、実体的な憲法上の権利侵害として構成することは困難のように思われる(25)。以上からすれば、近年の判例において一四条は、憲法上の権利侵害として構成困難であるが、憲法上放置しえない問題を、憲法問題化するツールとして機能してきたと言える。アメリカにおいても、ロックナー期の終焉以降、実体的デュープロセス論が忌避される状況で、平等保護条項が同様のツールとして機能してきたことを想起すべきである。

以上の一四条に関する判例法理は、安西文雄教授によれば、既に尊属殺違憲判決においてとられていたとされる。すなわち、刑の著しい不均衡という、実体的な憲法上の権利侵害として構成することは困難であるが、憲法上放置しえない不利益を、憲法問題化するツールとして、一四条が使用されたのである(26)。

興味深いことは、従来の読み方によれば同判決は、人の区別に無頓着なものとされてきたが、同判決の岡原昌男判事の補足意見は、「人格価値レヴェルの平等」の侵犯を、「法定刑が極端に重い刑のみに限られている点に露呈されていると考える」としている(27)。この指摘は、区別をあくまで何らかの不利益との関係でとらえる、判例のアプローチの一応の正当性を示唆する。

そもそも、市民的地位の格下げのメッセージが送られるのは、人の区別それ自体からではなく、人の区別が、カースト制類似の、社会におけるシステマティックな不利益と結びついているからなのである。したがって、そうしたシステマティックな不利益の一端を明らかにするために、何らかの不利益に着目することは意味がある。

もっとも、人の区別それ自体が、カースト制類似の歴史を背景にした社会的文脈のもとでは表現的害悪を生じさせるという差別の深い闇を、既述の出生届判決、ひいては平成二五年決定はとらえきれていない。しかし、差別の根の深さに対応すべく、「考え」を展開していくことはできるであろう。

他方、平成二五年決定が示した「認識」は、「考え」とは別の新たな法理へと展開されうる可能性を秘めている。

2 「家族という共同体の中における個人の尊重」の認識の潜在的起爆力

「認識」において、「個人の尊重」が、家族という共同体の中においても認識されたことの意義は大きい。というのも、近代立憲主義において国家は、残存していた中間団体を徹底的に解体したが、それでも残された最後の中間団体が家族だからである。家族は、たしかに個人を抑圧する側面をもつが、個人を保護する側面ももつ(28)。日本国憲法への転換後、家長を中心とするイエ制度は解体されたが、法律婚は尊重され、法律婚共同体は「正当な」家族と位置づけられてきた。

民法研究者の中には既述のとおり、女性配偶者の生存権の観点から、平成二五年決定を批判する論者もいる(29)。たしかに、女性配偶者の多くは性別役割分担を背景に、シャドウワークを押しつけられてきたのであり、女性配偶者の問題は女性差別の問題でもあり、民法あるいは憲法の解釈論として展開することを試みるべきであろう。

もっとも、婚外子の地位は、素朴な選択論をおくとしても、女性配偶者の地位と決定的に異なる。婚外子は、生まれながらにしてシステマティックな不利益を負わされることにより、自尊を害され、それゆえ自らの善き生の構想それ自体に自信がもてず、根底的、包括的に、個人としての尊重が害されている。たしかに、女性差別の問題も同様の特性を有するが、少なくとも現在では、女性の地位は、婚外子の地位ほど、根底的、包括的に、二級市民的ではない。しかも、婚外子は「親の因果が子に報い」というフレーズのごとく、親の宗教的・道徳的な「罪」を負わされ、親とは別人格であることが否定されている。そこには、近代が否定したはずの身分制的構造がみてとれる。

また婚外子は数の上で圧倒的な少数者である。たしかに、女性が男性とほぼ同数であるという事実は、ジェンダー論(30)の視点からすれば、社会的少数者としての女性という位置づけを否定するものではない。しかし、婚外子が数の上で圧倒的な少数者であるという事実は、政治過程における救済が事実上困難な、まさに少数者であることを意味する。補足意見を含めるとほぼ半数が違憲の疑いを示した平成七年決定から約二〇年もの間、本規定が改正されなかったという事実は、それを裏付ける。したがって、少数者を救済すべく、裁判所が本規定の合憲性審査を積極的に行い、子の地位の平等を宣言したことは、適切であった。それを受けて、法定相続分について子の平等を確保しつつ、配偶者の利益とどう調整するか――立法論として、あるいは民法や憲法の解釈論として――は、別の話である。

平成二五年決定は、法律婚を否定したわけではないが、平成七年決定において法律婚の「論理的帰結」とされた法定相続分差別を否定し、法律婚を「正当な」なものとする強力な支柱の一つを取り去ったことは注目される。しかも、「認識」は、岡部補足意見が示唆するように、婚姻共同体を相対化し、多様な親密な結社をも承認する法理へと展開されうるであろう。

むすびにかえて——平成二五年決定の「ブラウン判決」性

最後に期待も込めて、平成二五年決定の「ブラウン判決」性について論じることにしたい。ブラウン判決は既述のとおり、「平等の固有の意味」としてのスティグマの問題、換言すれば市民的地位の平等を真面目に考え、平等にとどまらない判例理論の展開、また社会改革においても記念碑的な位置づけを与えられてきた。他方、ブラウン判決は、その法理や射程の不明確性について、しばしば批判されてきた。しかし、それは違憲判決に対する南部での反動が予想される中、それに抗すべく、裁判官全員一致の判断を導くためにやむをえなかったといわれている(31)。

平成二五年決定も、裁判官全員一致の判断であり、それに対しては研究者から「違和感」が示されているが(32)、「法律婚を尊重する意識が浸透している」日本において、保守派を中心とするバックラッシュの懸念から、裁判官全員一致の判断が求められたものと思われる。

注目すべきことは、ブラウン判決は批判があるものの、アメリカの公職者であればその否定が許されない判例として、判例理論の展開において確固とした地位を与えられてきたということである(33)。子の個人としての尊重を一般的原理として承認し、「個人の尊重」、換言すれば「地位の平等」の原理の一端を明らかにした平成二五年決定は、個々の判例によって形成され得る星座において、ブラウン判決のごとく、北極星の位置を占めることを期待してやまない。いずれにせよ、平成二五年決定の真価は、今後の判例の展開において明らかにされるであろう——ブラウン判決がまさにそうであったように(34)。

本稿はあえて、平成二五年決定の「ブラウン判決」性に期待を込め、同決定を擁護しうる読み方を試みた。社会の多数派に抗すべく裁判官が全員一致により示したと思われる同決定を受けて、同決定の論理や原理を展開していくのも、研究者の一つのあり方と考えるからである。平成二五年決定が北極星のごとく、闇の部分を照らしていくことを期待する。

（1）Ronald Dworkin, Sovereign Virtue (Harvard U.P.,2000) p. 128.
（2）Brown v. Board of Education, 374 U.S. 483 (1954).
（3）宍戸常寿『憲法解釈論の応用と展開〔第二版〕』（日本評論社、二〇一四年）。なお、櫻井智章「事情の変更による違憲判断について」甲南法学五一巻四号一四五頁。
（4）蟻川恒正「最高裁判例に現れた『個人の尊厳』——婚外子法定相続分最高裁違憲決定を読む」法学七七巻六号（二〇一三年）七七〇頁。
（5）渡辺康行・判批・新・判例解説Watch憲法No.4、二五–二六頁。
（6）高橋和之発言・座談会「非嫡出子相続分差別違憲最高裁大法廷決定の多角的検討」法の支配一七五号（二〇一四年）一三四頁。
（7）高橋和之『立憲主義と日本国憲法〔第三版〕』（有斐閣、二〇一三年）一四一頁。
（8）水野紀子「婚外子相続分差別違憲決定」法時八五巻一二号（二〇一三年）一頁、同「最高裁婚外子相続分差別違憲決定と婚姻制度」東北ローレビュー一号（二〇一四年）九頁以下。なお、婚内子の利益をも問題にするものとして、西希代子「婚外子法定相続分違憲決定」法教四〇三号（二〇一四年）五二頁。

(9) 蟻川・前掲注(4)七七〇－七八二頁。蟻川恒正「婚外子法定相続分最高裁違憲決定を読む」法教三九七号（二〇一三年）一一二頁以下。
(10) 安西文雄「平等保護および政教分離の領域における『メッセージの害悪』」立教法学四四号（一九九六年）八二頁。
(11) 安西文雄「平等」樋口陽一編『講座憲法学3　権利の保障〔1〕』（日本評論社、一九九四年）八六頁。
(12) 安西・前掲注（11）八七頁以下。安西文雄「法の下の平等について(1)」国家学会雑誌一〇五巻五・六号二八頁以下、安西・前掲注(10)八一頁。
(13) 西村裕一『憲法学再入門』（有斐閣、二〇一四年）第三章。
(14) John Rawls, A Theory of Justice (Harvard U.P.,1971)p.440. 安西・前掲注(12)・国家七〇頁以下。
(15) Michael Walzer, Spheres of Justice(1984). マイケル・ウォルツァー、山口晃訳『正義の領分』（而立書房、一九九九年）四一二－四二四頁。
(16) 安西・前掲注(10)八二頁。
(17) 石川健治「人権論の視座転換――あるいは『身分』の構造転換」ジュリ一二二二号（二〇〇二年）三頁。
(18) この点で、本規定の立法意図として差別意識がなかったということは、違憲判断を否定する理由にはならない。本規定の立法意図について、西・前掲注(8)。
(19) 糠塚康江「婚外子法定相続分差別最高裁大法廷違憲決定」法教四〇〇号（二〇一四年）八八頁。
(20) 山本龍彦・判批・平成二五年度重判一七頁。
(21) 安西文雄「『法の下の平等』に関わる判例理論――区別事由の意義をめぐって」戸松秀典＝野

坂泰司編『憲法訴訟の現状分析』（有斐閣、二〇一二年）一八七頁以下、二〇二、二一一頁。

(22) 蟻川恒正「婚外子法定相続分最高裁違憲決定を書く(2)——平等違反事案の起案」法教四〇〇号（二〇一四年）。

(23) 水野・前掲注(8)法時一頁。

(24) 長谷部恭男『憲法〔第五版〕』（新世社）一七七頁参照。

(25) 平成二五年決定は、相続財産の意味が、子孫の生活手段から、生存配偶者の生活保障に大きく変化してきたことを指摘する。

(26) 安西文雄ほか『憲法学読本』（有斐閣、二〇一一年）一〇二頁。

(27) 安西・前掲注(21)二〇二頁。

(28) 樋口陽一『国法学〔補訂版〕』（有斐閣、二〇〇七年）一四七頁。

(29) 水野・前掲注(8)法時三頁。

(30) 辻村みよ子『ジェンダーと法〔第二版〕』（信山社、二〇一三年）。

(31) 安部圭介・樋口範雄ほか編『アメリカ法判例百選』（有斐閣、二〇一二年）八一頁。

(32) 前掲注(6)・山本和彦発言一三五頁。

(33) Ronald Dworkin, Freedom's Law(Harvard U.P.,1996) p. 268.

(34) ブラウン判決は当初、プレッシー判決で示された「分離すれども平等」の法理を、公教育という限られた文脈で否定したものと解されたが、その後、判例の展開により、プレッシー判決は実質的に判例変更されたと解されている。

特定秘密保護法の目的について
——国際約束に基づく情報の保護

学習院大学教授
青井未帆

はじめに

本稿は、特定秘密の保護に関する法律（平成二五年法律一〇八号。以下、本法とする。）について、他国との国際約束に基づく情報の取り扱いに着目し、本法により保護される情報の範囲を検討するものである。本法は、その法律案作成段階においては検討内容が一切公にされないなど、徹底して情報が管制されていたところに特徴がある。平成二五年九月三日に法案概要が初めて明らかにされ、同日からの一五日間という短い意見公募を経て、一〇月二五日に具体的な法案が提示された。そして、一一月二六日の衆議院本会議にて修正議決、一二月六日の参議院本会議において可決・成立と相成ったものである。強行な国会運営がなされた結果、衆参合わせても約七〇時間という、ごく短時間の国会審査であった。

国会における担当大臣答弁や内閣総理大臣答弁を基に、法律案の予定していなかった第三者的機関の設置がバタバタと決まったことにも窺われるように、十分に練り上げられないままに秘密保全法制がスタートしたものといえる。国会審査の際の議論が不十分だったことは、同年一二月九日の記者会見で安倍首相が述べた言葉、「私自身がもっともっと丁寧に時間をとって説明すべきだったと反省している」からも明らかである。

本法第一条は、少し長くなるが引用すると、「この法律は、国際情勢の複雑化に伴い我が国及び国民の安全の確保に係る情報の重要性が増大するとともに、高度情報通信ネットワーク社会の発展に伴いその漏えいの危険性が懸念される中で、我が国の安全保障（国の存立に関わる外部からの侵略等に対して国家及び国民の安全を保障することをいう。以下同じ。）に関する情報のうち特に秘匿することが必要であるものについて、これを適確に保護する体制を確立した上で収集し、整理し、及び活用することが重要であることに鑑み、当該情報の保護に関し、特定秘密の指定及び取扱者の制限その他の必要な事項を定めることにより、その漏えいの防止を図り、もって我が国及び国民の安全の確保に資することを目的とする。」とする。すなわち右に傍線を引いた箇所にあるように、本法の直接の目的は、特に秘匿を要する情報の「漏えいの防止」にあり、また窮極的な目的は「我が国及び国民の安全の確保」にある。そして漏えいの防止という目的を達成するために本法は、最高で懲役一〇年の重い刑罰と適性評価制度による取扱者の制限という手段を採用している。

本稿が注目したいのは、目的が及ぶ範囲と法が対象としている事柄との整合性である。というのも、当初の法律案・素案の目的規定には、右に掲げた法一条には入っていない「国際的な情報共有」という文言が含まれていたのであった。この文言は法律案作成過程のどこかの時点で削られ、二〇一三年九月に国民へ示された「法律案の概要」の段階では入っていなかった。しかし、国会審査では「国際的な情報共有」が目的の一つとして説明され、しかも強調されたことに注意を払いたい。後で見るように、我が国の安全保障に直接に関わらない情報までも、本法により保護される情報に含まれていると解釈する余地があると思われ、これについては右の「国際的な情報共有」という言葉がカギとなっているようである。情報公開請求により開示された文書を基に、この問題について考えてみたい。

一　秘密保護法制へ

まずは秘密保護法制への展開を、簡単に振り返っておこう。

第一次安倍政権下の平成一八年に、官邸の情報機能強化のための「情報機能強化検討会議」が設置され（平成一八年一二月一日）、情報機能強化の一つとして秘密保全法制が位置づけられて、本格的に議論されることとなった。

翌一九年には、米国との間で軍事秘密保護協定（ＧＳＯＭＩＡ）が締結された。また同時期に、省庁間のガイドラインに基づき、「各行政機関が保有する国の安全、外交上の秘密その他の国の重大な利益に関する事項であって、公になっていないもののうち、特に秘匿することが必要なものとして当該機関の長が指定したもの」の漏えいを防ぐための特別管理秘密制度が始まっている。

情報機能強化検討会議が平成二〇年二月一四日にまとめた「官邸における情報機能の強化の方針」は、基本的な考え方の一つとして「情報の保全の徹底」をあげ、政府統一基準の策定、高度の秘密を保全するための措置、秘密保全に関する法制のあり方が示された。そして福田内閣において、町村官房長官を中心に内閣官房、外務省、警察庁、防衛省からなる「秘密保全法制の在り方に関する検討チーム」（平成二〇年四月二日）が設置され、同検討チームでの検討を深めるため、「情報保全の在り方に関する有識者会議」（平成二一年七月一七日）が開催されたが、自民党から民主党への政権交代を経たため、公的な取りまとめ文書は出されていない。

もっとも、「秘密保全法制の在り方に関する基本的な考え方について」（平成二一年四月二二日）と題した内部的報告書が、検討チームにより作成されていたことが、報道により明らかにされている（毎日新聞二〇一三年一一月二六日など）。これは、国の安全保障、防衛、外交、テロ対策等に関する秘密について、その漏えいを最高で懲役一〇年という厳罰に処すこと、秘密を扱う公務員らに適性評価をすることなどを、内容とするものであった。すなわち、特定秘密保護法と構造を同じくする法制の検討が、この時点ですでになされていたのであった。

政権交代後の民主党政権の下で、平成二二年一〇月にイスラム捜査情報流出事件が、同年一一月には尖閣ビデオ流出事件が発生し、民主党は秘密保全法制を検討する理由として、これらの事件にしばしば言及した。しかし民主党政権下で検討された法制が、右で述べた自公政権下での報告書をベースとしていることは国会でも指摘されており、内閣官房審議官も「御指摘の通り、かつての検討チームと共通した目的がある」旨、答弁している（第一八一回国会衆議院内閣委員会議録二号三一頁（平成二四年一一月七日）〔日本共産党塩川議員からの質問に対して〕）。つまり、秘密保全法制を導入しようという試みは、イスラム捜査情報流出事件や尖閣ビデオ流出事件の発生が契機となったというものではなく、官僚機構内部において継続的に取り組まれてきたことであったのだろう。

民主党政権下で設置されたのは「政府における情報保全に関する検討委員会」（平成二二年一二月七日）であり、また同委員会における検討に資するために設置されたのが、「秘密保全のための法制の在り方に関する有識者会議」であった。同会議は平成二三年八月八日に報告書を提出した（以下、平成二三年報告書とする。）。特定秘密保護法の目的を考える際に参考となると思われるため、項を改めて、同報告書において示された保全法制の必要性と目的に関する記述を概観しておく。

二　平成二三年報告書

1　漏えいを防止するという目的

平成二三年報告書の第一章冒頭では、「外国情報機関等の情報収集活動により、情報が漏えいし、又はそのおそれが生じた事案が従来から発生している」ことと、「ＩＴ技術やネットワーク社会の進展に伴い、政府の保有する情報がネットワーク上に流出し、極めて短期間に世界規模で広がる事案が発生している」と述べられており、これが秘密保全法制の「必要性」を記した箇所であると理解できる。

そして「目的」については同章の最後で、①「国の利益や国民の安全を確保する」、②「政府の秘密保全体制に対する信頼を確保する」という二つの「観点」が示され、③「政府が保有する特に秘匿を要する情報の漏えいを防止することを目的として」、秘密保全法制の整備をすることが説かれている。ここでは「観点」という表現が使われているが、制定された特定秘密保護法第一条の最後にある「……もって我が国及び国民の安全の確保に資することを目的とする」に明らかなように、①はいわば法の窮極的な目的であると理解でき、性質としては③と同じだろう。では、②というもう一つの「観点」とはどのような性質のものか。

2　相互信頼に基づく情報共有の促進

右に挙げた②の観点は、①よりも広い射程を有していることに注意を払っておきたい。政府の秘密保全体制に対し、どこから寄せられる信頼を問題にしているのか。平成二三年報告書第一章の最初のあたりで、「政府の政策判断が適切に行われるためには、政府部内や外国との間での相互信頼に基づく情報共有の促進が不可欠」であり、「そのためには、秘密保全に関する制度を法的基盤に基づく確固たるものとすることが重要」とされている点に注目したい。つまり、政府部内のみならず外国からの信頼も射程に含む観点なのである。

米国との間のＧＳＯＭＩＡ締結と本法との関係や次に見る国会審査、そして法令協議の過程から考えるに、「信頼の確保」・「情報共有の促進」という観点は、必ずしも我が国の利益や日本国民の安全の確保とはかかわりを持た「ない」情報を秘密保全法制に取り込む上で、カギとなる概念であるように思われる。

以下では、まず法の目的について、国会審議で示されたことを確認した上で、「国際的な情報共有」という点に焦点を絞って、内調と各省庁との協議や法制局の審査の過程を確認する。

三　国会における目的の検討

国会でなされた政府の説明は、秘密の保護よりも、法律案作成過程で削られた「国際的な情報共有」という目的（観点）をむしろ強調するものであった点が興味深い。たとえば、「各国の情報機関との情報の交換、政策における意見の交換を行っていく上で、秘密を厳守することが大前提だ。ＮＳＣの機能を発揮させるためには必要である」旨の安倍首相の答弁がある（第一八五回国会衆議院予算委員会議録二号八頁・平成二五年一〇月二一日）。また同年の春には、安倍首相による「日米の同盟関係の中に高度な情報が入ってくるが、日本側が秘密保全に関する法制を整備していないことについて不安を持っている国もあるのは事実」という旨の国会答弁もあったことを記しておきたい（第一八三回国会衆議院予算委員会議録二三号一八頁・平成二五年四月一六日）。もっとも「米国政府の働きかけによるものではない。外国政府の圧力で法律を作ることはない」旨も述べられている（一

八六回国会参議院会議録三号一九頁・平成二六年一月三〇日〔安倍首相〕)。

国会答弁において森担当大臣は何度も、本法の目的として①「外国との情報共有」と②「漏えいの防止」の二つを挙げている。たとえば、「外国との情報共有はもちろん実質的な目的の一つである。もう一つは、漏えいの危険性を防止すること」という具合である(一八五回国会衆議院国家安保委員会議録一一号八頁・平成二五年一一月一二日)。

森大臣はこれら二つの目的を説明する中で、①の前提として秘密保護法制の整備を位置づけており、とすると本法が第一条で明示的に掲げている②に、目的は収斂するのだともいえる。しかし①の観点から見れば、②は①の手段たる位置にある。そうであるなら、②を現実化する、より具体的な手段であるところの、本法の採用するセキュリティ・クリアランスや罰則規定は、①という目的との関係で検討される必要がある。しかし国会でそのような説明はなされなかった。

また、①がなぜ必要なのか、それがどういう意味内容なのか、もたらされる効果は何かについても、政府は示していない。たとえば、民主党の後藤(祐)議員からの「今回の特定秘密保護法案が通った後であれば〔情報が——引用者補〕出せるというような、具体的な提案がどこかの国からあるのか」という質問に対しては、森担当大臣は「提案があるかは答えられない」旨、答弁している(一八五回国会国家安保委員会議録一一号八頁・平成二五年一一月一二日)。また在アルジェリア邦人に対するテロ事件のような事件で、「秘匿度の高い情報がより適切な形でより迅速に提供されることも期待をされる」という「自民党Q&A」について根拠を尋ねる同議員からの質問にも、具体的な理由は示されなかった（同頁）。結局のところ、国会審査で①の意味は明瞭になったとはいえないのである。

そこで次に外国からの情報の扱いについて、法律案作成の段階でどのような検討がなされたのか、法令協議の一端を見てみよう。

四「国際約束に基づき保護することが必要な情報」

1 概要

情報公開請求に基づく開示により、内調が各省庁と協議した内容が、次第に明らかになってきている。本稿では本法別表二のハにいう「条約その他の国際約束に基づき保護することが必要な情報」に関する協議の内容に注目する。

膨大な開示文書から明らかになるのは、国際約束に基づく保護をめぐって内調・法制局と外務省との間で、見解の違いに基づく議論があったという事実である。当初、国際約束に基づく保護を法案に規定することに内調・法制局は消極的ないし否定的な態度を示しており、「素案」においても、国際約束という文言は盛り込まれてはいなかった。しかしながら次に詳しく見るように、外務省はこれを盛り込むよう、同じような主張を何度も繰り返して粘り、最終的に別表二のハとなったのであった。

2　議論

時系列に沿って見て行こう。平成二三年一一月九日付の内調が作成した「内閣法制局との検討メモ」には、外務省担当者が、国際約束に基づく情報の保護について、「国際法局から是非入れてくれと言われている」とあり、これに対して法制局が「我が国の情報よりも他国の情報の方が範囲が広いとなってしまってはピンボケである」と応じている。

同年一二月一三日付の内調作成「別表事項の解説」によれば、同条項について「具体的内容として……外国政府等からの提供情報が挙げられる」とされており、「国際約束」や「情報保護協定」という言葉は入っていない。同日付、同じく内調作成の「内閣法制局との検討メモ」によれば、法制局は「外国からの情報が、我が国の情報よりも広い範囲で特別秘密（※当時は、現行法にいう特定秘密は特別秘密と呼称されていた）の対象となり、一〇年といった重罰をもって保護されるというのはあり得ない。そういうことであれば、『国際約束』の号についての議論をやめた方がよい」と述べている。

しかし、このように法制局や内調がいくら否定的な態度を示しても、外務省は法案に盛り込むことの必要性を繰り返した。たとえば、平成二四年二月二二日付の外務省作成「国際約束に関する規定を法案に盛り込むことの必要性」では、次のように説明されている。

「外国政府等から提供される当該外国政府等の安全保障等に関する情報であって、国際約束に従い保護を必要とするものには、その漏えい等が我が国の安全保障等に直接的な影響はないものの、当該外国政府等の安全保障等に重大な影響を及ぼすものが含まれる」。国際約束に基づく情報の保護が盛り込まれないなら、「我が国として特別秘密に指定し得ない場合が生じることとなり、国際的な情報共有の促進を大きく阻害するおそれがある」。「単に情報保護協定を締結するのみならず、当該提供情報を国内法上厳格な保護手続の対象とすることが、外国政府等から提供された情報を適切に保護し、国際的な情報共有を促進するために極めて重要である」、と（強調引用者。以下同じ。）」。ここでは、国際約束に基づく情報の保護を入れることの理由ないし目的として、本稿が注目している「国際的な情報共有」という観点が示されていることに注意を払いたい。

平成二四年三月一四日付の内調作成による「外務省との打ち合わせ概要」でも、国際約束に関する規定を盛り込む必要を述べる外務省に対して内調は、「別表の一号から三号に当らない情報を特別秘密として保護すべき必要性、規定ぶりその他の論点について、法制局の理解が得られる程度まで十分に整理されているのであればいいが、率直に申し上げてそのレベルに達していないと考えられる。……しかるべき時期までに準備ができなければ置いていかざるを得ない旨回答」とある。

同年一一月一九日付で、内閣官房の手により「特別秘密の保護に関する法律案【逐条解説】」（以下、平成二四年逐条解説とする。）が作成されている。この頃の条文案で別表二のハは、「外交に関し収集した我が国の安全保障等に関する重要な情報」となっており、国際約束という文言は入っていない（同日付「秘密保全法制」）。そして平成二四年逐条解説は同号につき、「具体的には、我が国の安全保障等を実現する上で必要となる外国の軍事動向等に関する内部情報、同盟国等との安全保障協力のために共有している情報であって情報保護協定に基づき保護すべきもの等」を挙げている。

なぜこのような記述となっているのか。この年の春の段階で内調は、「情報保護協定が当事者間の安全保障協力の強化のために締結されるものであるならば、当該協定に基づいて共有される情報は我が国の安全保障に関していると評価できるし……あえて別号を立てる必要はない」との理解を示していた（平成二四年四月二六日付内調作成「内閣法制局との検討メモ」）。平成二四年逐条解説では、かかる理解に基づき、右にみたように、国際約束に基づき保護されることとの必要な情報は、この時点での別表第二のハにて読むことができる旨の記述となったと考えられる。

このように、内調と法制局により再三にわたる消極的・否定的な評価が下され、独立に国際約束という文言を用いる必要性が否定されていたのであるが、なお外務省は規定を盛り込むことを主張し続けた。翌年（平成二五年）一月二一日の内調と外務省との協議において外務省は、国際約束に基づいて提供された情報が保護されることにつき、「特に、米国との間での安全保障・防衛協力の進展に当たっては、我が国でも米国と同程度の秘密保全のレベルが確保されていることが不可欠の基礎であり、GSOMIAはそのために締結されたものであるが、米国は、同協定に基づき提供した秘密情報の保護について、我が国が政府内で統一した制度を持っていないと懸念している。このような懸念を払拭するため、秘密保護に関する国際約束に基づいて提供された情報が法律によって保護されるのだということが明らかになることが必要であると考えている」とも述べている。このように赤裸々な形で外務省は「GSOMIA」や「アメリカからの懸念」を理由として挙げていたことに注目したい。

また平成二五年二月二五日の外務省作成「特定秘密の保護に関する法律第三条第一項及び別表の修正案に対する意見」によると、「国際約束に基づいて提供される情報は、我が国の国内法に基づき保護することを前提に提供される情報であり、かかる特定の規範力の確立によって成り立っている枠組みの下でやり取りされる情報であるため、情報の内容そのものの漏えいに加え、かかる規範性が破られることによっても我が国の安全保障等を損なう側面を持つとの特徴をもつ」という理由を、別表上で独立に規定しておくことの必要性として述べている。

これに対する内調の回答（同年二月二七日付）の中では、「国際約束に基づき提供される情報は全て我が国の安全保障等に関するものといえるのか（貴省のこれまでの説明では、いえないものと解される。）……『規範性が破られること』がなぜ『我が国の安全保障等を損なう』のか、詳細にご説明頂きたい」などと回答されていた。

ここにも、内調・法制局が問題と考えた点が明瞭に示されている。我が国の安全保障等に関するものとはいえ「ない」情報がなぜ、我が国の安全保障のための本法で守られなければならないのか、その説明が足りないということである。

しかし最終的に、内調・法制局の見解は押し切られた格好となったように見える。平成二五年三月八日付内調作成「外務省との協議結果メモ（別表関係）」によると、内調からの指摘である「もし、GSOMIA等に基づき提供された情報は自動的に特定秘密に指定されることが必要であると考えているのであれば、本法ではなく別の法律で手当てしてくれという話になる」に対して外務省は、「特段の必要性が認められない場合もあるという理解でよい」と答えている。内調は「そういう理解であれば、国際約束に基づき提供された情報を重要な情報の例示として規定することを検討したい」とした。この結果、別表第二号ハの修文案「外交に関し収集した我が国の安全保障等に関する情報であって、条約その他の国際約束に基づき保護することが必要な情報その他の重要な情報（イ及びロに掲げるものを除く。）」が示されることとなった。これ以降、大きな議論はなかったようである。

結局、少なくとも本稿執筆時点で開示されている文書からは、内調からの我が国の安全保障に直接関係ない情報の保護がなぜ可能なのか、外務省のいう「規範性が破られる」とはどういうことかといった質問への回答は見当たらない。そこで、重要な情報の例示とはいえ国際約束という文言が条文に明記されたことがどのような効果を持つのか、「規範力の確立によって成り立っている枠組み」という外務省の言葉が何を意味するのか、法令協議の過程からは明らかではない。国会審査でも「外国との情報共有」をめぐり、その意味が曖昧なままであったことは、先に見た通りである。このような問題の所在にすら公の場で触れられることがなかった点は、今後批判的な検討を要しよう。

五　第一条「安全保障」への修正

本法第一条の目的規定について、当初、衆議院に提出された際の法案では「……我が国の安全保障に関する情報のうち特に秘匿することが必要であるものについて」とあったところ、「安全保障」という概念が曖昧であるとして、修正により安全保障のうしろにカッコ書きにて「(国の存立に関わる外部からの侵略等に対して国家及び国民の安全を保障することをいう。以下同じ。)」という定義が付された。

これは右にみた国際約束に基づく情報の保護をめぐる内調・法制局と外務省との議論を踏まえると、興味深い修正ともいえる。もし傍点を附した「等」について、「国の存立に関わる外部からの侵略」と一まとめにし、これと同等の事柄と解するのであれば、「等」の内容はかなり限定される。

しかし政府は、そのような理解には立っていないであろう。たとえば平成二六年一二月九日付の「特定秘密の保護に関する法律【逐条解説】」(以下、平成二六年逐条解説とする。)は、「外部からの侵略」という点に重点を置いていない。そこでは第一条の修正について「『安全保障』が法律上定義され、かつ、『国の存立に関わる』との文言によって、本法にいう『安全保障』は一般的な意義における安全保障よりも限定的なものとする修正が行われた」(七頁)とある。すなわち、「国の存立に関わる」という部分に力点をおいて読むことで、「外部からの侵略」よりも広い内容が解説されているのである。

また、「国の存立に関わる」という言葉に重点を置いて読むのであろうことは、次の点にも明らかである。平成二六年逐条解説は、別表第二号ハ「安全保障に関し収集した国民の生命及び身体の保護、領域の保全若しくは国際社会の平和と安全委関する重要な情報又は条約その他の国際約束に基づき保護することが必要な情報」について、傍線を附した部分を「安全保障に関し収集した情報であって、秘密保護協定……等の国際約束に基づき提供され、保護することが必要なものである」と簡単に説明している。

すなわち、第一条の「安全保障」の定義が本号ハにおける「安全保障」にもかかるので、仮にその内容が「外部からの侵略」と同等の事柄と解するとするなら、本稿四で見たところの、「我が国の安全保障に直接に関わらない情報の保護のための規定が必要」という外務省の主張が反映される余地はなくなる。しかし、そのような限定的な読み方をするのではなく、「外部からの侵略」の前に置かれている「国の存立に関わる」という言葉に重点を置いてその中に読み込むという理解であるために、右のような説明となっているものと考えられる。

さらに、別表第二号「外交に関する事項」の趣旨について平成二六年逐条解説は、「……外国の政府等との交渉又は協力その他安全保障のために我が国が実施する措置に関して類型的に秘匿の必要性が高いと認められる事項を限定列挙したものである」（一七六頁）としており、平成二四年逐条解説にあった「主として我が国の安全保障等に関する事項」という言い回しからは変化している。これも、「国の存立に関わる」という文言を広く解する理解のためだろう。

ここで「国の存立」という語は、今日の我が国の安保政策にとって重要な意味を持っていることに留意する必要がある。たとえば平成二六年七月一日閣議決定（「国の存立を全うし、国民を守るための切れ目のない安全保障法制の整備について」）では、次のように述べられている。「我が国に対する武力攻撃が発生した場合のみならず、我が国と密接な関係にある他国に対する武力攻撃が発生し、これにより我が国の存立が脅かされ、国民の生命、自由及び幸福追求の権利が根底から覆される明白な危険がある場合において、これを排除し、我が国の存立を全うし、国民を守るために他に適当な手段がないときに、必要最小限度の実力を行使することは、従来の政府見解の基本的な論理に基づく自衛のための措置として、憲法上許容されると考えるべきである。」、と。すなわち他国への武力攻撃さえも、「我が国の存立」に関わる場合があるという前提がとられているのである。

おわりに

本稿で明らかにしようとしたのは、本法により保護の対象となる情報につき、我が国の安全保障に直接には関係「ない」ものも、対象として取り込まれる可能性があるということである。国会答弁でも頻繁に用いられた「（秘密保護法制への）信頼の確保」・「情報共有の促進」、そして「国の存立」といった言葉は、カギとなる概念であろう。

しかし我が国の安全保障に直接に関係「ない」情報を本法により保護することは、本法の掲げる目的の範囲を逸脱する。当初、内調や法制局が述べていたように、そのような情報は、そもそも本法の保護する対象に含めうるものではない。第一条の述べる安全保障の定義について、我が国の安全保障に直接に関係「ない」情報は本法の保護の対象となるものではないとして、限定的に理解されるべきである。

※　本稿で引用した法令協議に係る資料は、主に、ＮＨＫ取材班の分析に協力した際に、提供していただいたものを参照した。ここに記し、感謝申し上げる。また、情報公開市民センターＨＰ掲載の同センターが開示請求し開示された文書も活用させていただいた（URL:<http://www.jkcc.gr.jp/>〔最終閲覧・平成二六年九月二八日〕）。

憲法の未来像（開放型と閉鎖型）
――比較憲法と国際人権法の接点――

明治大学教授
江島晶子

一　はじめに

比較憲法は、日本国内で法的効力を生じる余地はない。他方、国際人権法（厳密には、日本が批准した国際人権条約および国際慣習法）は国内法的効力を有するとされながら、実際に日本の国内法制度に及ぼす影響は限定的である。憲法学も、比較憲法には強い関心を示してきたが、国際人権法に対してはそうではなかった。だが、国際人権法は、現在、一定の蓄積を備え、発展を続けている。国際人権法は、国際機関と国内機関（国内の統治機構）の協力関係の下に人権実現を予定するので、国内機関を規律する最高法たる憲法の重要性は否めない。そして、そもそも国際人権法が各国憲法における人権規範の伝播・普及に支えられるとすれば、憲法学が国際人権法にアプローチする際には、比較憲法学の蓄積を活かすことが考えられる。また、比較憲法と国際人権法の接合は、「人権法」の実現に資する可能性がある。本稿では、国際人権法と比較憲法の関係性の可能性をミクロ的およびマクロ的視点から考察し、憲法の新たな未来像の可能性を模索する。

二　比較憲法および国際人権法における課題（閉鎖型）

比較憲法も国際人権法も、それが何かは定義しにくい。国際人権法は国際法の一部にとどまる訳ではない（国際法における国際人権法の位置づけ自体が国際法学では議論されている(1)）。国際人権法とは、「人権保障に関する国際的な規範、及びそれを実施するための法制度や手続の体系(2)」であるとすれば、「世界政府」が存在しない現状では、その実施は第一次的に国家に委ねられ、実効的実現は国内の統治機構に依存する。現状では、国際機関の中心的役割は、監督によって国内機関の実施を促すことである。だが、実際には、国際機関と国内機関の相互関係は充実しているというには程遠い。日本では、批准された条約は、法律（立法不作為も含め）の人権条約違反を問題とするはずだが、そうした例は存在せず、人権条約の解釈が国内法の解釈に影響を与えた例も限られ、国際法学と憲法学の連携も不十分である(3)。

他方、比較憲法は、それとは別種の難解さがある。そもそも、国際人権法とは異なり、比較憲法という実定法はなく、比較憲法学が研究の対象とする諸外国の憲法規範、憲法の運用、憲法意識等の憲法現象、憲法史等を指す(4)。もっとも、個々の研究において諸外国の憲法が実際に何かは、研究者によって異なる。日本では、研究者としての第一歩は、「準拠国」の選択から始まり、概してその選択は米独仏英からなされることが多かった。これまでは、欧米法継受の歴史ゆえに、このような選択を合理的に説明できていたのだろうが、グローバル化の下で発展しつつある世界的レベルでの比較憲法学の隆盛状況においては、もはやそれでは不十分であるだけでなく、日本における比較憲法学を「閉じられた」ものにする側面がある(5)。近年、比較憲法の在り方に対する批判的検討（興味本位の研究、比較憲法の自己目的化、憲法学の些末化等の指摘）にはうなずける点が多い(6)。

日本の憲法学において、諸外国（米独仏英が中心）の憲法および憲法学は研究の重要な対象に置かれ、日本国憲法の解釈を行う際にも、憲法学者は意識的にせよ無意識にせよ比較憲法に依拠してきた(7)。それに比すると、同じ状況で憲法学者が国際人権法に依拠する程度は非常に低い。日本の統治機構は批准した人権条約上の権利を実現する法的義務を負うとすれば、現状は単にアンバランスというだけではなく、再検討すべき段階にある。現在、国連の主要な九つの国際人権条約のうち八つを日本は批准し、その結果、八つの条約機関に定期的（大方四～五年スパン）に報告書を送付し、各機関から勧告を含む総括所見（最終見解）が出る（選択議定書を批准すれば、個人は日本政府の人権侵害を条約機関に通報し、違反の有無について条約機関の見解が得られるが、日本は未批准）。また、国連人権理事会にも報告書を提出し、普遍的定期審査を受けている。こうした所産を国内で活かす道筋を作らないのは、国際人権条約の構造（国内実施抜きに実現不可能）を無視し、人権実現を遠ざけている。

三　比較憲法と国際人権法の接点——最近の最高裁判例を手がかりに

1　二〇一三年九月四日最高裁大法廷決定における「事柄の変遷」

最初に、ミクロ的視点から、接点の具体例として、二〇一三年九月四日最高裁大法廷決定（以下、二〇一三年決定）を検討する(8)。同決定は、具体的外国法（単なる「諸外国」の法ではなく）および国際人権条約機関の具体的勧告（国際人権条約の名称だけでなく）に言及しているからである。これらは「事柄の変遷」における事柄（または事柄を判断する要素）の一つとして登場する。そこで、最初に、これらの「事柄」が、違憲という結論を出す上で、どのように登場するかを確認する（以下、事柄に関係する箇所に下線を付す）(9)。

二〇一三年決定は、憲法一四条一項は、「事柄の性質に応じた合理的な根拠に基づくものでない限り、法的な差別的取扱いを禁止する趣旨」だと解する。そして、本件で問題となる事柄、すなわち、相続制度は、「国の伝統、社会事情、国民感情」、「その国における婚姻ないし親子関係に対する規律、国民の意識等」を「総合的に考慮した上で、相続制度をどのように定めるかは、立法府の合理的な裁量判断に委ねられ」るが、立法府の裁量権を考慮しても、区別に合理的な根拠が認められない場合、当該区別は憲法一四条一項に違反するとした。そして、「法律婚主義の下においても、嫡出子と嫡出でない子の法定相続分をどのように定めるか」は、「前記２で説示した事柄(10)を総合的に考慮して決せられるべきものであり、また、これらの事柄は時代と共に変遷するものでもあるから、その定めの合理性については、個人の尊厳と法の下の平等を定める憲法に照らして不断に検討され、吟味されなければならない」とした上、「前記２で説示した事柄のうち重要と思われる事実」（ア～ク）を検討し、「本件規定の合理性に関連する以上のような種々の事柄の変遷等は、その中のいずれか一つを捉えて、本件規定による法定相続分の区別を不合理とすべき決定的な理由とし得るものではない。しかし、」ア～クを「総合的に考察すれば、家族という共同体の中における個人の尊重がより明確に認識されてきたことは明らかである」とし、「以上のような認識の変化に伴い、…子にとっては自ら選択ないし修正する余地のない事柄を理由としてその子に不利益を及ぼすことは許されず、子を個人として尊重し、その権利を保護すべきであるという考えが確立されている」。「以上を総合すれば、…立法府の裁量権を考慮しても、…区別する合理的な根拠は失われ」、違憲とした。

２　比較法・比較憲法

ア～クの中のイとして挙げられているのが、「立法に影響を与えた諸外国の状況」が大きく変化したことである。「外国、特に欧米諸国においては、かつては、宗教上の理由から嫡出でない子に対する差別の意識が強く、昭和二二年民法改正当時は、多くの国が嫡出でない子の相続分を制限する傾向にあり、そのことが本件規定の立法に影響を与えた」。「しかし、一九六〇年代後半（昭和四〇年代前半）以降、これらの国の多くで、子の権利の保護の観点から嫡出子と嫡出でない子との平等化が進み、相続に関する差別を廃止する立法がされ、平成七年大法廷決定時点でこの差別が残されていた主要国のうち、ドイツにおいては一九九八年（平成一〇年）の「非嫡出子の相続法上の平等化に関する法律」により、フランスにおいては二〇〇一年（平成一三年）の「生存配偶者及び姦生子の権利並びに相続法の諸規定の現代化に関する法律」により、嫡出子と嫡出でない子の相続分に関する差別がそれぞれ撤廃されるに至っている。」「現在、我が国以外で嫡出子と嫡出でない子の相続分に差異を設けている国は、欧米諸国にはなく、世界的にも限られた状況にある。」

三つの点で興味深い。第一に、「諸外国」の立法動向である。最高裁は、従来から、国を特定せず「諸外国」（実体は欧米先進諸国）として、言及した例があり、違憲判決を出す際に顕著である。そもそも、最高裁としての最初の法令違憲判決(11)では、尊属殺重罰規定が廃止・緩和傾向にあると、諸外国の立法動向を概観した。さらに、二〇〇八年最高裁違憲判決（以下、二〇〇八年判決）(12)でも、当初は、準正を要求する国が多かったが（それが日本法の合理性を裏付けた）、差別的取扱いの解消の方向性の中で準正を求めなくなったと諸外国の立法動向に言及した。第二に、「諸外国」ではなく具体的法律名を明示した点である。これらの法改正はヨーロッパ・レベルの立法動向および国際人権法と関わりがあるが、具体的法律の参照によってそれが明確になるので、外国法の参照方法として注目する。第三に、具体的法令を引用したドイツおよびフランスにおいて、一九九五年最高裁合憲決定(13)の時点では上記差別が残存していたことへの言及である。裏返せば、日本の欧米法継受の歴史ゆえに、両国における差別の残存が、日本での差別残存の正当化（「著しく不合理」

とまでいえないとする理由）となるということである。

二〇一三年決定から過去を振り返ると、最高裁における比較憲法的思考が一定程度観察できる。実際、違憲審査制揺籃期には、外国判例の明示的参照も存在し[14]、その後、そうした例は見られなくなったが、①「諸外国」として言及する場合と②判決内容を精査すると外国判例（特にアメリカ連邦最高裁判所判例やドイツ連邦裁判所判例）や外国法制を参考にしていることが推測できる場合がある[15]。元最高裁判所判事自身も外国判例を参照したことを認めており、日本の裁判官にとって、担当する具体的事件に関して関連する外国判例を検索・参照することは比較的なじみやすいと開陳する[16]。さらに、堀越事件最高裁判決[17]では、千葉裁判官補足意見は、近年の最高裁大法廷の判例では、事案に応じて一定の厳格な基準もみられると述べており（これらはアメリカ合衆国連邦最高裁判例に基づき学説が提唱してきた）[18]、最高裁は外国判例からの影響を明示したことになる（千葉裁判官は同じことを一九九二年に調査官解説で既に述べている）[19]。「現行の日本国憲法には、裁判所による〝外国法の参照〟のあり方次第で、国際社会に開かれたものとなる可能性を秘めている条文は少なくない」という指摘もあり、二〇一三年決定は、外国法・外国判例参照の存在を明示した点で開放型（後述四参照）への方向転換を図るものなのか注目される[20]。

3 国際人権法

二〇一三年決定は、ウとして、国際人権法の積極的な参照を行った。前述した、二〇〇八年判決も、「我が国が批准した市民的及び政治的権利に関する国際規約及び児童の権利に関する条約にも、児童が出生によっていかなる差別も受けないとする趣旨の規定が存する[21]」と述べた。だが、二〇一三年決定はさらに人権条約機関の具体的勧告に言及した。「我が国の嫡出でない子に関する上記各条約の履行状況等については、平成五年に自由権規約委員会が、包括的に嫡出でない子に関する差別的規定の削除を勧告し、その後、上記各委員会が、具体的に本件規定を含む国籍、戸籍及び相続における差別的規定を問題にして、懸念の表明、法改正の勧告等を繰り返してきた。最近でも、平成二二年に、児童の権利委員会が、本件規定の存在を懸念する旨の見解を改めて示している」。

これらの勧告は実際に何を示唆しているのか。一九九三年の自由権規約委員会の勧告（第三回報告への総括所見）[22]は、「婚外子に関する差別的な法規定に対して、特に懸念を有するものである。特に、出生届及び戸籍に関する法規定と実務慣行は、規約第一七条及び第二四条に違反するものである。婚外子の相続権上の差別は、規約第二六条と矛盾するものである」と懸念を表明し、「規約第二条、第二四条及び第二六条の規定に一致するように、婚外子に関する日本の法律が改正され、そこに規定されている差別的な条項が削除されるよう勧告」した。その後、第四回および第五回報告に対する総括所見においても同旨の勧告が繰り返された上、勧告の多くが未履行であること自体への懸念も表明した[23]。なお、二〇一三年決定後、法改正による差別的部分を削除したことを自由権規約委員会は第六回報告に対する総括所見の中で、「肯定的側面」として評価した[24]。

二〇一〇（平成二二）年の子どもの権利委員会の勧告（第三回報告に対する総括所見）[25]では、「今なお、婚外子が、相続に関する法律において嫡出子と同様の権利を享受していないことを懸念する」

とした上、包括的な差別禁止法を制定し、根拠にかかわらず子どもを差別する法律を廃止することを勧告した。なお、二〇一三年決定は、二〇〇九年の女性差別撤廃委員会の勧告に言及していない。しかし、同委員会の二〇〇九年の勧告（第六回報告に対する総括所見）は、「男女共に婚姻適齢を一八歳に設定すること、女性のみに課せられている六カ月の再婚禁止期間を廃止すること、及び選択的夫婦別氏制度を採用することを内容とする民法改正のために早急な対策を講じるよう締約国に要請する。さらに、婚外子とその母親に対する民法及び戸籍法の差別的規定を撤廃するよう締約国に要請」した上、フォローアップ項目（勧告の実施に関する書面での詳細な情報の二年以内の提出が要請）として位置づけた(26)。フォローアップ項目に指定されるということは、勧告の中でも迅速な実効的実現が要請されているということである。最高裁が言及しなかったのは、他の民法改正の指摘が勧告に含まれているので敬遠したのであろうか。

今回、初めて勧告が参照されたことによって、国内裁判所が条約機関の総括所見に言及することの意義および拘束力の問題が俄然現実の問題となった。筆者は、委員会は条約によって設置された条約履行監視機関であり、個人通報および国家報告の検討という任務を果たす際に、人権条約を解釈適用する権限を締約国によって与えられていると考えられることから、委員会が総括所見等を通じて示す条約の解釈は有権解釈と考える(27)。

4 比較憲法と国際人権法の関係

イとウはどういう関係にあるのか。ア〜クは「その中のいずれか一つを捉えて、本件規定による法定相続分の区別を不合理とすべき決定的な理由とし得るものではない」という以上、優劣関係はない[28]。しかし、条約機関の勧告を他の項目と同様に扱うのには疑問がある。なぜならば、前述したように、これらの国際人権条約は日本が批准した条約であり、国内法的効力がある。そして、条約機関の勧告は、単なる情報ではなく、条約の有権解釈として参考にすべきものである。よって、法的拘束力はないものの、筆者の見解では、憲法九八条二項の国際法規の遵守義務ゆえに、条約機関から勧告が出た場合、それを検討し、検討した結果、勧告とは異なる結論に至るのであれば、その理由を説明する責任が、裁判所を含め日本の統治機構にあると解せる。しかも、ウのように、複数の国際機関が何度も勧告し、フォローアップ事項に指定された場合は、説明責任はより重い。

次に、今回の判決の背後には、国際人権法と比較憲法（比較法）の隠れた接点がある。フランス法の改正は、ヨーロッパ人権裁判所（以下、人権裁判所）におけるヨーロッパ人権条約違反判決（*Mazurek v. France*[29]）に由来する。よって、国際人権法判例が、フランス法継受の歴史を通じて、フランス法由来の法を見直す契機の一つとなった。

さらに、国際人権機関も、諸外国の立法動向を参考にする。人権裁判所は、婚外子の問題について最初に判断を下した*Marckx v. Belgium*[30]で、一九七〇年代末におけるヨーロッパ評議会締約国の大勢に言及する。そして、*Mazurek v. France*では、婚外子に対する差別撤廃がヨーロッパの明確な立法動向だとする。より一層明確に現れているのが、性同一性障害者の権利に関する一連の人権裁判所の判例である。当初、人権裁判所は、この問題には、ヨーロッパ社会のコンセンサスがないとして、国家の広い裁量を認めてきた。しかし、*Christine Goodwin v. the United Kingdom*(31)判決では、ヨーロッパのみならずオーストラリアやニュージーランドの立法にまで言及し、性同一性障害者の権利承認は国際的立法動向だとして、国家の裁量を狭く解し、条約違反の判決を導出した。また、ヨーロッパ社会のコンセンサスが見出しがたい新しい人権問題を取り扱う際には、人権裁判所は、ヨーロッパ人権条約だけでなく、関連する国際法規および比較法的考察（ヨーロッパに限定されない）を熱心に行う(32)。比較憲法と国際人権法の取り合わせは、偶然の産物ではない（後述**四**参照）。グローバル化、司法のネットワーク化という世界的動向の下、どのように発展していくのか、その展望と課題は、より詳細な検討が必要である。

四　比較憲法と国際人権法の同時性——閉鎖型と開放型

マクロ的視点から、比較憲法史および国際人権法史に注目し、両者の「同時性」について若干考察する。現代立憲主義の特徴として、社会権の登場、違憲審査制、そして人権の国際化が挙げられてきた(33)。中でも第二次大戦後に制定された憲法は、第一に、国際人権法の制定と同時進行であり、第二に、憲法制定過程において、比較憲法・国際人権法の観点が公式・非公式に見られる。第二次世界大戦終結に至るまでの数々の人権侵害（とりわけホロコースト）が、人権問題はもはや「国内問題」ではなく、「国際社会の問題」だという認識を世界人権宣言（一九四八年）に具現化させ、さらには条約化させた（自由権規約および社会権規約）。形式的な指標だが、国連の主要な国際人権条約を大多数の国が批准している（一六八カ国が自由権規約を批准、一六二カ国が社会権規約を批准、最多は子どもの権利条約で一九五カ国）。今や、人権規範の受容ではなく、どのように実現するかという段階にきている。また、国際人権条約は、登場以来、必要性に応じて新たな条約を増やしてり、それは総じて国内の立法動向とも足並みを揃える。こうした状況では、これらの条約に依拠して提案をするのと、これらの条約に反する提案をするのでは、国際社会における説得力という点でどちらが優位かは明らかであろう。

他方、第二次大戦後、独立・占領終了・体制転換等、数々の憲法制定の機会が存在してきた。その際に、比較憲法や国際人権法は一定の役割を果してきた。たとえば、東西冷戦後の体制転換の際、ヨーロッパ評議会のヴェニス委員会による憲法制定支援活動は、比較憲法と国際人権法の実践的接点といえる(34)。また、こうした活動は司法的ネットワークの形成にもつながっている（憲法裁判世界会議等）(35)。もう一つの例として、国際社会と国内社会の努力によってアパルトヘイト廃止を実現した南アフリカ一九九六年憲法がある。同三九条は、裁判所が憲法中の権利規定を解釈する際には、国際法を検討しなければならず、かつ、外国法を検討してよいと規定し、国際法および外国法に開放的な憲法となっている。そして、南アフリカ憲法裁判所は積極的に両者を参照しており、しかも、もっとも参照しているのは米英独仏のいずれでもなくカナダである（憲法起草の際にカナダ憲法を参考にしている）。他方、カナダの最高裁判所自身も、南アフリカ憲法判例を参照することがあり、相互参照（「対話」）となっている点も興味深い。そして「カナダの権利および自由の憲章」（一九八二年）自体が国際人権条約の影響を受けている(36)。

他方、閉鎖型の典型的な態度はアメリカ合衆国に見いだされる。外国法・国際法の参照に懐疑的で、民主的正当性の欠如、司法エリートの支配、裁判官によるご都合主義的利用等の厳しい批判が存在する(37)。興味深いのは、アメリカ憲法の影響力低下が指摘されており、世界的傾向とどう関係するのか考察が必要である(38)。今後、参照の意義および方法についてはより検討が必要であるが、国際人権法は国内法的効力を有することも踏まえた、開放型の可能性の模索は日本国憲法の場合には可能であり、かつ、グローバル化社会における憲法を考える上で必要な作業であろう。

五　結びに代えて――「人権法」の可能性

手続という観点から見ると、国際法と憲法はすでに重なる部分がある。たとえば、司法的「対話」は、比較憲法と国際人権法を接合する機会を提供し、そこでは「人権法」と呼びうる法領域を出現させる可能性を有する。国際法学のある論文では、国際人権法（人権法）と表記しているが、憲法も「人権」規定を含み人権法である(39)。現在、国際法学では、国際立憲主義という議論が行われている。その定義は極めて多義的であるが、「個人の自由と権利を保護するため統治機構の構成と権限を定めた憲法に基づいて統治を行うという国内立憲主義の原理を必要な変更を加えて国際共同体に適用しようとする考え方(40)」だとすると、「人権」を保障するための法として、国際人権法と憲法ではなく両者を統合的に、「人権法」と設定して、それに関わる国際機関・国内機関の仕組みを総合的に検証し、組み立て直すことができる(41)。それは、国際人権法を「外圧」のように表現するメンタリティや外国法・国際人権法の参照に向けられる批判に応答するのにも有効である。こうした「可能性」を実現させる諸条件の比較実証的究明（および場合によっては統治機構の再編成の試み）は今後の課題である。

註（紙幅の関係で最小限度にとどめる）

（1）　阿部浩己「国際法の人権化」国際法外交雑誌一一一巻四号（二〇一三年）一頁、薬師寺公夫「国際人権法の現代的意義」世界法年報二九号（二〇一〇年）一頁、寺谷広司「断片化問題の応答としての個人基底的立憲主義」世界法年報二八号（二〇〇九年）一頁。

（2）　申惠丰『国際人権法』（信山社、二〇一三年）三四頁。

（3）　薬師寺公夫「国際人権法から見た憲法規範の「限界」と可能性」法律時報八四巻五号（二〇一二年）一七頁、齋藤正彰「新たな人権救済制度がもたらす人権規範の共通化」法律時報八四巻五号（二〇一二年）二五頁、江島晶子「憲法を『人権法』にする触媒としての国際人権法」国際人権二二号（二〇一一年）六九頁参照。

（4）　ひとまず、既存の定義に依拠する。参照、「諸外国の憲法規範（憲法典・憲法付属法令）、憲法の運用、憲法意識等の憲法現象を対象とし、それらの歴史も含めて比較という方法によって研究する学問」（君塚正臣「大学における『比較憲法』の存在意義」関西大学法学論集五二巻二号（二〇〇二年）四頁）、「諸外国の憲法現象を比較の観点から対象として取り上げる科学」（樋口陽一『比較憲法』（全訂三版、青林書院、一九九二年）三頁。

（5）　西原博史・江島晶子「国際憲法学会第九回世界大会に参加して」論究ジュリ一一号（二〇一四年）

一九〇頁。Cf, Ran Hirschl, *Comparative Matters : The Renaissance of Comparative Constitutional Law* (OUP, 2014).

（6） 君塚正臣編『比較憲法』（ミネルヴァ書房、二〇一二年）、新井誠「憲法解釈における比較憲法の意義」総会憲法理論研究会編『憲法学の未来』（敬文堂、二〇一〇年）三一頁、林知更「戦後憲法学と憲法理論」憲法問題一八号（二〇〇七年）三九頁、山元一「憲法解釈と比較法」公法研究六六号（二〇〇四年）一〇五頁参照。

（7） 科学と実践、認識と実践の議論には立ち入らない。前掲註(6)参照。

（8） 最高裁二〇一三（平成二五）年九月四日大法廷決定民集六七巻六号一三二〇頁。

（9） 国民の意識等の変化を梃に違憲の結論を導出したことに、「違憲の論理に問題はないか」という批判（蟻川恒正「婚外子法定相続分最高裁違憲決定を読む」法教三九七号（二〇一三年）一〇二頁）があるが、本稿はその問題にあえて立ち入らず、そのような結論の導出の仕方において、最高裁に実質的に影響を及ぼしたのは何かに注目する。

（10） 前述された、国の伝統、社会事情、国民感情、婚姻ないし親子関係に対する規律、国民の意識のこと。

（11） 最大判一九七三（昭和四八）年四月四日刑集二七巻三号二六五頁。

（12） 最大判二〇〇八（平成二〇）年六月四日民集六二巻六号一三六七頁。

（13） 最大決一九九五（平成七）年七月五日民集四九巻七号一七八九頁。

（14） 最大判一九四八（昭和二三）年七月七日（昭和二二（れ）一八八）でマーベリー対マディソン事件に言及。

（15） Akiko Ejima, A Gap between the Apparent and Hidden Attitudes of the Supreme Court of Japan towards Foreign Precedents, in Tania Groppi and Marie-Claire Ponthoreau(eds.), *The Use of Foreign Precedents by Constitutional Judges* (Hart, 2013)273. 最高裁の九件の法令違憲裁判において外国判例や外国法制が参考にされた（調査官解説から明らか）との指摘がある。泉徳治「グローバル社会の中の日本の最高裁判所とその課題」国際人権二五号（二〇一四年）一三頁。

(16) 泉・前掲註(15)一三頁。

(17) 最大判二〇一二（平成二四）年一二月七日刑集六六巻一二号一三三七頁（堀越事件）。

(18) 厳格な「基準を定立して自らこれに縛られることなく、柔軟に対処」という点については別途検討が必要であるが、本稿では立ち入らない。

(19) 最高裁判例解説民事篇・平成四年度二三五頁（成田新法事件）参照。

(20) 中林暁生「『外国法』を参照する意味」論究ジュリ九号（二〇一四年）三六頁、三八頁。なお、山本龍彦「憲法訴訟における外国法参照の作法」小谷順子ほか編『現代アメリカの司法と憲法』（尚学社、二〇一三年）三一六頁、山元一「グローバル世界と人権法源論の展開」同三四四頁参照。

(21) 前掲註(11)(国籍法)。

(22) CCPR/C/79/Add.28.

(23) 二〇一四年の総括所見でも同じ懸念が表明された。CCPR/C/JPN/CO/6, CCPR/C/JPN/CO/5 and CCPR/C/79/Add.102.

(24) CCPR/C/JPN/CO/6.

(25) CRC/C/JPN/CO/3.

(26) CEDAW/C/JPN/CO/6.

(27) 岩沢雄司「自由権規約委員会の規約解釈の法的意義」世界法年報二九号（二〇一〇）五〇頁。

(28) アークとして同じ扱いという点は、判例批評でも同じである。たとえば、二〇一三年決定は「実体的憲法論を事実上回避」した「前代未聞」の事態で、「一国の法秩序の廉潔性…にもかかわる深刻な事態」と厳しく批判する判例評釈（蟻川恒正「婚外子法定相続分最高裁違憲決定を読む(1)」法教三九九号（二〇一三年）一三二頁）は、対案と提示した起案の中で、ア〜オおよびキは、民法九〇〇条四号の憲法一四条一項適合性判断に立ち入るべき状況の存在を検討する中で検討され、適合性判断の枠組み構築および具体的検討の中からは排除されるので、ウの位置づけは、二〇一三年決定よりもさらに降格されている。蟻川恒正「婚外子法定相続分最高裁違憲決定を書く(2)」法教四〇〇号（二〇一四年）一三二頁。

(29) Judgment of 1 February 2000. 幡野弘樹「民法の立場から」論究ジュリ八号（二〇一四年）一〇五頁参照。

(30) Judgment of 13 June 1979.

(31) Judgment of 11 July 2002.

(32) 例として、*S and Marper v. the United Kingdom*, judgment of 4 December 2008.

(33) 芦部信喜〔高橋和之補訂〕『憲法』（第五版、岩波書店、二〇一一年）七九頁。

(34) 山田邦夫「欧州ヴェニス委員会の憲法改革支援運動」レファ平成一九年一一月号四五頁。

(35) 二〇一四年の第三回世界会議では、九四カ国の憲法裁判所・最高裁判所が参加した（日本は未参加）。そして、ホスト国である韓国の憲法裁判所は、アジア人権裁判所の創設を提案した。＜http://www.venice.coe.int/WebForms/pages/?p=02_WCCJ＞(visited 30 November 2014). 司法的ネットワークの現状と課題については、伊藤洋一「国際人権保障をめぐる裁判官の対話」国際人権二五号（二〇一四年）三四頁参照。

(36) Christina Rautenbach, 'South Africa : Teaching an "Old Dog" New Tricks? An Empirical Study of the Use of Foreign Precedents by the South African Constitutional Court (1995-2010)' in Groppi and Ponthoreau, supra note 14, at 185. 佐々木雅寿「カナダ憲法における比例原則の

展開」北大法学論集六三巻二号（二〇一二年）一頁、九頁：江島晶子「多層的人権保障システムにおけるグローバル・モデルとしての比例原則の可能性」『現代立憲主義の諸相』（有斐閣、二〇一三年）八五頁参照。

（37）議論の詳細について、参照 Vicki Jackson, *Constitutional Engagement in a Transnational Era* (OUP, 2009).

（38）David S. Law and Mila Versteeg, 'The Declining Influence of the United State Constitution' 87(3) *New York University Law Review* (2012) 762.

（39）阿部・前掲註（1）二二頁。

（40）薬師寺・前掲註（1）七－八頁。

（41）憲法学からのアプローチとして、齊藤正彰「憲法の国際法調和性と多層的立憲主義」北星論集五二巻二号（二〇一三年）三〇三頁、三一二頁参照。

あとがき

いまから半世紀前、一九六五年四月に全国憲法研究会（全国憲）が発足したとき、五五大学、一一二人の会員が共通して抱く危機感があった。それは、その前年七月、内閣に設置された憲法調査会の最終報告書が国会に提出されたことである。この報告書を実質的に受けた内閣は、第一次佐藤栄作内閣だった。発足メンバーに共通していたのは、憲法改正の動きが本格化するとの危機感だった。だが、佐藤内閣は憲法の明文改正には関心を示さず、最終報告書は事実上たなざらしの状態に置かれた。そのことが実兄の岸信介を苛立たせたともいわれている。いま、叔祖父の佐藤ではなく、祖父の岸を強烈に意識した安倍晋三が第三次内閣を組織して、憲法改正を推進すべく強い決意で臨んでいる。

これまでのどの首相にも見られない安倍首相の特徴は、憲法改正をいわば自己目的化していることだろう。例えば、首相は日本国憲法を、「みっともない憲法」と呼んだことがある（『朝日新聞』二〇一二年一二月一五日付）。憲法軽視・無視の言説や傾向は歴代内閣にもみられたが、ここまで憲法蔑視の姿勢を明確にした首相はいなかったのではないか。

二〇一二年暮れから一三年前半にかけて、安倍首相は、憲法九六条の改正発議要件の緩和（「三分の二以上」から「過半数」へ）を前面に押し出してきた。その理由について、「たった三分の一をちょっと超える国会議員が反対すれば、国民の皆さんは指一本触れることができない。議論すらできない。あまりにハードルが高過ぎる」と述べた（『毎日新聞』同年一二月二四日付）。だが、憲法研究者をはじめ世論の反発が強いとみるや、この「九六条先行改正」の動きは下火となった。そして、一三年夏前から内閣法制局長官の人事に介入。一年足らずで、一四年七月一日、六〇年間続いた集団的自衛権行使に関する政府解釈の変更を閣議決定で行うに至ったのである。

安倍首相の憲法認識、立憲主義理解はこうである。すなわち、「〔憲法は〕国家権力を縛るものだという考え方はあるが、それはかつて王権が絶対権力を持っていた時代の主流的な考え方であって、今まさに憲法というのは、日本という国の形、そして理由と未来を語るものではないか」（同年二月三日衆院予算委）と。こうした理解に対しては、民主主義の現代においても権力者が暴走してきた過去に眼を閉ざし、暴走しうる現在・未来の可能性にも盲目になるものと評さざるを得ない。

一五年に入ると、安倍首相は憲法の明文改正への意気込みを隠さなくなった。いわゆる「イスラム国」（ＩＳ）の日本人人質殺害事件に関連して、「次世代の党」の議員が「憲法九条があるから国民の生命が危ない。即刻改正すべきではないか」と質問したのに対して首相は、「わが党はすでに九条改正案を示している。なぜ改正するのか。国民の生命と財産を守る任務を全うするためだ」と答弁している（二〇一五年二月三日参院予算委）。そして、船田元・自民党憲法改正推進本部長との会談で、第一回の憲法改正国民投票の時期を、一六年七月の参議院選挙後とするのが「常識的だろう」との認識を示した。船田氏は首相に、「一度にすべて改正するのは無理なので、何回かに分けて改正する。環境権、緊急事態（条項）、財政健全化（条項）あたりが候補となっている」と報告した（同）。船田氏は、「国民投票で否決されたら、しばらくは改正ができない。一回目の憲法改正は極めて大事だ。安全運転でいかなければいけない」と本音を披瀝している（『産経新聞』同年二月六日付）。「早ければ一六年末から一七年前半にも国民投票が実施される可能性がある」と書く新聞も出てきた（『朝日新聞』同年二月五日付）。

全国憲発足時と異なり、半世紀が経過した今日、現政権が推進する憲法改正の動きは、個々の憲法条文の加除・修正という意味での「改憲」というよりも、立憲主義の基本を損壊するような動きとして、あえていえば「壊憲」として、否応なしにこれと向き合うことを私たちに求めている。

全国憲はいま、発足時の約五倍の会員を抱える、憲法に関する最大の全国学会である。多様かつ多彩な研究が展開され、政権との距離や個別的な政策についての憲法的評価についても、かつてとは比較にならないほどに自由かつ多様になっている。だが、こと立憲主義の基本に対する姿勢、あえて業界でよく知られた用語を使えば「立憲主義へのアフェクション」については、会員すべてに共通する思いになっていると信ずる。その意味で、全国憲創立五〇年を記念して発刊された本書は、戦後世代の憲法研究者の知見と経験、問題意識を継承しつつ、若い世代の研究者が多彩かつ創造的な研究を発展させていくことを期待して編まれたものである。表題に「継承と発展」を付した所以である。

なお、本書がこの時期、このタイミングで世にでるについては、辻村みよ子編集委員長のご努力なしにはあり得なかった。三省堂の黒田也靖氏にも大変お世話になった。記して謝意を表したい。

二〇一五年二月七日

全国憲法研究会代表　水島朝穂

1991-93年	代表：清水睦
	事務局長：古川純
1993-95年	代表：樋口陽一
	事務局長：芹沢斉
1995-97年	代表：浦田賢治
	事務局長：右崎正博
1997-99年	代表：大須賀明
	事務局長：戸波江二
1999-01年	代表：吉田善明
	事務局長：浦田一郎
2001-03年	代表：山内敏弘
	事務局長：石村修
2003-05年	代表：野中俊彦
	事務局長：西原博史
2005-07年	代表：森英樹
	事務局長：長谷部恭男
	事務局次長：愛敬浩二
2007-09年	代表：芹沢斉
	事務局長：中島徹
2009-11年	代表：浦田一郎
	事務局長：江島晶子
2011-13年	代表：辻村みよ子
	事務局長：只野雅人
2013-15年	代表：水島朝穂
	事務局長：内藤光博

2015	立教大学	保阪正康「語り継ぐべき憲法の歴史的精神とは何か」 南野森「戦後70年に考える――憲法とは何か」

4 歴代代表・事務局長一覧

1965-67年　事務局責任者：針生誠吉

1967-70年　事務局責任者：奥平康弘（事務局責任者→事務局長）

1970-71年　事務局長：高柳信一

1971-73年　事務局長：隅野隆徳

1973-75年　総括責任者：和田英夫

事務局長：隅野隆徳（-74年）

事務局長：浦田賢治（74-75年）

1975-77年　総括責任者：小林直樹

事務局長：吉田善明

1977-79年　代表：芦部信喜

事務局長：清水睦

1979-81年　代表：小林孝輔

事務局長：大須賀明

1981-83年　代表：星野安三郎

事務局長：樋口陽一

1983-85年　代表：池田政章

事務局長：戸松秀典

1985-87年　代表：奥平康弘

事務局長：江橋崇

1987-89年　代表：杉原泰雄

事務局長：山内敏弘

1989-91年　代表：針生誠吉

事務局長：野中俊彦

		樋口陽一「撤退してゆく国家と、押し出してくる『国家』」——近代憲法の原点から考える——」
2003	一橋記念講堂	西原博史「21世紀の子どもたちと教育基本法」 土井香苗「難民受入れに向けて——在日アフガン難民事件から見えてくるもの」 小林武「憲法の『調査』と『改正』」——同時代にどう発言するか」
2004	早稲田大学	田中孝彦「イラク戦争以後の世界平和の作り方」 水島朝穂「自衛隊イラク派遣・『国民保護』法制と平和憲法の未来」
2005	早稲田大学	樋口陽一「国家からの自由と『憲法からの自由』」 大江健三郎「憲法：小説家の一生をかけて読む」
2006	東京大学	杉田敦「私たちにとって憲法とは何か」 山元一「戦後憲法を抱きしめて」
2007	青山学院大学	斎藤貴男「今、改憲することの狙いと問題点」 石村修「国家保障から憲法保障へ——日本国憲法60年の意味」
2008	一橋大学	姜尚中「東北アジア・コモンハウスについて」 辻村みよ子「ふたつの憲法観——21世紀の人権・家族・ジェンダー」
2009	早稲田大学	辻井喬「経済と思想の両面から見た日本国憲法の意義」 奥平康弘「The Right to Be Different——個人の尊厳・個人の自由を確保する礎として」
2010	明治大学	田中早苗「インターネット時代とビラ配り——たかがビラ配り、されどビラ配り」 森英樹「『2つの法体系』の原点と現点——現行安保条約50年にあたって」
2011	東京大学	滝井繁男「最高裁の憲法上の役割と国民の期待」 小山剛「最高裁判所は変わったか？」
2012	慶応義塾大学	上野千鶴子「当事者主権と自己統治」 中里見博「原発と憲法：第三の生存権へ」
2013	上智大学	小熊英二「日本国憲法を活かし直すには」 高見勝利「いま憲法は——過去と未来のはざまで
2014	明治大学	香山リカ「憲法を『精神分析』する——精神科医から見た意義と解釈」 石川健治「エンジン・ステアリング・コントロール——クルマではなく憲法のはなし」

1993	教育会館	大須賀明「自由と責任」 植野妙実子「共生時代の女性の権利」 上田勝美「今日の改憲論と日本国憲法」
1994	なかのZERO	奥平康弘「今、『表現の自由』を考える」 福島瑞穂「憲法と男女平等――家族法・働く・従軍慰安婦」 水島朝穂「憲法でシミュレートする日本の国際協力」
1995	杉並公会堂	清水英夫「『言論の自由』はガラスの城か――文春・典明事件に見る出版の自由」 姜尚中「百年の重みと平和憲法――アジアと日本の戦後・後に向けて」 野中俊彦「選挙の権利と制度」
1996	杉並公会堂	大田堯「地球環境と子どもの人権」 常岡せつ子「平和の理念と日米安保条約」 北野弘久「平和憲法と納税者の権利」
1997	早稲田大学	浦田一郎「平和主義の可能性」 小林直樹「人権価値を根底から考える――哲学的人間学の視点から」 井上ひさし「この国の基本のかたち」
1998	東京大学	右崎正博「インターネット社会における情報の保護と公開」 中村睦男「福祉国家のゆくえ」 山崎朋子「女性史の窓から」
1999	上智大学	浦部法穂「誰のための安全保障？」 金城清子「生殖革命と人権」 藤原精吾「人権を守るために」
2000	明治大学	橋本宏子「介護保険――必要とされる法的課題の検討と解決」 芹沢斉「世紀をまたぐ憲法の思想」 弓削達「日本国憲法は平和を創れるか」
2001	一橋記念講堂	戒能民江「女性に対する暴力をなくすために」 栗城壽夫「憲法愛国主義について」 長谷部恭男「少し落ち着いて憲法改正について考えてみよう」
2002	東京大学	ローレンス・レペタ「民主主義と秘密――アメリカと日本の比較―」 藤野美都子「平和構築に向けて――社会保障における国際協力――」

1982	読売ホール	芦部信喜「現代社会と人権の理論」 清水睦「現代政治における“公”と“私”」 栗城壽夫「契約としての憲法」
1983	読売ホール	小林直樹「日本の憲法と国家目標」 石村善治「『情報化社会』における思想・言論の自由」 吉田善明「議会政と国民」
1984	日本教育会館	今村成和「議員定数配分規定の違憲問題と最高裁」 大須賀明「市民憲法のなかの基本的人権——移りゆく社会に対する憲法」 池田政章「理・法の拮抗にみる日本人の法意識」
1985	読売ホール	星野安三郎「戦後40年と憲法の現状——定着ゆえの空洞化」 浦田賢治「核廃絶にとって非核自治体宣言とは何か——平和憲法の立場から」 山下健次「教育を受ける権利——私の60年史からの理論化」
1986	読売ホール	古川純「日本国憲法の制定・外圧と内発」 杉原泰雄「憲法9条を考える」 小田中聰樹「現代社会と人身の自由
1987	読売ホール	ローレンス・ビーア「アメリカ憲法200年と日本国憲法40年」 隅野隆徳・北野弘久・永井憲一「私と憲法」 小林直樹「憲法と日本人」
1988	東京都勤労福祉会館	杉原泰雄「われわれは破滅への道を歩むのか」 和田英夫「人権の過去・現在・未来」 横田耕一「象徴天皇制と国民主権」
1989	中野公会堂	小林孝輔「国家と宗教」 江橋崇「アジアにおける日本国憲法」 藤原彰「昭和史と天皇」
1990	杉並公会堂	星野安三郎「憲法と教育」 山内敏弘「1990年代と平和憲法」 辻村みよ子「政治・主権者そして女性」
1991	杉並公会堂	深瀬忠一「湾岸戦争と平和憲法の新展開」 永井憲一「子どもの権利条約を読む」 大村泰樹「法は環境を救えるか」
1992	杉並公会堂	佐藤司「学校における子どもの人権」 大脇雅子「外国人労働者と国際人権」 鴨野幸雄「住民自治による地方政府の確立」

2012.5.	立命館大学	オートノミー――自律・自治・自立：統治とオートノミー
2012.10.	早稲田大学	オートノミー――自律・自治・自立：人権とオートノミー
2013.5.	新潟大学	精神的自由の現在――日本の問題状況に照らして
2013.10.	龍谷大学	精神的自由の現在――比較法的・原理的考察を踏まえて
2014.5.	広島修道大学	民主政の現在――日本における現状と課題の検討
2014.10.	東京慈恵会医科大学	民主政の現在――比較法的・原理論的考察を踏まえて
2015.5.	東京大学	＜全国憲50年＞憲法政治の展開と憲法学の課題――人権論をめぐって

3　5月3日憲法記念講演会（会場・講演者・テーマ）

1977	読売ホール	小林直樹「憲法30年」 高柳信一「平和的生存権」 和田英夫「憲法と最高裁判所論」 有倉遼吉「憲法と教育」
1978	読売ホール	長谷川正安「議会制民主主義論」 星野安三郎「新しい憲法国家創造の課題」 杉原泰雄「基本的人権と刑罰権」
1979	読売ホール	針生誠吉「東西南北のはざまの日本国憲法」 阿部照哉「憲法の期待する国家像」 小林孝輔「現代日本の思想の自由」
1980	日本教育会館	丸山健「政党と民主主義」 福島新吾「防衛力強化の主張と憲法9条」 清水英夫「情報公開と国民の知る権利」
1981	読売ホール	深瀬忠一「憲法9条を考える―変わるものと変わらないもの」 上野裕久「日本国憲法の成り立ち」 樋口陽一「『かけがえのない個人』と日本国憲法――『文明としての憲法』」という視点」

1999.10.	関西学院大学	アジアの憲法問題――統治機構の側面から
2000.5.	中京大学	転換期の憲法状況
2000.10.	亜細亜大学	転換期の憲法状況
2001.5.	東京経済大学	人権状況の変容と憲法学
2001.10.	立命館大学	統治状況の変容と憲法学
2002.5.	神奈川大学	日本における立憲主義――その現状
2002.10.	東北学院大学	日本における立憲主義――その理論
2003.5.	工学院大学	民主主義をめぐる憲法論――理論
2003.10.	関西大学	民主主義をめぐる憲法論――実態
2004.5.	専修大学	憲法動態と憲法理論の課題――憲法動態の現状分析
2004.10.	小樽商科大学	比較の中の憲法動態
2005.5.	國學院大學	〈全国憲40年〉憲法理論の課題――国家と人権
2005.10.	甲南大学	〈全国憲40年〉憲法理論の課題――民主と執政
2006.5.	九州大学	戦後民主主義と憲法学
2006.10.	慶應義塾大学	戦後民主主義と憲法学
2007.5.	成城大学	日本国憲法60年――憲法学の成果と課題
2007.10.	香川大学	日本国憲法60年――憲法学の成果と課題
2008.5.	関西学院大学	グローバリゼーション・『格差社会』・憲法理論――比較の中の現状分析
2008.10.	國學院大學	グローバリゼーション・『格差社会』・憲法理論――理論的展望
2009.5.	上智大学	憲法と私法
2009.10.	関西大学	憲法と私法――各論からの問題提起
2010.5.	愛知大学	憲法と政権交代
2010.10.	獨協大学	憲法と政権交代
2011.5.	東京経済大学	人権論の現代的課題――文化的多様性をめぐる比較法的検討
2011.10.	名古屋大学	人権論の現代的課題―人権論における『個人』像と多文化主義

1988.5.	神戸学院大学	西側諸国の憲法的伝統の変容と新しい理論状況
1988.10.	青山学院大学	日米安保体制の根本的検討——学際的研究
1989.5.	専修大学	日本社会の特質と天皇制・明治憲法史を中心に
1989.10.	香川大学	日本社会の特質と天皇制・戦後史を中心に
1990.5.	新潟大学	国際環境のなかの日本国憲法
1990.10.	明治大学	日本国憲法の理念と国際社会
1991.5.	早稲田大学	議会制民主主義と『政治改革』
1991.10.	関西大学	議会制民主主義と『政治改革』
1992.5.	龍谷大学	憲法第9条の今日的課題
1992.10.	一橋大学	日本国憲法と国際協力
1993.5.	獨協大学	日本国憲法と国際協力
1993.10.	福岡大学	憲法問題の現況と課題
1994.5.	立命館大学	政権交代と憲法学
1994.10.	成城大学	護憲とは何か
1995.5.	明治大学	戦後日本社会の構造変化と憲法——地域・労働・家族・国民
1995.10.	京都国際交流会館	戦後日本社会の構造変化と憲法——企業・政党・大衆社会
1996.5.	大阪経済法科大学	日本国憲法50年の歴史と課題・憲法問題を問い直す
1996.10.	上智大学	日本国憲法50年の歴史と課題——戦後憲法学の理論・方法
1997.5.	青山学院大学	岐路に立つ国民国家（ネイション・ステイト）と憲法学
1997.10.	関西大学	岐路に立つ国民国家（ネイション・ステイト）と憲法学
1998.5.	神戸大学	平和主義の新構想・ミリタリー・パワーを超えて
1998.10.	成蹊大学	21世紀に向けての平和主義の構想
1999.5.	日本大学	アジアの憲法問題——アジアの人権保障

1976.5.	神戸大学	戦後憲法史の再検討
1976.10.	早大大隈会館	憲法理論史（戦後）の再検討
1977.5.	専修大学	憲法理論史（戦後）の再検討――人権論を中心に
1977.10.	龍谷大学	最近の憲法事件と最高裁判所
1978.5.	立命館大学	世界の新憲法の動向
1978.10.	青山学院大学	西欧諸国憲法の最近の動向
1979.5.	明治大学	憲法と緊急権
1979.10.	京大会館	現代日本の人権状況
1980.5.	奈良教育大学	権力に対する監視と参加――内閣政治を中心として
1980.10.	南山大学	権力に対する監視と参加・司法を中心として
1981.5.	上智大学	現代日本における信教の自由
1981.10.	龍谷大学	日本の平和と安全保障
1982.5.	岡山大学	憲法と教育
1982.10.	中央大学	『行政改革』と憲法
1983.5.	立教大学	憲法政治における学説・思想の役割・1930年代をふりかえって
1983.10.	清水寺成就院	選挙・政党・議会制・その憲法論的検討
1984.5.	京大会館	女性と憲法
1984.10.	青山学院大学	情報公開と情報管理
1985.5.	明治大学	護憲と憲法学・全国憲20周年・日本国憲法の現状分析
1985.10.	立命館大学	護憲と憲法学・全国憲20周年・戦後憲法学の動向
1986.5.	石川県文教会館	政治体制の再編と憲法
1986.10.	東北学院大学	80年代・統治の構造と憲法学のあり方
1987.5.	私学会館	『福祉国家』の憲法学的考察・いまなぜ福祉国家か
1987.10.	関西学院大学	『福祉国家』の憲法学的考察・比較憲法の視点から

3　新たに定められた選出手続によって運営委員が選任されるまでの間、世話人会はその職務を引き続き行なうものとする。

2　これまでの研究集会テーマ（1965年〜現在）

開催年月	会　場	テーマ
1965.10.	京都市文化厚生会館	第9条をめぐる諸問題
1966.5.	同志社大学	教科書検定をめぐる諸問題
1966.10.	東京本郷学士会館	小選挙区制の比較制度的研究
1967.5.	東京本郷学士会館	違憲立法審査権と恵庭判決
1967.10.	京都楽友会館	憲法学の方法——解釈論を中心に
1968.5.	金沢大学	沖縄をめぐる憲法問題
1968.10.	東京全ラ連会館	地方自治の危機
1969.5.	東北大学	70年問題の憲法学的考察
1969.10.	大阪府教育会館	70年問題と憲法
1970.5.	東京文化会館	司法権をめぐる諸問題
1970.10.	東京私学会館	司法権の憲法学的考察
1971.5.	中京大学	官僚制と憲法
1971.10.	立命館大学	憲法と住民運動
1972.5.	九州大学	憲法学25年と憲法学の再検討——70年代憲法学の課題は何か
1972.10.	明治学院大学	憲法と行政法——現代行政法理論の憲法学的考察
1973.5.	東京大学	憲法と平和主義の研究（その1）
1973.10.	京都府立勤労会館	憲法と平和主義の研究（その2）
1974.5.	立命館大学	憲法と公務員の人権
1974.10.	明治大学	平和的生存権
1975.5.	明治大学	憲法研究者の課題—全国憲10年の歩みとその点検
1975.10.	京都府立勤労会館	新しい人権

2　研究成果を公表する。

3　時宜に応じて意見を発表する。

4　前各号のほか運営委員会において適当と認めた事業を行なう。

第3条　憲法を専攻する研究者又はこれに準ずる者であって、本会の目的に賛成する者は、本会の会員となることができる。

第4条　会員になろうとする者は、本会会員2名の推薦を得て文書で運営委員会に入会を申し込まなければならない。

第5条　会員は、総会の定めるところに従って、会費を納めなければならない。

第6条　本会の定期総会（事務総会）は年1回とする。ただし、必要に応じてその都度臨時総会を開くことができる。

第7条　本会に運営委員会を置く。

第8条　運営委員会は、総会において選任する。

2　運営委員の選出方法は、別に定める。

3　運営委員の任期は、2年とする。

第9条　運営委員会に代表を置く。

2　代表は、運営委員会において互選する。

3　代表は、総会及び運営委員会を招集する。

第10条　事務局長は、代表が運営委員会の同意を得て委嘱する。

2　運営委員でない者が事務局長に委嘱されたときは、運営委員になったものとする。

第11条　事務局長は、代表の承認を得て、運営委員である会員又は一般会員の中から事務局員若干名を委嘱する。

第12条　会計監査は、運営委員でない会員の中から、総会において選任する。

第13条　この規約は1971年5月10日から施行する。

2　第8条に定める運営委員の選任は、1971年10月の総会において行なう。

資 料 編

全国憲法研究会（略称「全国憲」）は、1965年4月25日に創立された。この資料編では、1971年に制定された現行の「全国憲法研究会規約」、そして活動の記録として、創立以来春季・秋季の年2回開催されてきた「研究集会のテーマ」と「5月3日の憲法記念講演会の報告者とテーマ」、最後に、「歴代代表と事務局長一覧」を収録した。

なお、全国憲法研究会の創立と活動の歴史を知る上で有益な文献として、全国憲法研究会編の「全国憲法研究会の10年―活動の記録―」（1975年5月）と「全国憲法研究会1975－1986―活動の記録―」が残されている。これらの文献には、1986年までの活動の記録とその時々の憲法問題に対して全国憲の総会出席者・有志・世話人などにより公表された「声明文」が収録されている。

（全国憲事務局長・内藤光博）

1　全国憲法研究会規約

1971年5月10日総会制定

1980年10月13日総会改正

第1条　本会は、憲法を研究する専門家の集団であって、平和・民主・人権を基本原理とする日本国憲法を護る立場に立って、学問的研究を行ない、あわせて会員相互の協力を促進することを目的とする。

第2条　本会は、前条の目的を達成するため、次の事業を行なう。

1　定期的に研究会を開催する。

日本国憲法の継承と発展

2015年5月3日　第1刷発行

編　者　　全国憲法研究会

発行者　　株式会社　三　省　堂
代表者　北口克彦

印刷者　　三省堂印刷株式会社

発行所　　株式会社　三　省　堂

〒101-8371　東京都千代田区三崎町二丁目22番14号
電話　編集　(03)3230-9411
営業　(03)3230-9412
振替口座　00160-5-54300
http://www.sanseido.co.jp/

落丁本・乱丁本はお取替えいたします。　〈日本国憲法の継承と発展·448pp.〉

ISBN978-4-385-32112-7